寺岡　寛
Teraoka Hiroshi

中小企業の政策学

豊かな中小企業像を求めて

信山社
SHINZANSHA

はしがき

いま、わたしたちが手にする古典的な著作のなかには、当時の大学の講義録などであったものもたくさんある。こうした著作の特徴は、とにかく内容的に分かりやすいことである。

また、古典のなかには、同じ著者によるものであっても、ある時期からその著作が非常にわかりやすいことばと修辞法で書かれているものもある。これは著者が目などを悪くして、口述筆記で書かれたために余分な引用文や参照文がなくなったためかもしれない。そこには、枝葉がそぎ落とされ、まっすぐ空に向って伸びた幹の太さが残ったような明快な論理性が存在する。あるいは、贅肉のない均整美がそこにある。

いずれにせよ、こうしたわかりやすさの背景には、「書く」というよりも「話す」という要素が強くあるからだ。「話す」ことは相手とその反応への認識があることを意味する。この双方通行こそが重要なのである。そこでは「書く」そして「話す」でなく、「話す」そして「書く」という順序の重みと意味がある。そして、なによりも、相手に知識や経験を「語る」のでなく、「伝えたい」という思いがそこにある。

こうした双方通行では相手と同じ目線で考え、論じることが大事だ。とはいえ、つねにこの目線を越えて、現在から過去へ、過去から現在へ、現在から将来へ、自分の国から世界へ、世界から地域へ、そして地域から世界へ、という視点でいままでの目線を越えようとする努力が求められる。この努力のあとにこそ学問という世界は残りうる。

わたしは勤務校で中小企業経営論を論じ、その他の大学では主として中小企業政策を中心とした経済政策を論じている。また、時たま、外国の大学に集中講義などで招かれたときには、日本経済論と日本経済政策史（主として産業政策史）を論じている。

わたしの講義スタイルは、学生たちにはテキストの読むべきところを指示し、読了してから講義に参加してもらうことから始まる。講義の時間の八割近くは学生とのわたしとの討論に費消される。わたしが正しいこともあるし、学生たちの方が正しいこともある。立場を超え、世代を超え、学びあうことこそが重要なのだ。そして、徹底した討論のあとで、双方が重要だと認識した内容を、最後にわたしがまとめるというかたちで講義をして、時間を終える。

わたしにとって、学生とは「話し、伝える」相手であり、「話しかけられ、伝えられる」相手である。そして、この相手は何よりも、これからの日本社会や世界をつくっていく未来からの留学生でもある。高度な数学理論を使った将来予想の計量モデルの結果よりも、こうした未来からの留学生と接していた方が、次世代社会のあり方が想像できる。わたしにとって、教室とは「中小企業」や「中小企業政策」を鍵概念として成立した社会調査というフィールドでもある。

わたし自身、彼らと話し、論争し、共鳴し、対立し、共に憤慨し、そして話すことで生活をしてきた。さらにお互いに調べ合い、話し合う。この根気の要る過程の結果を何らかの著作としてまとめ始めて五年ほどが経った。このような著作があってもよい、とわたしは強く思っている。学生――この範囲もいまは社会人経験をもたない二〇歳代前半の従来の学生から、いまは企業経営者、コンサルタントなど専門職業人、そしていわゆるサラリーマンなどの社会人学生までと広がったが——との対話は、大概は教室だけで終わらず、宴席、わたしの自宅、セミナーハウス、その他のもろもろの場所に引き継がれてきた。彼らとは卒業後もつながりは続く。

本書もこうした底流をもっている。本書は「中小企業政策とは何であろうか」あるいは「中小企業政策とは何であるべきなのか」、または「中小企業政策とは何であってはならないのか」を若い世代の学生たちや現役経営者たちと論じてきた結果といってよい。

執筆代表者はわたしであるが、教室のなかだけに止まらず、教室の外でもこの命題を解きほぐすのにわたしと時間を共有してくれた多くの学生たちがその共著者でもある。彼らは経済学部、経営学部、商学部、法学部だけの学生でなく、文学部や工学部の学生たち、そしてビジネススクールの社会人学生たちにも及ぶ。むろん、彼らは日本人だけに止まらない。

こうした対話（＝相互に伝え合う）というかたちでの講義では、中小企業政策を「だし」に使ったものの、その中心的な課題は中小企業政策という枠をはるかに超えて、中小企業政策を生み出す社会という土壌を問うことがしばしばである。この意味では、途中から講義へ参加する学生たちは、おそらく、講義名は経済政策論や中小企業政策論となっているものの、中小企業や中小企業政策という窓を通した日本社会論、米国社会論、アジア社会論、欧州社会論をわたしが強く意識していることに意外な感じを持つようである。

この意味では、本書は中小企業政策を題材にしつつ、その背後にある社会のもつ構成原理と中小企業政策との関係をどのように解明するかについて、学生たちと試行錯誤を続けた末のささやかな結果でも業結果でもある。

ある。こうした構造の解明なくしては、有効な中小企業政策を立案・実行しえないという共通認識の作業結果でもある。

ところで、わたしは大学へ移る前の一七年あまりの間、短期間の民間会社の勤務を除いて、地方自治体などで主に中小企業に関する社会経済調査に従事しながら、生活をしてきた。そして、ここ十数年あまりは、自分の社会経済調査の中心を中小企業に関する学生の意識調査に移して、学生たちと調査し、討議し、いまの中小企業とこれからの中小企業を学生たちと一緒に考え、生活してきた。今度は、わたした彼らから学んだことをかたちにして返す番だ。稚拙かもしれないが、本書がこれにあたる。

　そして、講義や本書を執筆する過程で強く意識したもう一つの視点がある。それは本書で多くの頻度でもって登場する「戦前」（あるいは「戦中」）や「戦後」という視点である。「昭和」という大きな戦争を挟んで分断された時代が「平成」という時代となり、戦前と戦後という区分が若い世代にさほどの即時的なイメージをもたらさなくなったいまの時代のなかで、あえて執拗に拘ったのはそれなりの理由があったからだ。

　それは、人間の精神における連続性という問題がそこにあり、人びとの社会的価値観はいまも個々人、そしてその集合体である社会、あるいは直接的に感じる世間という時空と場において、慣性的エネルギーとして働いているからだ。これは、かつて、任侠もの、あるいは股旅もので日本の大衆文化の現代性を見事に描き出した作家の長谷川伸を通じて、社会的価値観の慣性力を詳細に描き出した佐藤忠男の『長谷川伸論』にも共通する。

　人びとの行動原理、これに影響をあたえる社会的規範というわたしたちの社会の構成原理、さらには政治というさまざまな利害、精神、思惑などがぶつかり合う場において、わたしたちは過去という慣性的エネルギーとは決して無縁ではありえない。

大学の講義の場で、戦前や戦後という視点を持ち込み、中小企業政策をめぐる日本の社会のあり方、政治のあり方を論じるときに感じるのは、いまの学生たちの、日本の現代史――大正期以降の日本の歴史はもちろんのことながら、とりわけ、米国占領史についての知識はきわめて断片的である――についての知識の少なさである。とはいえ、学生たちとの議論のなかで、戦前的な価値観や戦後的な価値観などがいまの人たちのなかにも共存したり、反発あったりしていることに気付されることもしばしばである。この意味では、若い世代にも、歴史的所産ともいえる価値観がその意識の底にそれなりの文様を描いている。

こうした視点を、わたしは中小企業政策を論じた本書にも持ち込んでいる。政策とは政策形成過程のことであり、政策形成とはさまざまな社会的規範や社会的価値観が多面的にぶつかり合う場であり、この背景にある人びとのあり方――精神、経済的位置、社会的価値観など――を問わずして、政策の実効性も有効性も、そして限界性への手がかりをつかむことは必ずしも容易ではないであろう。

中小企業とは、それぞれの社会において、その構成員である個々人の価値観を反映させた一つの文化の型をもっているように思える。これは昨今、既存型の中小企業と峻別あるいは別離させる含意で「ベンチャー企業」という概念が提示され続けてきたが、このベンチャー企業もまたその社会の等身大の中小企業文化や大企業文化、あるいはこの統合体である企業文化とは無関係ではありえない。

「文化」を指し示すカルチャーはほかの多くの英単語と同じようにラテン語に原義をもち、「耕された」

土壌を指し示す。この土壌が不毛であるか、豊饒なものであるかは、人びとの耕し方にもよる。そこには、耕す主体としての個人の存在が必要であり、これは「耕された」という受動形でなく、「耕す」という能動形が重要である。こうした結果が、その国の企業文化、中小企業文化、そしてベンチャー企業文化という土壌となっていくのではないだろうか。本書で歴史的所産としての社会的価値観を重要視しつつ、それと現実の経済との関わりで、その国の中小企業のあり様とそこでの中小企業政策のあり方が自然に決まっていくものだという、わたしの考え方がある。

本書は、いままでのわたしの中小企業政策での現場の知恵と体験というフィールドを大学というフィールドに移しつつ、さらにさまざまな関係者と関わりの場というフィールドを通して書いてみた。わたしのいわば「中小企業政策学」フィールドノートである。本書では、意識して一般の研究書らしくない表現方法をとった。でも、研究とは何であろうか。その終局的な目標は、研究者の狭い範囲を超えて多くの人たちに研究成果を「伝える」というかたちで還元することである、とわたしは思っている。研究とは、元来、一部の研究者だけで「やまとことば」にもなり切れない外国語でなんとなくわかりあうような生活態度のことではない。さらに一歩踏み込んで、わかっているような気がしている概念をより平易で振れの少ないしっかりとしたやまとことばで「伝える」こと。これが一歩踏み込んだ研究というものだ。

本書では、わたしたちのこなれた日常言葉で研究成果を開陳することを心がけた。目次構成もこうした観点から小見出しを多く入れて組んでみた。研究書に付きものの注についてはページ数の関係から今回は省き、引用については書名などを文中で明記した。ただし、多くの示唆をえた文献・資料については、巻末に掲げている。

書名については、当初は『中小企業政策の社会経済学』を考えた。というのは、中小企業を経済学的な接近方法だけでなく、社会学的な接近方法でとらえることで、その政策的位置づけがより明確になるからである。このことから、あえて経済学でなく社会経済学に拘ったからだ。これは経済学の成果という緯度と社会学の成果という経度によって、中小企業の位置を定めようとした。これをどのように政策的に把握するか。これが本書の最終的テーマである。

また、本書は社会経済学という範囲において中小企業や中小企業政策のわが国での土壌を分析しただけでなく、この先に「では、どうするのだ」という政策課題を論じた。この意味では、『中小企業政策の社会経済学』よりも『中小企業の政策学』の方がより適切と考えるようになった。そして、副題は、「豊かな中小企業像を求めて」とした。人びとのより豊かな発想を育み、真の意味でより豊かな人生を支援する可能性なくしては、それは政策とはいえないからだ。

さて、本書が想定した読者は研究者や学生だけでないことを最後に述べておきたい。本書はむしろ中小企業政策担当者、そして何よりも中小企業の経営者に読んで欲しいと思っている。既述のように、本書は研究書につきものの注などをなくし、啓蒙書に必須の小見出しを随所で入れた。本書のスタイルは単なる啓蒙書でなく、読者に専門知識を「伝える」ということを重視したフィールドノートであり、研究書でもある。

出版にあたっては、信山社の渡辺左近氏に多大のご協力とご支援を賜った。感謝申し上げる。

二〇〇五年四月

寺岡　寛

目次

序章　未来からのメッセージをめぐって

未来からのメッセージ（その一）

もし、この本を手に取っている読者が中小企業経営者であるとすれば、いまから紹介する学生たちの中小企業観について真剣に思いをめぐらせて欲しい。また、当然ながら、中小企業政策の担当者にも、若者の中小企業像をじっくり考えて欲しい。

昨年、大企業への就職割合が圧倒的に高い有名私立大学に学び、就職活動を終えた学生たち約二〇〇名に「あなたにとって中小企業のイメージとは何なのか」と、わたしは問いかけてみた。この回答はつぎのようなものだった。学生たちは正直に実に伸び伸びと答えてくれた。

若い学生は未来からの留学生でもある。良くも悪くも、彼らこそがつぎの社会を築く。彼らが日本の中小企業をどのようにみているのかはきわめて重要な研究テーマである。なぜなら、彼らの未来からのメッセージこそがつぎの中小企業の具体的なかたちをつくっていくからだ。謙虚に彼らのさまざまな声に耳を傾けることから本書を始めよう。

ほとんどの学生は「大企業との対比」で中小企業のイメージを描いた。回答割合からすれば、中小企業のもつ「マイナスイメージ」は払拭し難いほどに多いといってよい。こうした回答例の一部はつぎのようなものだ。

中小企業	大企業
ノーブランド	高級ブランド
低賃金・長時間労働・休みなし	高賃金など好条件
就職のすべり止め・仕方なく行く	就職の本命
がんばらなくても入れる会社	がんばって入る会社
負け組・二流	勝ち組・一流
薄暗く汚い職場	きれいな職場
軽の中古車	大型の新車
不安定・倒産・首切り	安定・将来性
資金がない	資金が潤沢
子分（下請・外注企業）	親分（親会社）
日陰の存在	陽の当たる存在
ワンマン社長・同族・身内	出世の可能性
息子が次期社長	昇進・昇格

すこし、学生たちの生の声で中小企業のイメージを紹介しておこう。即物的で典型的なイメージはおよそつぎのようなものである。

「企業自身の体力、資産、魅力、資金などすべての面において、中小企業の方が劣っているように見える。また、大企業はきれいなビルでデスクワークといったイメージがある。これに対して、中小企業はすごく過酷な仕事を小さなビルの中でやっているイメージがある。」(女子学生)

また、中小企業の具体的なイメージとして、ほとんどの学生が書き記したのは「中小企業＝下請企業」という恒等式であった。つぎのようなものだ。

「中小企業の一番強いイメージは大企業の下請というイメージだ。それはなぜかというと、部品(ネジなど)をつくっているイメージが強く、大企業の製品が売れると中小企業は儲かるが、一度、大企業の経営が危なくなると、中小企業が被害を受ける。中小企業はいわば『大企業のさじかげんひとつ』といったイメージだ。」(男子学生)

また、大学受験のときの偏差値別大学選抜と就職試験とを対比的にとらえて、中小企業のイメージを論じる学生が多いのも特徴だ。

「難関校の有名私大だから、大学内で開催される就職セミナーも有名大企業がほとんどだ。また、まわりの友人たちも有名大企業を受けるような雰囲気では、大企業に行くのが当たりまえ、大企業＝『勝ち組』、中小企業へは『仕方なく』という感じで、中小企業＝『負け組』というイメージが定着しているのではないか。」(男子学生)

「わたしたちにとって『中小企業』のイメージとは、二〇年ほど学歴社会を生きてきた中で、無意識に染み付いた『負け組』『低学歴者の行く職場』、もっとくだけていえば、『近所の悪ガキと共に働く』などというイメージがあるのではないだろうか。」(男子学生)

そして、つぎのような「わかっているけど、やめられない」というブランド信仰も根強いとする意見もある。

「有名大学の学生が企業を見る際に重視するのは『ブランド』です。……高級志向と有名大学ブランドに対する誇りをどこかでもつわたしたちにとって、『中小企業』というものは汗水垂らして一生懸命働いてお金を得るというものだと思います。わたしも就職活動を通して多くの中小企業を見る機会がありました。……でも華やかさに憧れをもつわたしたちにとって、その存在が自分の中に埋もれてしまいそうになると感じるのが『中小企業』なのです。」(女子学生)

「埋もれてしまいそうな」中小企業のイメージについて、若者ならではのおもしろい表現で描いてくれた学生もいる。先にみた「大企業＝大型の新車、中小企業＝軽の中古車」という直感的につかみやすいイメージを書いてくれた学生もそうだ。本人の文章で紹介しておこう。

「『中小企業』と聞くと、あまり良い感じがしないのが第一印象である。実際に、わたしが就職活動で中小企業を回らなかったことがこの証明だろう。しかし、『大企業病』ということばを聞いたが、そのことから考えれば『中小企業』は会社を動かせるチャンスが大きいといえるだろう。そういう点では良いのかもしれない。だが、やはり経営状態が社会の状況に非常に左右されやすく、給料が安いというイメージはぬぐえない。実際、まわりの学生もベンチャーに就職したいという学生は多少いるが、中小企業で働きたいとは聞かない。わたしにとって、中小企業のイメージは『中古車の軽自動車』である。というのは、非常に多数あり、つぶれかけのものもあれば、まだまだ走るものもある。ただ、大型車に比べると、『事故』に遭った時に心配である。ベンツへの純粋な『憧れ』もある。決して良いたとえではないが。」(男子学生)

他方、大企業のイメージということでは、「大企業＝がんばらないと入れない会社・勝ち組・一流」については、ある学生はつぎのように記してくれた。

「大企業、とりわけ人気のある会社であれば、説明会だけで何万人もの学生が集まり、面接まで残れず、筆記試験で落とされ、最終的に残るのはほんの一握りの学生である。このような競争に勝ち残るのは大変なことであり、やはり内定者はすごい人ばかりである。……大企業ならではの大きな仕事やそれに伴う責任感は、中小企業では学べない。……そして、はじめから中小企業へ行くと、大企業へは行けないが、逆に大企業に就職すれば、そこで一生働くこともできるし、中小企業に行くこともできる。また、自分で起業することもできるなど、大企業の方が幅広い選択である。やはり、中小企業への就職は負け組だ。」（男子学生）

これでは、中小企業経営者はがっくりとくるだろう。正直いって回答としては非常に少ないが、中小企業についてのプラスイメージも紹介しておこう。「人間本来のパワーを感じる存在」「人間味とロマン」「小回りが効く」「決断が早い」「新規事業への進出と創造性」「社長の顔がよく見える」などがそうである。ここで特徴的なのは、学生たちはこうしたイメージを従来の中小企業でなく、ベンチャービジネスのイメージと重ね合わせて取り結んでいることである。典型的な答えはつぎのようなものだ。

「中小企業のなかでも個人企業のようなベンチャー企業は、大企業のように昔からの慣習に縛られるのでなく、自由な発想で自分たちのやりたいことを自分たちの責任でやっていこうという勢いや芯の強さをもっている。」（女子学生）

こうした背景には、バブル経済崩壊後の大企業の行詰り、とりわけ、大手銀行首脳の不祥事、食品会社の相次いだ食品安全に関する虚偽の報告、自動車のリコール問題など、さらには中高年社員のリストラなどで大企業にも大きな変化が現れたことがあるだろう。大企業のあり方に疑問をもつようになった学生たちもいる。

「就職活動を始めるまで、やはり大企業の方は安定があり、幅広い分野で活躍できるという思いが強く、大変魅力を感じていた。しかし、実際に会社を訪れてみると、『大企業』＝『一流』という名の下にあぐらをかいていた企業も少なくない。わたしが抱いていたイメージとはかけ離れたものであった。……いま、この学校の学生の多くはきっと中小企業というものに対し、わたしが以前抱いていた負のイメージを持っていると思う。しかし、就職活動を終えたいま、わたしは、今後の日本経済を変革させていけるのは、ベンチャースピリットを持った中小企業ではないかと思う。」（男子学生）

あるいは、大企業の「小さな歯車」となるよりも、中小企業の「大きな歯車」として働き、そこで将来の自分の独立のための布石となるような仕事を経験する場として中小企業をとらえる学生もいる。ただし、この学生は中小企業経営者の息子である。

「中小企業のイメージはキャリアアップの場である。わたしはこの春に就職活動をしてきて感じたことは、いまの日本の大企業で定年まで働くことのできる保証はない。このなかで、大企業の小さな歯車の一つになるのではなく、中小企業の大きな歯車になりたいと感じた。中小企業のイメージはキャリアアップで、つまり実力を養うことができる場であり、将来独立を考えているわたしにはプラスのイメージしかない。」（男子学生）

未来からのメッセージ（その二）

中小企業のイメージを正（プラス）と負（マイナス）に分けて、学生たちの回答を整理してみると、負のイメージが多勢であることを先に述べた。そうだとすれば、「この負のイメージはどこからくるのか」あるいは「誰がこのマイナスイメージを植えつけたのか」と聞いてみた。回答のパターンにはいくつかの特徴がある。その一つめはテレビなどの「情報媒体犯人説」である。

「テレビなどのメディアを通じた負のイメージ定着が大きい。……温泉地からの中継では、レポーターが腰にタオルを巻いて入っているのだから、銭湯に行ったことがない子供が自宅の風呂以外ではタオルを巻いて入浴するのが礼儀と思うように、テレビドラマの中の中小企業経営者は必ずといっていいほど、いつも倒産の危機に直面している。そして、やっぱり倒産する。子供はどのように思うだろうか。」（男子学生）

「七割の人が中小企業で働いているのに、テレビのドラマに出てくるのは大企業のオフィスで働く人たちばかりだ。一般的にいう中小企業のイメージは、もしかしたら、『チャレンジとは無縁の、夢をもてない職場』なのか、とテレビを観ていると思ってしまう。」（女子学生）

二つめは「家庭内教育犯人説」である。多くの学生たちは、自分たちが有名大学に進学した時点で、就職先は大企業といういわば定食メニューのような暗黙の期待が両親たちにあると書いてくれた。つまり、Aセットの親子丼定食を選んだ時点で、親子丼（＝有名大学）には赤だし味噌汁（＝大企業への就職）が否応なくついてくるという感じだ。逆にいえば、Bセットのラーメン定食では、ラーメン（＝普通大学）に炒飯（＝中小企業）が付くみたいなものだ。Aセットを頼んだ者が赤だし味噌汁を捨ててまで、Bセットの炒飯を注文することには勇気がいる。いくつか紹介してみよう。

「わたしの両親などは団塊の世代であり、常に安定と繁栄を望んでいた世代なので、中小企業という範囲では就職しても納得がいかないのではないでしょうか。これは日本の大企業が中小企業を下請業者としてしか扱ってこなかったからでしょう。」（女子学生）

「家庭でなんとく交わされる両親の会話、小中高での教師たちの会話などから『働くなら大企業』という『大尊中卑』観が長い間にわたって形成されてきたのではないでしょうか。特に、親であればやっぱり子供に『安定』を望むだろう。」（女子学生）

三つめは「大学犯人説」。つまり、大学が主催する就職セミナーは名前が通った有名大企業の採用担当者を呼んで開催する。また、大学の入学パンフレットにある「就職実績表」にも、これまた誰もが聞いてすぐわかるような大企業の名前ばかりを列挙している。これでは「さあ、胸を張って中小企業に挑戦しよう」とはならないだろう、というわけである。

「中小企業の負のイメージには、大学の就職活動への取組み方が大いに関係あると思います。大学主催の企業説明会に参加すると、招待されている企業は皆が知っているような大企業ばかりであり、必然的にそういった大企業ばかりに目がいってします。この根底には『大企業に就職することはすごいことだ』と感じさせるある種のマインドコントロール的な作用があるのではないでしょうか。他方で、中小企業は『大企業に行けなかったら』的な存在になっている。」（男子学生）

四つめは「友人・知人共謀説」。要するに友人たちや周りの知人たちが大企業志向ばかりの学生だと、友人・知人同士の情報交換は大企業への就職情報を中心に行われ、中小企業については大学の講義などを除いて考える機会は多くないという。

「友達同士の情報交換も、そこから生まれる会話も大企業の名前しか出てこない。学校の講義には中小企業に関わるものや、ベンチャービジネスに関するものがあるけれど、実際には、学生が働きたいのは大企業なのだ。」（男子学生）

こうしたイメージの定着者の犯人探しを単独犯とすれば、その捜索はすぐにでも暗礁に乗り上げるだろう。それは恐らく、テレビなどの番組、初等教育や中等教育での序列的価値観の植付け、家庭での両親などの会話、そして友人や知人の間での会話など複数の要因が重なり合った結果だからだ。だが、より生産的で重要な議論の方向性は、実際の中小企業がこうしたイメージ通りの存在であるかどうかの検証であることはいうまでもない。

未来からのメッセージ（その三）

中小企業ということばには「マイナスイメージ」の手垢が染み込んでいる。これは先にみたとおりだ。もう、このことはいいではないか。何世代にもわたって定着したイメージは、漂白剤をたっぷり入れて洗濯すれば落ちるようなものではない。ある学生が書いてくれたように、「『頑固な汚れは、とらなきゃダメ』といってもダメだ」。

では、若者がこうした「中小企業」――風呂釜にこびりついた水垢のようなマイナスイメージが強力洗剤でも落ちないようであれば、学生たちは別の名前、たとえば、スモールビジネスという名前でいいではないかともいう――でも、どのような中小企業であれば、ぜひ働いてみたいのか。自分の希望はどうあれ、「中小企業に就職することになってしまったとすると、その中小企業はどのような企業であって欲しいのか」と聞いてみた。

不思議なことに、学生たちは大企業のことについてふれるときに、その経営者の人格や経営観に言及したりはしない。だが、中小企業のことになると、かなり多数の学生は経営者について語る。つまり、中小企業とは、企業規模が小さいだけに、「中小企業＝経営者のあり方」そのものとみている。この傾向は、わたしの勤務校で行った何回かの学生意識調査でも同様であった。

学生たちの答えは、このような中小企業であって欲しいというものでなく、このような経営者であれば、働きたいというものである。頻度からみた具体的な回答例はつぎのようなものだ。

一つめは経営者に「事業への夢」があり、「将来へのビジョン」を明確にもっていること。二つめは経営者として「良い人柄」をもち、人の意見に耳を傾け、社員との「信頼関係」を築ける人であること。三つめは経営者が「指導力」をもっていること。

この三つの答えは互いに関連している。学生たちは「中小企業＝ワンマン経営」というイメージを強くもち、ゆえに経営者の性格が良く、事業への夢があり、それを社員と共有できる事業のビジョンとして実行できる指導力があることを望んでいる。学生たちの生の声を紹介しておこう。

「リーダーとしての社長の資質をもっている人がトップにいる中小企業に行きたい。金銭面や労働条件などの面で中小企業はたくさんの問題があるが、やっぱりトップである社長の人柄が一番重要である。……中小企業はある意味で社長の独裁であるから、労働条件が悪い上に、従業員の意見も反映されず、社長が事業への夢もなく、将来へのビジョンもなければ、こうした企業が好きになれないのは当然だろ

う。経営者が良ければ、いまは苦しくても、将来があると思える。」（男子学生）

『活躍できるチャンスを与える』経営者が重要と考えます。大手に就職した先輩が、二～三年は下っ端でチャンスが与えられていないと嘆いています。中小企業はそうでなく、そこで働く人に『やりがいが感じられ、人生を満喫できる舞台』を提供して欲しい。」（男子学生）

わたしの知人の経営者が、世界的な自動車メーカーであるホンダを育て上げた本田宗一郎がかつて理事長を務めたベンチャー財団から、多くの申請者のなかから選ばれて研究開発資金を得たことがあった。彼は最終選考に残った二人のうちの一人であった。彼がわたしにこの選考のことを話してくれたことがあった。最終面接で本田宗一郎は、知人の応募した研究開発プランの詳細については何一つ聞くことなく、つぎの四つの質問だけを行ったという。本田宗一郎は尋ねた。

「わたしには専門外であなたの技術を評価できない。でも、これから質問する四つのことについて正直に答えてもらいたい。一つめ、あなたは従業員に愛されていますか。二つめ、あなたは自分の事業に情熱をもっていますか。三つめ、あなたはパートナーに恵まれていますか。四つめ、あなたは人の意見に耳を傾けることはできますか。」

この経営者は、開口一番、本田宗一郎から「わたしにはあなたの技術が評価できない」と言われたときに、「これで落ちた」と思ったそうだ。このあとに、本人自身が予想もしていない質問を聞かれたが、自信をもって「そうだ」と答えたという。結果は当初の申請額を四〇〇万円ほど下回ったが、ほぼ満額の研究援助金を得た。本田宗一郎の最初の質問は、学生たちのいう経営者としての良い性格。二つめの質問は事業への夢。三つめと最後の質問は社員との信頼関係のことである。

さて、学生たちの回答の四つめである。それは他にまねのできない「競争力」をもっていること。競争力を「独創力」と言い換えた学生も多い。「独創力」を今風に「オンリーワン」と表現した学生もいる。「競争力」と「独創力」の先にこそ、その企業に働く人びとの「誇り」が生じる。具体的にはつぎのような意見だ。

「大企業にも負けない独自の技術を持つことだ。それをもっていれば、需要がある限り生き残っていけるし、独自の技術をもつことはそこで働いているという誇りをもつことにもつながる。」(女子学生)

五つめは「成長力」と「活力」である。たとえば、「わたしが働きたい中小企業は『小さくても活力のある』企業だ。『夢』といってしまうと少々現実味がなく不安定なものに感じられるが、やはり大企業の陰やその後ろをついていくようなお先真っ暗な企業より、何か目標があり、それに向けて前進するような企業であることを望む。社会に埋没するのではなく、何か光り輝くものをもち、絶えず『成長を続ける力』をもった中小企業が理想である。」(男子学生)という意見である。

六つめは「人間関係の重視」や、大企業のような「縦重視の人間関係」でなく、「横重視の人間関係」である。

「わたしが中小企業に就職するとすれば、人間関係を重視した企業が理想的だ。いまは、IT化がすすみメールなどでいろいろなことを済ますようになった。だが、フェイス・ツー・フェイスといったコミュニケーションによって事業の夢をもつ経営者と事業目的を共有することが、大企業と比べて中小企業にとっての強みとなるにちがいない。大企業は社員数が多く、どうしても縦関係の人間関係が重視されると思うが、いまの時代では横関係の人間関係こそが変化の早い時代に適応できる条件だ。人数の少ない中小企業こそがよりフラットな組織で経営者とともに素早い対応ができよう。」(男子学生)

以上が学生たちの回答割合の高さからみた、若い人たちの理想とする平均的な中小企業像である。ここで、少数意見であるが、若者たちのみずみずしい感性が飛び跳ねているような回答も紹介しておきたい。

先に「人間関係の重視」の意見を引用したが、この視点を個人の能力を重視し、「個人が存在できる」ことを許容する人間関係であると明言して、このことこそが大企業に伍していくことのできる中小企業の強さであると、つぎのように主張する学生（留学生）もいる。

「大企業のなかには創業哲学として毎朝毎夕、社員にスローガンを唱和させ、たたきこむようなところもあると聞きます。これは企業にもよるだろうが、人を道具扱いしていると思います。……日本は会社国家ではないでしょうか。学生は就職しても社畜になるのをやめ、会社から自立した個人として生きていくことが大事ではないか。……中小企業こそが、学生が就職しても個人として存在できる企業であるべきだ。社員教育などは個人の内面領域に踏み込み、それを奪うことが当たり前のようなものであってはならない。わたしの理想とする企業は社歌や社訓などがない企業であり、個人がしっかり認められる企業です。社員を役職で呼ぶことがなく、上司の力を利用した行為は厳しくチェックされ、……社員一人一人がその内面性を尊重され、経営者と事業目的を共有しつつ、事業を進める企業こそが理想です。こうした中小企業こそが生き残っていける。」（男子学生）

また、「女性も働きやすい」環境を整備できる中小企業こそが大きな成長を期待できると書いた学生もいた。

「会社の良し悪しは会社の大きさではない。大事なのは、中小企業であっても、会社に入って自分がどのような能力を身につけられるかということである。……女性であるわたしからすれば、女性も働きやすく、結婚、出産しても、職場復帰ができ、引き続き経営スキルが身につくような企業であって欲しい。だが、パートは別として、中小企業には女性が少なく、女性が働きやすい福利厚生の水準も低く、女性にとって中小企業は『怖い』存在というイメージが強い。」（女子学生）

ここで興味のあるのは、前者が留学生の意見、後者は女子学生の意見、ということである。従来型の日本の企業社会では、必ずしもインサイダーではなく、いわばアウトサイダー的存在であった外国人籍や女性が、むしろ日本の企業社会での中小企業のあり方を鋭くとらえているともいえる。統計的な母数からすればこのような少数意見をどこまで一般化できるかは、わたしの今後の研究課題でもある。

さて、未来を担う若者たちが、こうした中小企業の理想像を求めているとすれば、中小企業経営者はこれにどのように応えることができるのか。そして、個々の中小企業にとって、これに応えることが困難であるとすれば、わたしたちはどのような支援を行うことができるのか。ここに、これからの中小企業政策を考え、実行するための多くのヒントがある。

第一章　なぜ、中小企業政策はうまく行かないのか

なぜ、中小企業政策はうまく行かないのか

さて、中小企業政策は必要であろうか。

前章の冒頭に、大学生たちの中小企業のイメージを紹介してみた。これらにはいずれも負の刻印を押されたものが圧倒的に多かった。彼らあるいは彼女らの描く、負のイメージが刻印された中小企業像はつぎのようなものになるだろう。まとめておこう。

中小企業は「低賃金・長時間労働・休みなし」という劣悪な労働条件でしか存立できず、その経営実態も不安定で、つねに倒産の危機にあり、そして首切りの危険性が高く、いつも資金繰りに汲々としている。しかも、その社長はワンマン経営者で、同族・身内には優しく、従業員には昇進・昇格の機会は少なく、その能力に関係なく息子が次期社長というお先真っ暗な存在である。

この真偽はともかくとして、中小企業は日本に四七〇万近くある。そして、日本の労働総人口のおよそ七〇パーセント以上が中小企業に働く。大学生たちがこうしたイメージをもち、就職活動を行い、大企業に入れば幸運な勝ち組、中小企業に入れば不幸な負け組であるという個人的満足感に浸っているとすれば、この国の将来は本当に暗い。

もし中小企業がイメージ通りであるとすれば、日本人の圧倒的多数が「不幸」である状態を変えようという若者の意欲こそが重要であり、また、これに応えていこうという政治の姿勢がまずは先決である。この意味で、わたしは中小企業政策が必要であると信じる。

とはいえ、わたしは、日本の中小企業政策はうまく行っていないと思っている。もうすこし、誤解のないようにいえば、日本の中小企業政策もうまく行っていない、といったほうがより正確である。

これには理由がある。この代表的な理由のうち、もっとも本質的なものをいくつか列挙してみよう。

㈠　多勢に無勢という状況――どこの国でも企業数からみれば、中小企業がほとんどである。米国などは一見してビッグビジネスの国という印象があるが、企業数で九九パーセント以上を占めているのは中小企業（スモールビジネス）である。日本でも、現在、民間企業の数は四七〇万以上あるが、このうちいわゆる中小企業は米国と同様に全体の九九パーセント以上を占める。正に中小企業は「多勢」である。こうした多勢の中小企業に対して、たとえば、日本政府が中小企業一社当たりに九〇〇万円の融資を行っただけでも、国家予算の半分が軽く吹き飛んでしまうことになる。つまり、予算面では「無勢」（＝焼け石に水）ということになる。中小企業政策というのは、その対象となる中小企業が多勢であり、予算面では無勢である。

㈡　万能薬がないこと――中小企業と一口でいっても、そのあり様は産業や地域などによって大きく異なる。一定規模以下の企業を「ハイ、ここまで中小企業です」といっても、その存立は実に多様・多彩である。したがって、こうしたさまざまな中小企業の抱える問題に対して、何でも利く万能薬などあるはずもない。

(三)　砂金を見つけ出すような難しさ――「中小企業」と一口でいうために、その定義がどこの国でも設定されている。つまり、「ハイ、ここまでが中小企業です」とするための基準がこの一口にあたる。具体的には従業員数、資本金（資産額）、年間売上額などの基準が使われる。実際には、(一)で述べたように、こうした定義ではほとんどすべての企業が中小企業となっている。したがって、中小企業政策が対象とする中小企業を、こうした多数の中小企業からさらに選別する必要がある。このためには、現実には川砂から砂金を探すような面倒で厄介な作業が待っている。

(四)　政治的に魅力的な存在――とはいえ、多勢ということは政治的、とりわけ、選挙では魅力的な存在である。わが国でも、四七〇万近くの中小企業があるということは、四七〇万近くの経営者がいて、この下に働く人たちは日本の総労働人口の七〇パーセント以上を占める。政治をどう定義するにせよ、政治家はこうした多勢を無視できない。中小企業政策がうまく行くかどうかは別として、何かをやらなければならない。

中小企業政策が困難である理由はほかにもいろいろあるであろうが、わたしの職業体験と現場感覚から大別すればこの四つに尽きる。では、これに対応して、政策で何を解決できるのかということになる。この問いは政策とは何かという問いでもある。つぎにこれを考えてみよう。

政策とは何か――三つの要素と四つの領域――

政策とは、生じた、あるいは生じるであろう問題への解決を意識した対応策とその手順の総称と定義できる。中小企業政策であれば中小企業「問題」、福祉政策であれば福祉「問題」、農業政策であれば農業「問

第１図　政策の要素と領域

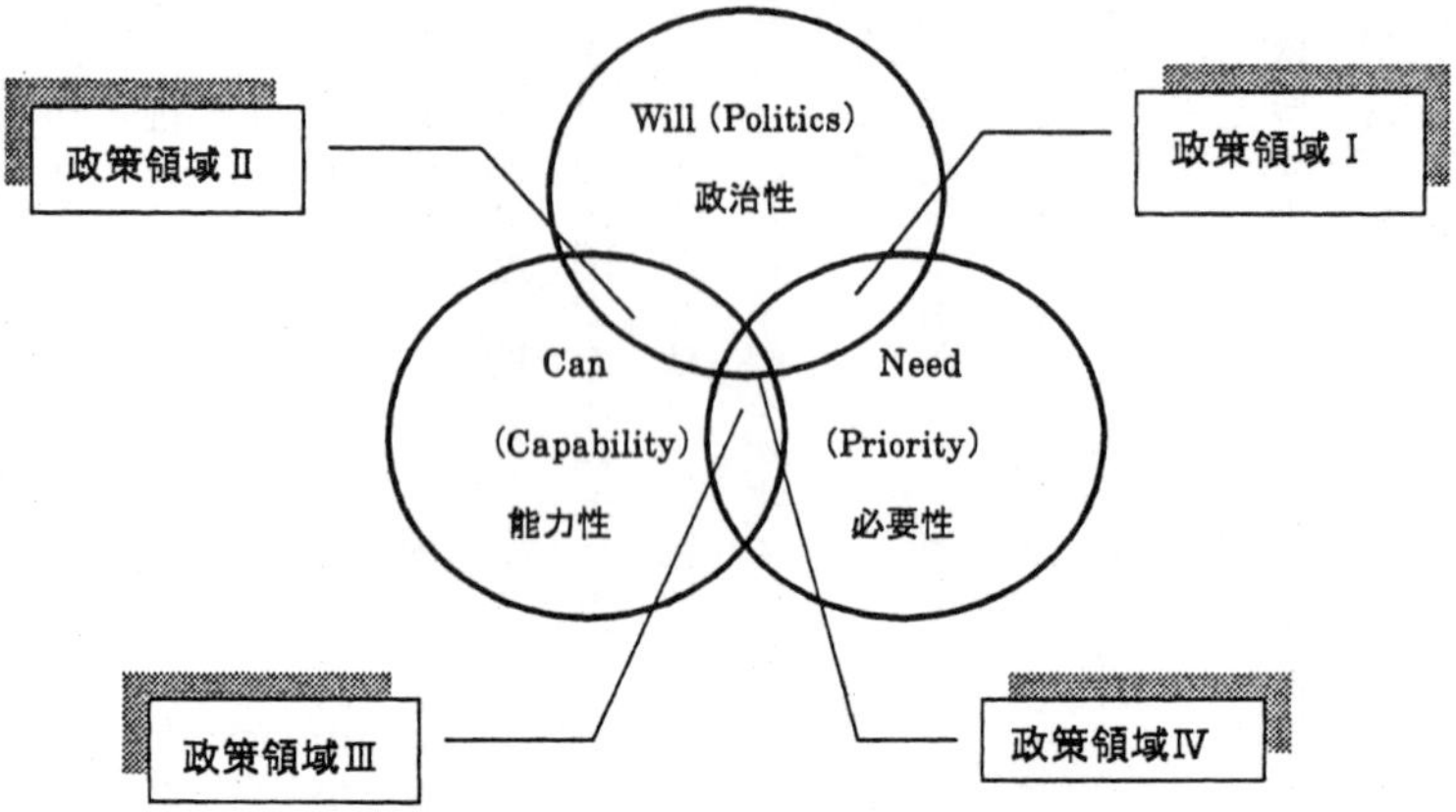

題」が前提となる。そして、どのような政策であれ、政策とは基本的に三つの要素と四つの領域から構成される。まず、三つの要素である。第１図に示したつぎのようなものである。

㈠　ＷＩＬＬ――これは政策を行おうという「意思」（＝実行）のことである。つまり、政治的意思（Politics）のことである。政治性と言い換えても良い。

㈡　ＣＡＮ――これは政策を実際に行うことの出来る能力のことである。つまり、政策能力（Capability）のことである。能力性と言い換えても良い。

㈢　ＮＥＥＤ――これは実際に政策を必要としていること（問題の存在）である。つまり、政策の緊急性（Priority）のことである。必要性と言い換えても良い。

こうした政策の三つの要素（W、C、N）が交差するところに、つぎに示すような四つの領域が生じる。時計の逆回りに示しておこう。

①　第一領域――政策主体（議会や行政府など）側において政策実行の強い意思があり、また、政策被主体側においてもその政策の必要性を強く感じているにもかかわら

第2図　政策の可能性領域

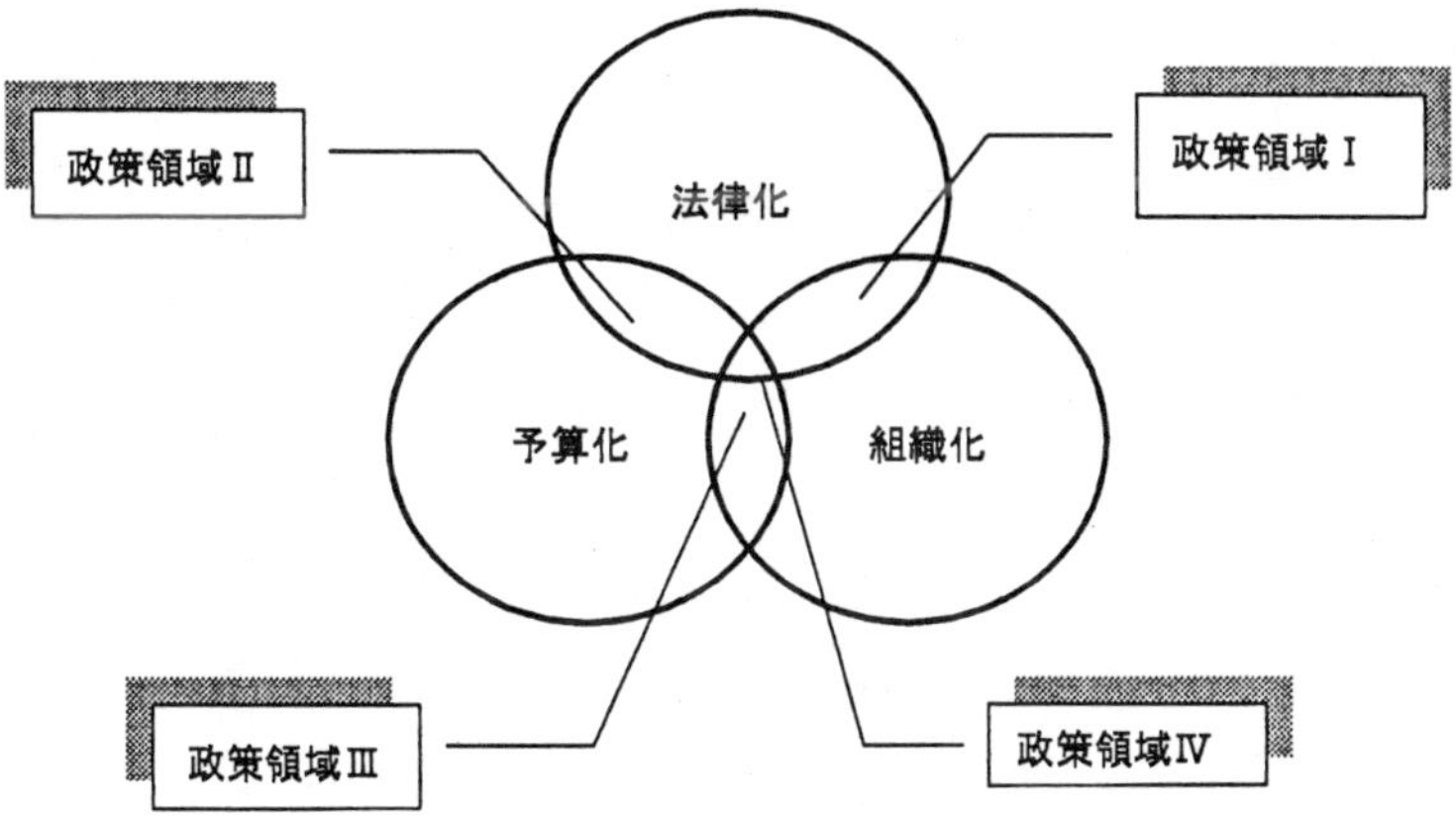

ず、政策主体側においてそれを実行できる能力を欠いている領域である。

②　第二領域――政策主体側において政策実行の強い意志があり、また、政策主体側においてその政策実行能力をもっているにもかかわらず、政策被主体側においてその必要性を感じていない領域である。

③　第三領域――政策主体側において政策実行能力があり、政策被主体側において政策の必要性を感じているにもかかわらず、政策主体側が政策実行の意識を欠く領域である。これは政党間の政策立案上の対立や、あるいは政府官庁間の調整不足のために法律の制定などが困難である場合などである。

④　第四領域――政策主体側において政策実行意思と能力をもち、政策被主体側においても政策の必要性を強く感じている領域である。

これらの三要素と四領域は、第2図に示したように、政策の形成と実行という面からもとらえることができる。ここでの三要素は「法律」「予算」「組織」である。この三要素はつぎの四つの領域を形成する。

(a)　第一領域――適切に法律が整備され、これに基づく政策を実行する組織がすでに存在しているにもかかわらず、予算額が十分でない場合。

(b)　第二領域――適切に法律が整備され、これに基づく政策を実行するに足る十分な予算が用意されているにもかかわらず、これを実行する組織が未整備である場合。

(c)　第三領域――適切な政策実施機関があり、予算的にも可能であるにもかかわらず、適切な法律が整備されていない場合。

(d)　第四領域――法律、予算、組織とも適切に整備されている場合。

こうした枠組みは、政策の実行性、可能性、必要性を考える上での形式論理的な分析方法にとどまらず、各国の中小企業政策を比較する上で有効な分析方法でもある。とりわけ、問題を完全に解決しなくとも――もっとも、これは有効な治療方法が導入されて、その疾患が根絶されるような疾患対策のような場合を除き、経済問題の分野などでは現実にはありえないが――、問題のある程度の軽減を促した政策を分析した場合、こうした政策は先にみたW、C、Nがより多くの重なり合う領域において成功を収めていたことがわかる。要するに、第四領域に属する、あるいは属さなければ、政策の効果はいずれの国においても限られることになる。

この視点は、国際比較においても非常に重要なことである。各国の政策を分析する場合には、この三つの要素（W・C・N）がどの程度重なり合う領域で政策が形成されているかを検証することが必要な作業となる。たとえば、問題解決のための必要性（N）が社会認識として浸透し、解決のための政策資源（C）が整備されていても、政治的な実行性（W）を欠いているとしたら、この政策を実現することは困難であるし、また実行されてもその効果は期待できないだろう。

このことは、一つの国で成功を収めた政策が他国において同じような成功を収めるとは限らないことを強く示唆している。そこには政策の移転をめぐるさまざまな問題がある。米国で成功を収めた政策、あるいはドイツで成功した政策を日本で実施しても必ずしも同様の効果を期待できるわけではない。むしろ、こうした政策そのものが新たな問題を生み出し、問題をさらに複雑にする場合もある。

この三つの要素分析方法は、中小企業政策に限らず、政策の移転性を前提にした国際比較研究の方法論のあり方を示唆している。そして、政策の移転性については、通常、つぎの三つの比較軸を前提にしてその国の実情に沿ったかたちで実行することが求められる。

(ア)　時間軸――政策形成の背景として、政策効果に影響を与えた内外の経済環境や世界情勢を与件として自国で再現することは困難である。

(イ)　空間軸――その国の経済圏への認識。貿易や直接投資などによる連携性の強い経済圏を与件として、再現することは困難である。

(ウ)　制度軸――これには、見えるかたちでの法律に基づいた制度のほかに、見えない制度としての文化、社会的規範などがある。とりわけ、この見えない制度を再現することは困難である。

したがって、他国の政策の適用性については、時間軸、空間軸、制度軸に近似する何らかの媒介的要素をどのようにとらえるかが大きな鍵をにぎることになる。

第３図　価格競争力と非価格競争力から構成される中小企業の類型

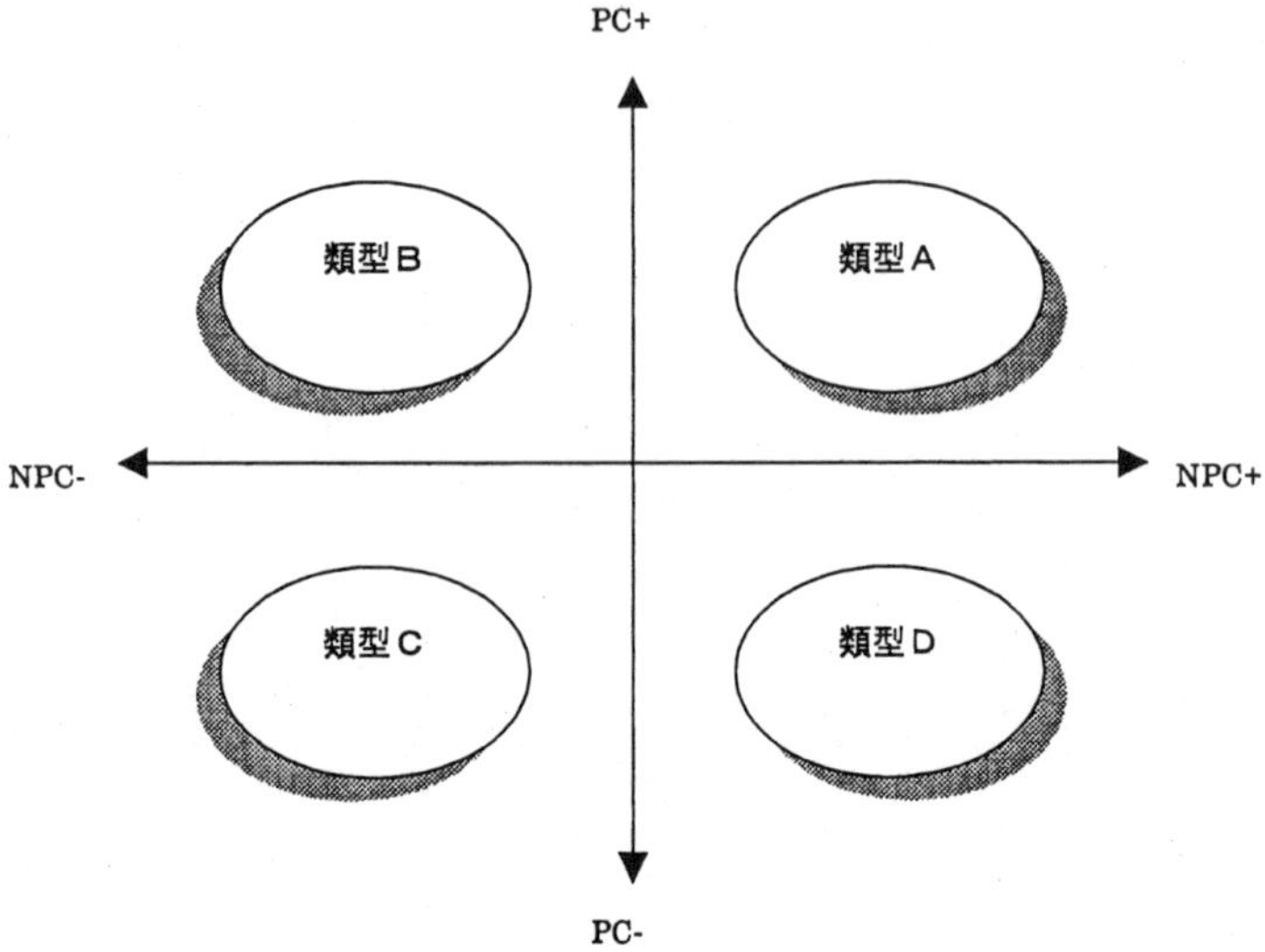

わたしたちはどのような中小企業を望むのか

先に大学生の理想とする中小企業像を取り上げた。以下では、やや機能的あるいは形式論理的に、競争力からみた中小企業の類型を考えてみたい。一般に、企業のもつ競争力はつぎのように単純化させた恒等式でとらえることができる。

競争力＝価格競争力（PC）＋非価格競争力（NPC）

これをグラフ上にとったものが第3図である。グラフ上でプラス（＋）は相対的な強さを、マイナス（－）は相対的な弱さを示す。この結果、形式論理的には四つの中小企業の類型が想定できることになる。

(一)　A類型――価格競争力、非価格競争力ともに優れた非常に強い競争力をもつ中小企業群である。

(二)　B類型――価格競争力が優れているものの、非価格競争力が必ずしも強くない中小企業群で

第４図　競争力構造的にみた中小企業の存立形態

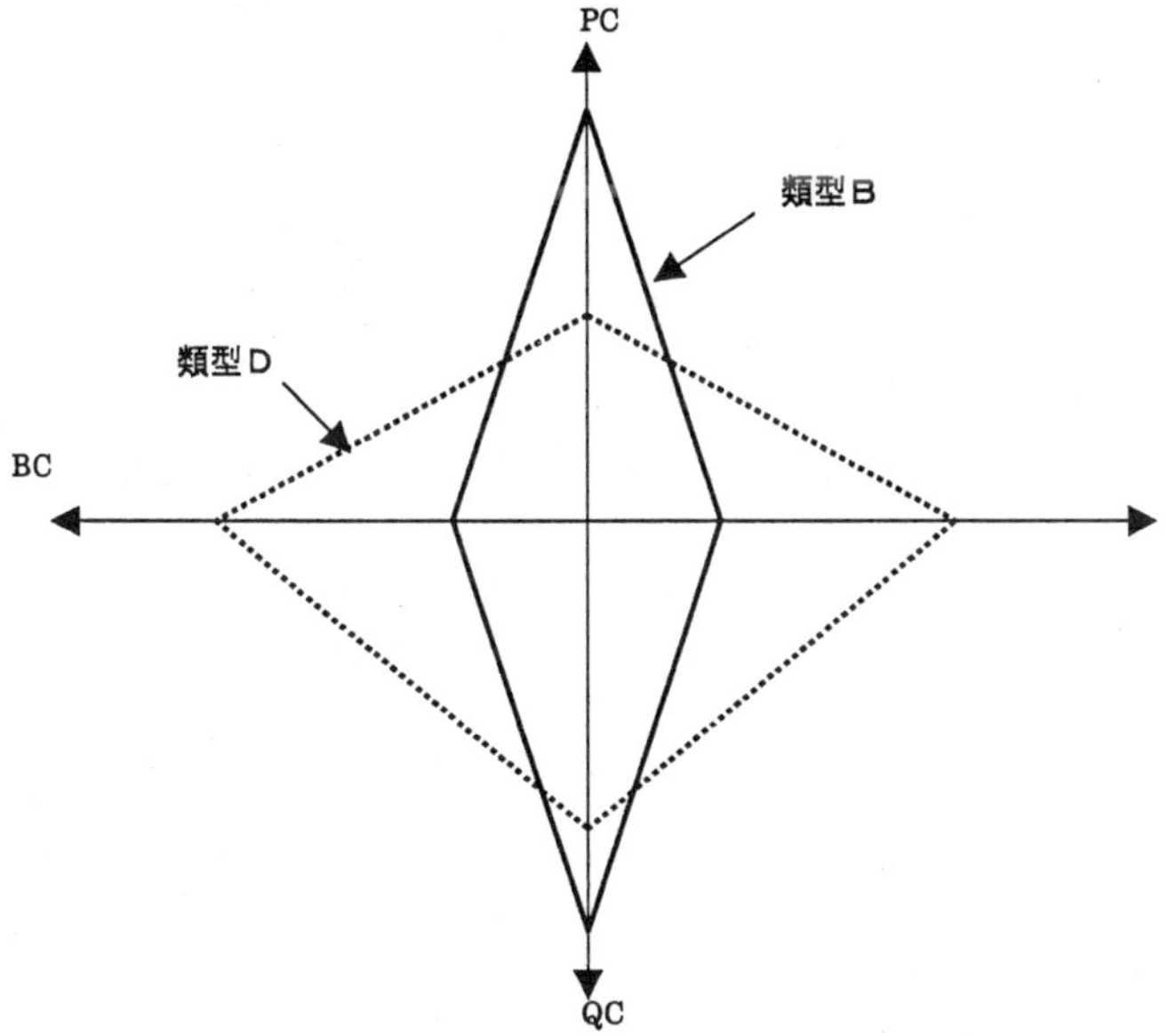

ある。

㈢　Ｃ類型——価格競争力と非価格競争力の両面ですでに劣位にある中小企業群である。

㈣　Ｄ類型——価格競争力で劣位にあるものの、非価格競争力で優れた中小企業群である。

価格競争力が示唆するところは自明であるので、非価格競争力について説明しておこう。非価格競争力はつぎのように定義できよう。

非価格競争力＝品質競争力（QC）＋技術競争力（TC）＋事業競争力（BC）

ここでの品質競争力は高品質の製品やサービスを供給しうる競争力のことである。技術競争力は製品企画された商品やサービスを技術的に可能とさせる狭義の製造技術面だけでなく、より広義の研究開発能力までを含む競争力概念である。事業競争力は技術競争力よりもさらに広義の新たな事業などを構想することのできる能力のことである。

わたしたちは、この四つの類型化された中小企業群のうち、どのような中小企業を望むのか。理想的にはA類型ということになろう。だが、現実にはこうした中小企業は少ないのが現実である。だからこそ、理想的にはということになる。

さて、第４図には四つの類型のうち、B類型の中小企業群とD類型の中小企業群を取り上げてみた。縦軸には価格競争力と品質競争力をとる。横軸には事業競争力と技術競争力をとっている。いずれの競争力もグラフの中心点より遠ざかるほどより強い競争力をもつものとする。そうすると、たとえば、B類型の中小企業は価格競争力と品質競争力の面で優れているものの、事業競争力や技術競争力の面でそう強くないような存立状況にある。他方、D類型の中小企業は逆に事業競争力や技術競争力で優れているものの、価格競争力や品質競争力で優位ではないような存立状況にある。

一般的にいって、四つの競争力のいずれにおいても優れた能力を発揮している均整のとれた中小企業はきわめて少ないであろう。現実にはB類型やD類型のように、一部の競争力の面で優れたものをもっているものの、他の競争力が弱いために十分な成長を遂げることのできない中小企業が多い。このような中小企業にどのような支援策を整備すれば、わたしたちが理想としたA類型のような中小企業の割合が増えるのであろうか。つぎにこの点を探ってみたい。

中小企業類型と中小企業政策の方向性

ここでの課題設定は、先の四つの存立類型をもつ中小企業群に対してどのような政策が有効であろうかと

第５図　価格競争力と非価格競争力から構成される中小企業類型

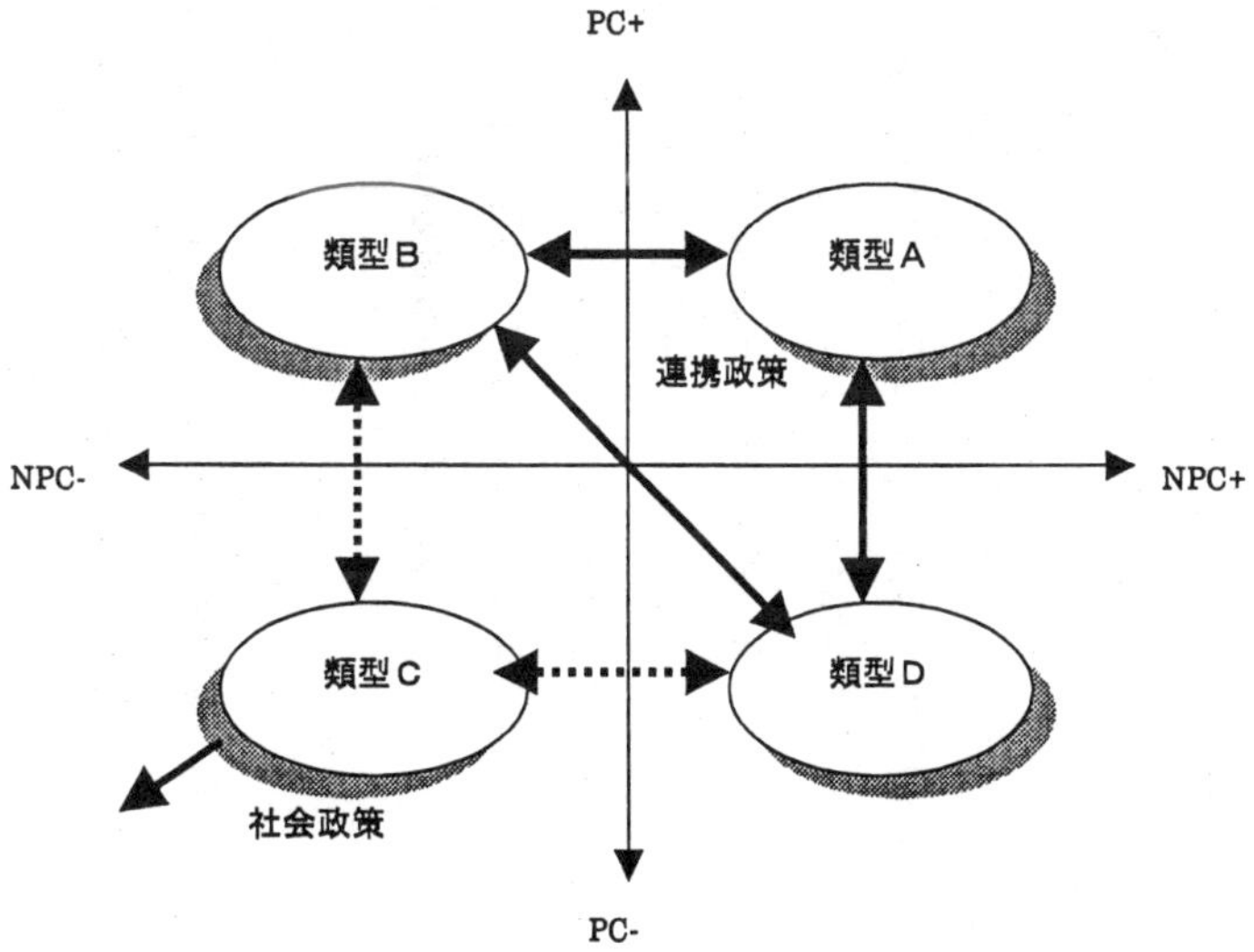

いうことになる。

まず、A類型の中小企業群については、潜在的に大きな成長力をすでにもっており、中小企業政策の対象となりうる可能性と必要性は少ない。

他方、C類型の中小企業はA類型とは対照的な位置にあり、今後ますます存立の困難性が予想される中小企業群である。

また、B類型とD類型の中小企業群は将来の成長可能性をもつと同時に、脆弱性も内包している存在である。

結論を先取りすれば、中小企業政策の対象とすべきはB類型とD類型の中小企業群であり、C類型は社会政策の対象とすべき中小企業群である。

B類型とD類型の中小企業群を対象とした中小企業政策の方向性については、それぞれの弱点を克服して、政策から自立したA類型のような存立をもつ企業へといかにして脱皮させるかである。とはいえ、個々人でもそうであるが、自分の性格的な欠点を克服することは容易でなく、むしろその長所をさらに伸ばす方が容易であり、しばしば生産的であり有効である。

ゆえに、B類型とD類型の中小企業群にはそれぞれの得意とする競争力をさらに伸張させつつ、B類型とD類型の連携、あるいはA類型との連携を促進させる連携型の中小企業政策が望ましい。この方向性を第5図に示した。

連携型中小企業政策の三つの方向性

すでに第5図で示した、異なる競争力構造をもつ類型間の連携をすすめるにはどうすればよいのか。つまり、異なる存立形態をもつ中小企業相互の連携性を強めるような中小企業政策とは何かという命題である。これには、第6図に示したように三つの方向性がある。

(一)　企業間連携性――これは先に述べたように、自社の弱い部分を補うような、いわゆる補完関係をつくることのできる企業との間の連携戦略である。たとえば、価格競争力と品質競争力に優れているものの、技術競争力に欠ける中小企業はこれに優れた企業との連携をすすめるという連携戦略のことである。

(二)　地域内連携性――これらの企業が同一地域内で立地している場合、この関係は地域内の連携関係を生み出す。ここでは同一地域内でさまざまな競争力をもつ企業群が集積立地することでより効率的な連携関係が生まれる可能性もある。

(三)　地域間連携性――直接・間接投資の拡大を通じて各国経済の連携性が高まってきたいまでは、企業間連携が国民経済内、あるいは地域経済内で形成されるとは限らず、国境を越えた地域間連携の可能性が

第６図　連携型中小企業政策の３つの方向性

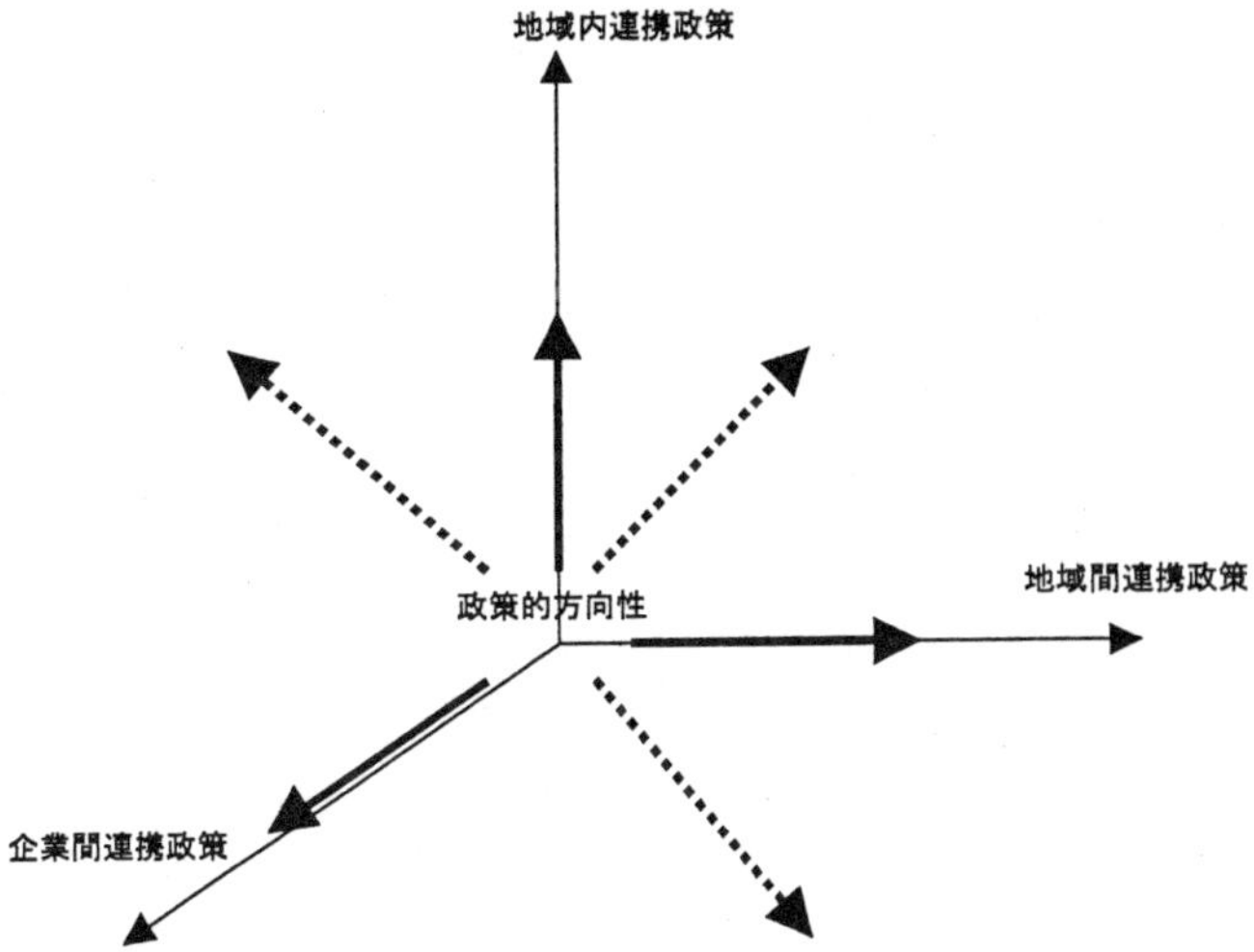

ますます高まってきている。

この意味では、㈠で示した企業連携関係の空間的展開が㈡や㈢であるともいえるし、また、企業間連携が結果的には地域内と地域間の諸連携を伴いながら展開しつつあるところに、現実の経済の動きがある。

従来の中小企業政策における連携政策は、同一業種内のいわゆる同業者を束ねる組織化政策であった。いまや、こうした政策の効力は著しく減り、個別企業における、より個別性をもった連携政策が重要となってきている。必然、企業間連携性は異なる業種・業態をもつ関係へと変化してきた。

このような連携政策がうまく行くためには、自社の価値とは何であるのかという点が明示的であることだ。第７図に示しているのは価値連鎖（バリューチェイン）の一般的なモデルである。左から順番にみておこう。

①　事業構想や商品企画など――どのような商品やサービスをつくるべきかという段階である。

②　研究開発など――それを具体的にどのように技

第7図　価値連鎖（バリューチェイン）と中小企業の位置

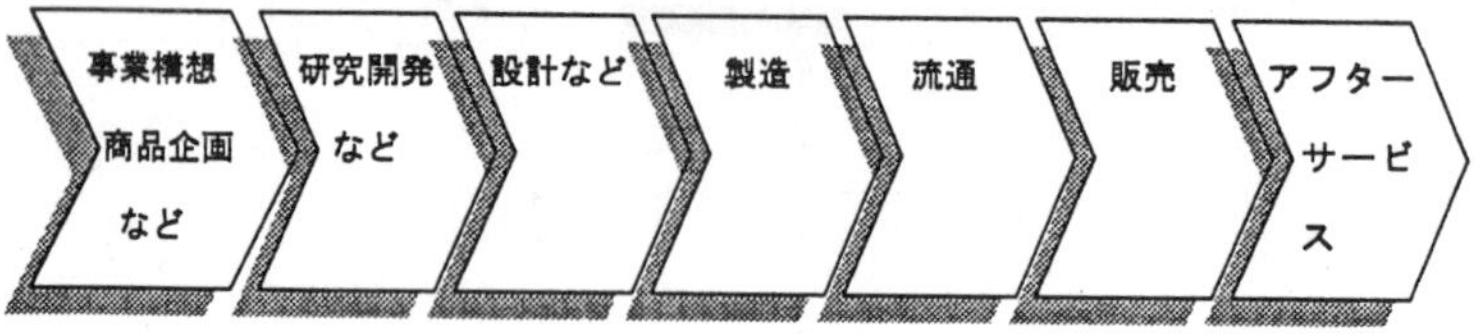

術的につくり、提供するかという段階である。

③　設計など——価格競争力と品質競争力に優れた生産・供給体制を可能にするために、どのような製品設計が望ましいかを明らかにする段階である。

④　製造など——効率的な生産段階である。

⑤　流通など——無駄な在庫を省き、効率的な流通を実現する段階である。

⑥　販売など——直接、最終消費者に販売する段階である。

⑦　アフターサービスなど——販売後の修理などの段階である。

従来は、大企業であればあるほど、①から⑦までの段階を同一企業内で一貫して行う自社内完結性（いわゆるリニアモデル）が高かった。ただし、いまは大企業といえども、こうした自社内完結性は崩れて、もっとも強い競争力をもつ段階に特化する傾向にある。他方、中小企業はもともと経営資源に制約があり、自社内完結性が低かった。この意味では、中小企業は自社の価値を一層明示して、もっとも得意な段階に特化し、こうした競争力の強化を通じて、他社の連携性を如何に強めるかが問われている。

内部経営資源に制約がある中小企業こそ、経営資源における選択と集中の必要性があり、自らの制約を補完しうる中小企業などとうまく連携を組み上げることが大事である。そして、経済情勢が変化するなかで、中小企業相互の連携などをどのようにして支援するのかが中小企業政策の重要な課題の一つとなっている。

第8図　経済環境の変化と政策形成過程

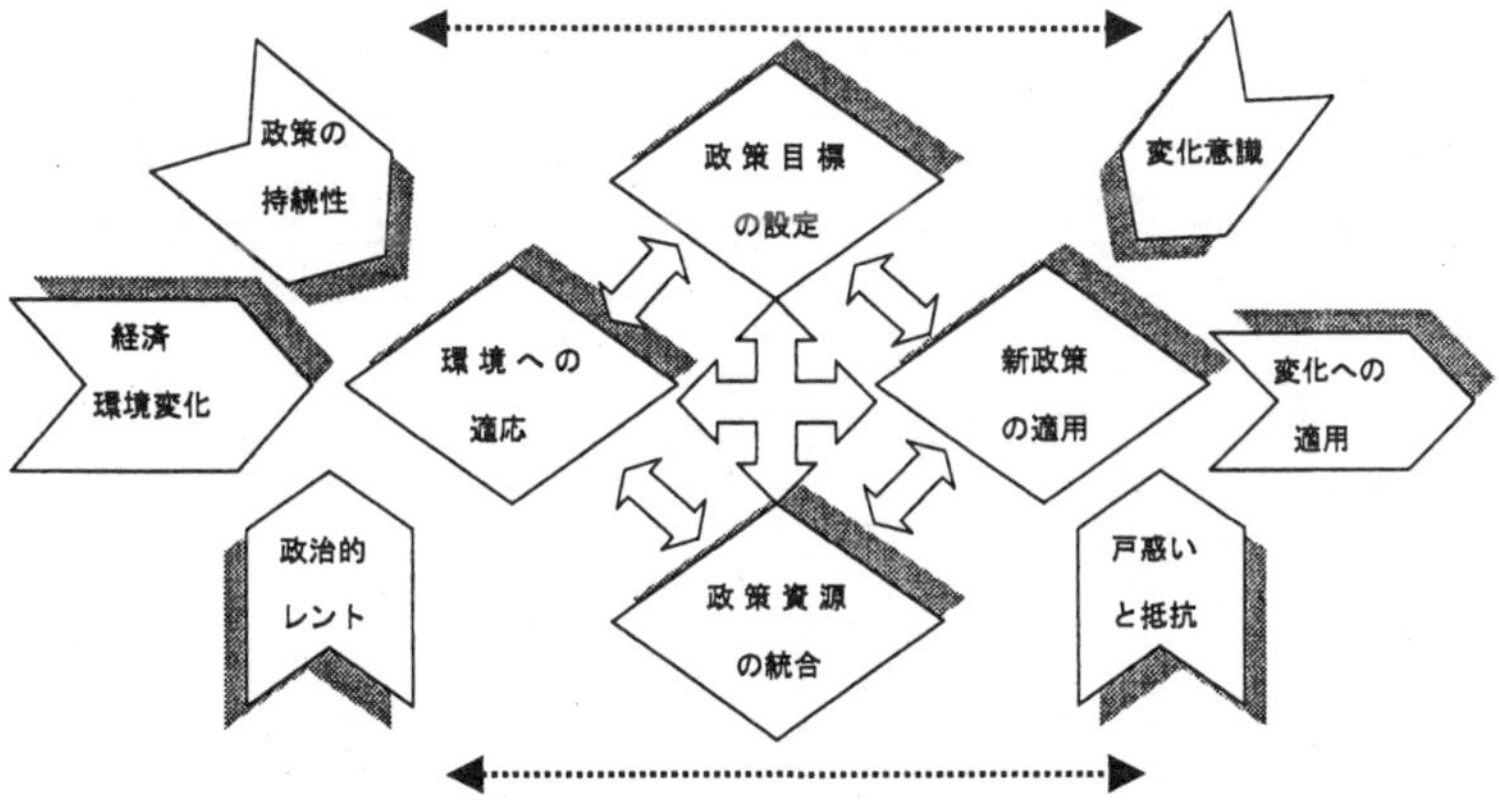

中小企業助成制度のマトリックス

経済状況はつねに変化する。いままでもそうであったが、いまもそうである。政策とは中小企業政策に限らず、さまざまな経営主体に対して新たな経済環境に適応できるよう支援する戦略のことである。第8図は、社会学者のパーソンズの考え方を意識しつつ、こうした経済環境変化の下での政策形成の過程を示している。

「政策」とは新たな経済環境への「適応」を意識して、新たな政策の「目標を設定」することから創始される。そして、政策資源を「統合」あるいは「再統合」することで、政策を新たな経済環境へ「適用」させることが必要である。

経済環境の変化が緩慢である時期には、政策主体と政策被主体側の双方で「適応」への意識が薄くなり、いままで通りの「目標」にいままで通りの政策資源の「統合」で、いままで通りの政策の「適用」が行われる。この期間が長ければ、そこにはこうした政策の受益者をめぐる利害関係が固定され、そこには政治的なレント（受益者特権）が生まれる。

第１表　中小企業への支援制度マトリックス

	金融支援	情報提供支援	教育訓練支援	税率低減支援	市場提供支援
金融支援	×	○	○	○	○
情報提供支援	○	×	○	○	○
教育訓練支援	○	○	×	○	○
税率低減支援	○	○	○	×	○
市場提供支援	○	○	○	○	×

政治的なレントは、やがて経済環境が大きく変化して、いままで通りのやり方が通じず、新たな「適応」を促すために新たな政策目標を「設定」して、新たな政策資源を「統合」し、新たな政策を適用せざるを得なくなったときに、大きな抵抗勢力が形成されるのが通常である。

留意すべきはこうした政治的レントはやがて腐敗と汚職を生みだす温床となっていくことだ。腐敗と汚職は政策そのものの信頼性を失わせる。政策における成功とは、その政策そのものの必要性を低め、終局的にその政策の廃止をもたらすことであり、政策を長く継続すべきことではない。政策の持続性は必ず政治的レントを生み出し、新たな政策の形成の阻害要因となることを忘れてはならない。

なお、「政策資源」について説明を加えておこう。政策資源とは広義には予算、組織、人的資源を意味する。狭義には、こうした予算、組織、人的資源によって過去に蓄積された制度などの政策手法を指す。中小企業政策における代表的な制度は第１表に掲げている。これらの制度を大別整理すれば、金融支援、情報提供、教育訓練、税控除や税率低減など優遇税制、官公需など市場提供、などがある。

こうした制度は、日本だけでなく、いまでは中小企業政策を実施している多くの国に共通するものだ。現実にはこうした政策手法としての制度は、そ

第２表　Ｂ類型およびＤ類型中小企業への支援制度マトリックス

	金融支援	情報提供支援	教育訓練支援	税率低減支援	市場提供支援
金融支援	×	◎	◎	◎	○
情報提供支援	○	×	◎	◎	○
教育訓練支援	○	○	×	○	○
税率低減支援	◎	◎	◎	×	○
市場提供支援	○	◎	○	○	×

備考：特に重要な制度適用には◎をつけている。

れぞれが単独に適用されることは少なく、マトリックス的に適用される。たとえば、金融支援に税率低減などの優遇税制などが組み合わされたりする。

第2表には、先にみたB類型とD類型に属する中小企業へ適用されるべき支援制度について、特に◎印を入れている。ここで特徴的であるのは、わが国でも従来型の中小企業政策で中心的な位置を占めた金融支援などいわゆる直接的政策でなく、連携に必要とされるさまざまな産業分野の企業情報などのデータベースの提供、中小企業のもつ人的資源の強化を促す教育訓練支援、そしてこうした対応に必要な費用負担に対する税控除などの優遇税制の適用などの間接的政策である。

つまり、すべての中小企業に対して総括的に、あるいは一律に広く薄く支援するのでなく、自ら必要性を感じて自ら動こうとしている中小企業に対して厚く支援をして、早期にこうした支援策から独立していく中小企業を多く作っていくことこそが重要である。

第二章　戦後日本経済の歩みと中小企業の競争力構造

企業と産業の競争力構造分析

企業は、その存立の場である国民経済、より狭義にはその属する産業あるいは関連産業の競争力に依存している。企業と産業のそれぞれの競争力は密接な関係をもっている。個別企業の競争力は、一般に内部競争力と外部競争力から構成される。これは内製と外注・下請発注に等値してもよい。つまり、個別企業のもつ外部競争力は、関連産業の個別企業がもつ内部競争力をどのように外注先としてあるいは下請先として活用するかによっても大きく変化する。

すこし繰返しになるが、ここで個別企業あるいは個別産業における競争力構造を復習しておこう。第9図には、縦軸に競争力構造を構成する事業競争力、技術競争力、品質競争力、価格競争力をとり、横軸に企業数と雇用数をとることにする。多額の研究開発費用を要するような事業競争力や、これを現実の製品づくりなどに具体化させていく技術競争力において優れた企業の数は、第9図のピラミッドで上層に行けば行くほど先細りになるように、必ずしも多いものではない。反面、品質競争力や価格競争力である程度の水準にある企業数は最も多い。

これを電子・電機産業あるいは自動車産業というように産業単位でとらえると、事業競争力、技術競争力、

第９図　競争力と企業構成、雇用構造

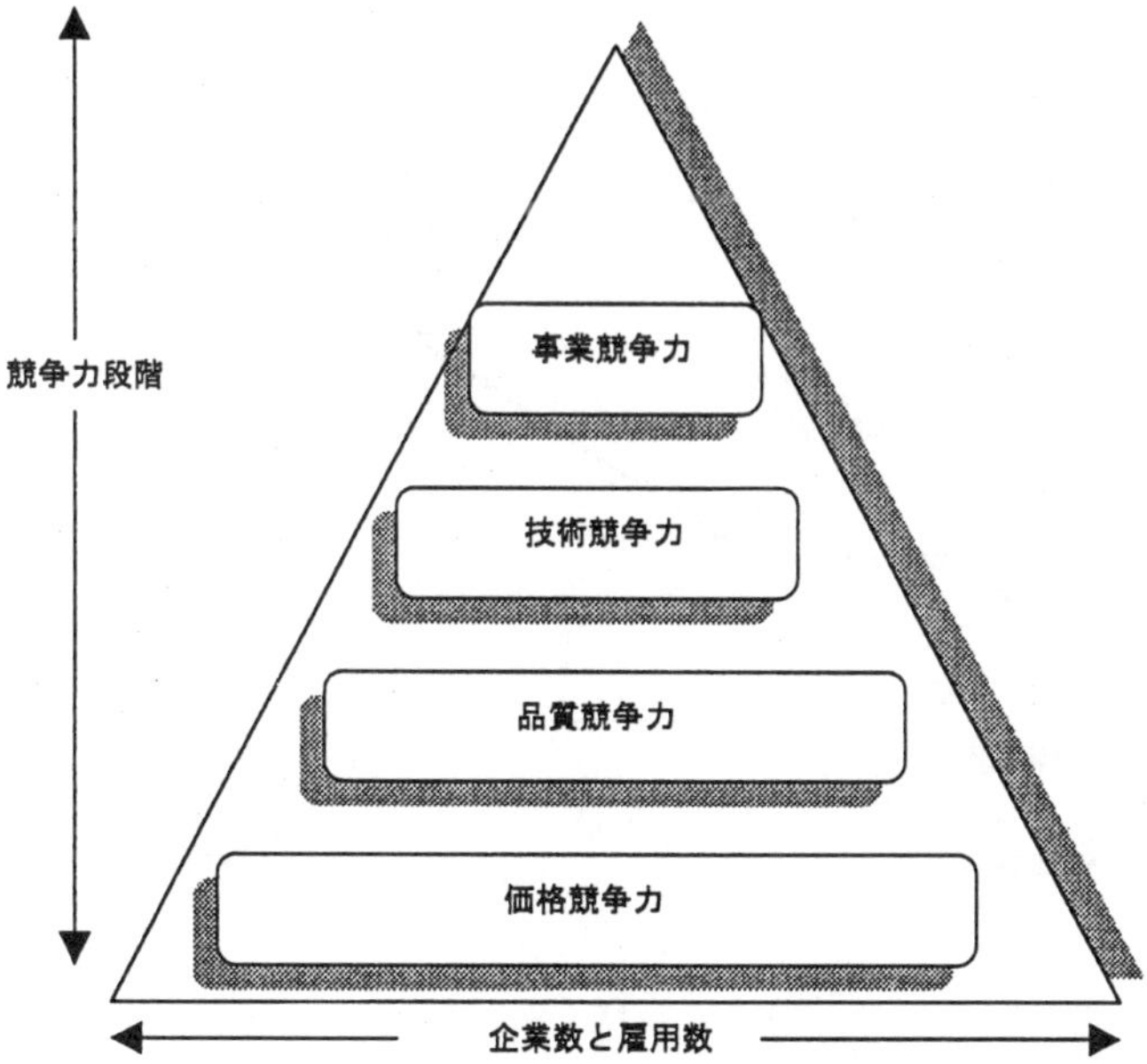

品質競争力、価格競争力をもつ企業が相互に分業関係を成立させることで、その産業の総合的な競争力が形成されている。これをさらに換言すると、事業競争力や技術競争力のみに秀でた企業は、自ら生産しなくとも、品質競争力や価格競争力で秀でた企業と分業関係を結ぶことによって存立しうることになる。つまり、こうしたハイテク企業にとって、製造を受け持つ企業群の存在は一種の外部経済を形成していることになる。

では、日本経済においてこうした企業あるいは産業における競争力はどのように展開してきたのであろうか。これをつぎにみておこう。

戦後日本経済と競争力構造の変化

戦後日本経済の歩みを競争力構造からとらえると、第10図に示したように、戦後復興期

第10図　戦後日本経済の競争力構造

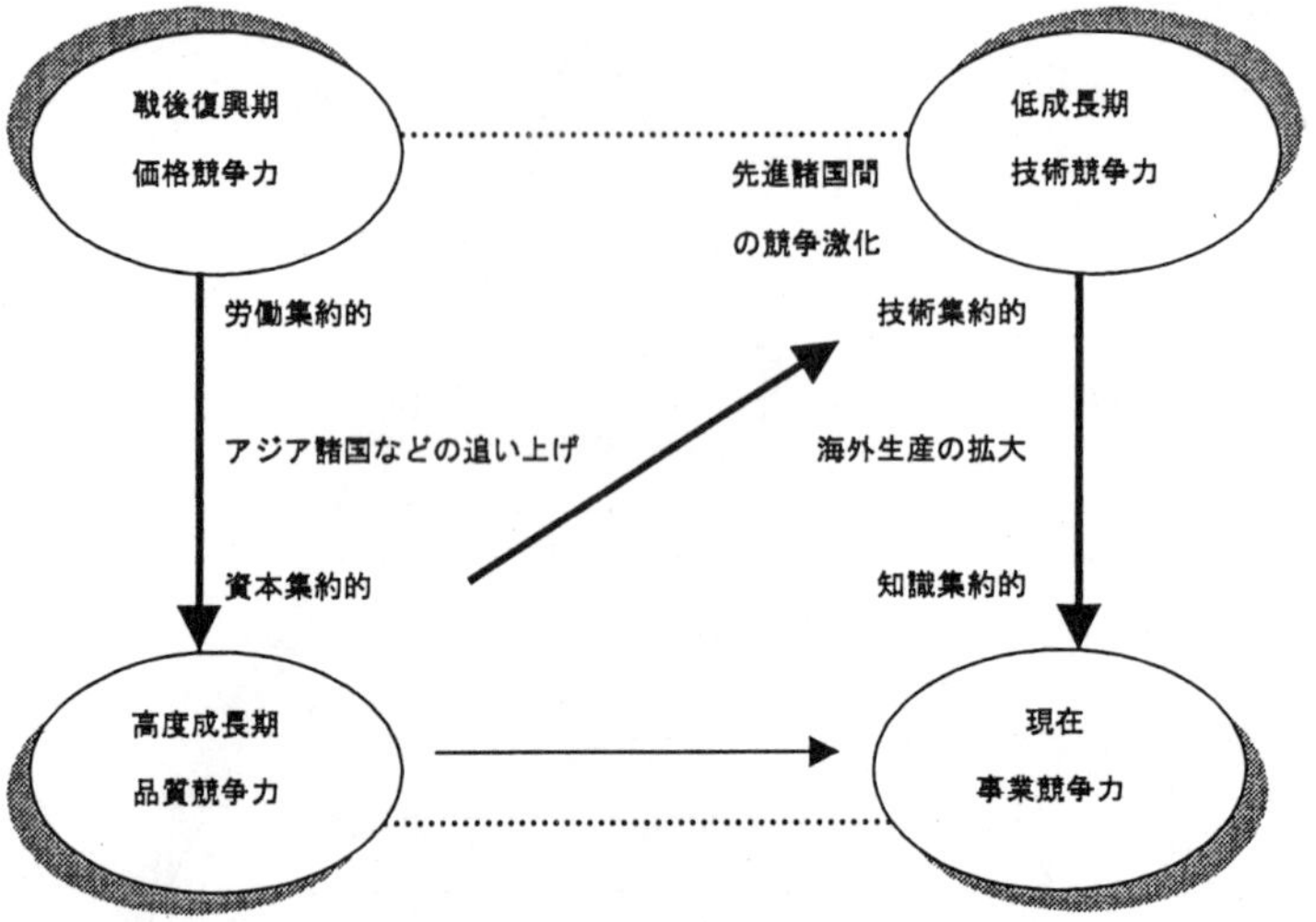

はもっぱら相対的に安価であった日本の労働力コストに依拠したような労働集約的産業が大きな位置を占めた。繊維製品や雑貨製品などが価格面での国際競争力をもち、こうした製品の輸出などを通じて、日本産業はつぎの段階にすすんでいった。

しかしながら、労働集約的な産業分野は、日本国内での労働コストの上昇やアジア諸国などの追上げのなかで、価格競争力を低下させていった。このため、産業界は資本集約度（＝機械化）を高めて価格競争力の維持を図りつつ、機械化によって品質競争力を高めることで対応していった。

とはいえ、アジア諸国からの追上げによる輸出先市場における低価格帯商品との競合がますます厳しくなるなかで、日本企業はより付加価値の高い分野へと移行していった。これは先進諸国との競合を強めることとなり、日本の産業が技術集約的な分野へと方向性を定めていくのが低成長期であったといってよい。この鍵を握っていたのが技術競争力の強化であった。敗戦後から高度成長初期については、外国、とりわけ、米国などからの技術購入――特許使用など――が可能であったが、先進諸国との競合が強まるに従い、日本の独自技術の開発が焦眉の急となっていった。
そして、いまである。いまの段階は事業そのものを構想する知識集約的な創造力が問われる事業競争力の時期にある。この背景には、第9図に示したそれぞれの個別競争力のうち、弱い競争力部内が海外生産に切り替わっていったことがある。また、品質において相違がない加工や部品についても海外委託生産などが進展していった。つまり、これは日本国内における個別競争力から構成された一貫型の生産体制の崩れを意味している。こうしたなかで、新しい技術などに基づく製品づくりに不可欠な事業競争力を強化することが日本経済の課題となっている。

リスク化・知識集約化経済と競争力構造

事業競争力や技術競争力の水準が問われる経済は、リスク化経済あるいは知識集約化経済と位置づけることができよう。これをより直感的かつ明示的に示すことができるとすれば、第11図のようになる。縦軸にリスク（＝社会的非認知度など）をとり、横軸に市場性（＝商品化の可能性）をとると、先にみた四つの範疇の競争力はつぎのように配置できよう。

㈠　事業競争力――より具体的には戦略的研究開発段階である。現在は市場化できるのかどうか分からないようないまだアイデア段階、あるいはサイエンス段階にあるような一〇～一五年先の技術分野への取組みである。つまり、高リスクかつ市場性からもっとも遠い位置にあるような段階である。

㈡　技術競争力――㈠の段階から一歩以上すすんで、それを工学的に如何に可能とするかを明らかにする

第11図　技術開発における段階性と競争力構造

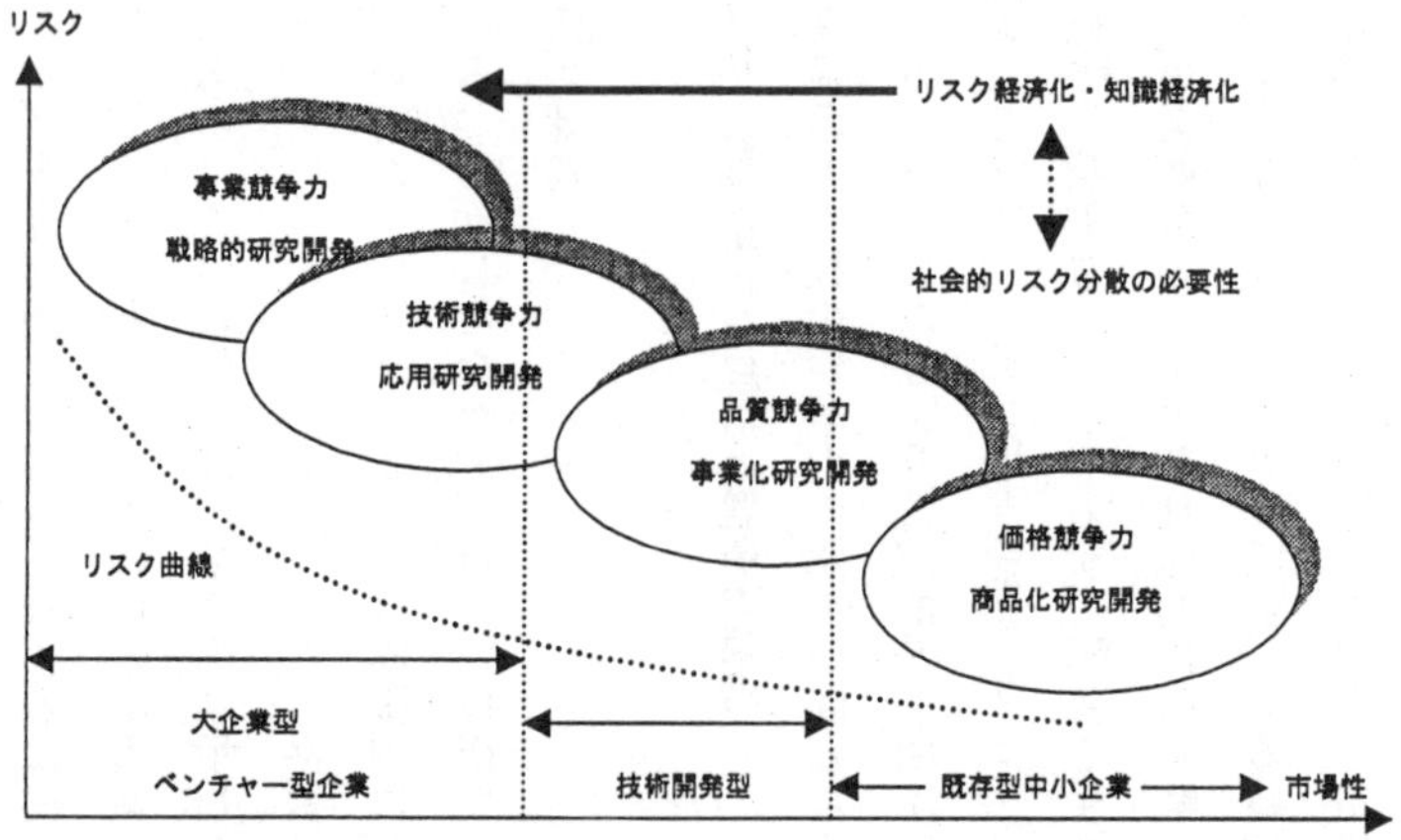

応用研究開発段階である。㈠よりリスクは低減し、市場性にすこし近づいた段階である。

㈢　品質競争力――技術的に製品づくりの過程が明らかになり、それを大量生産体制のなかで如何に品質を一定にするかの事業化研究開発段階である。

㈣　価格競争力――如何にコストダウンを行い、同業他社との競争関係のなかで低コスト生産を行うかの商品化研究開発段階である。ここまでくると、リスクはかなり低減され、市場性にもっとも近づいている。

競争力と市場性との関係からリスク曲線を描くとすれば、事業競争力の段階がもっともリスクが高く、市場性に近い品質競争力の段階が最も低くなるようなカーブとなるであろう。こうしたリスク別、競争力段階別にどのような企業規模をもつ経営主体が対応できるであろうか。リスク曲線が高い戦略的研究開発段階や応用研究開発段階では、さまざまな人的資源と資本力をもつ大企業、あるいはリスク資金の提供者であるベンチャーキャピタルからの資金支援を受けることのできるベンチャー型企業の役割が重大であろう。

応用研究開発にある程度の目途がついた段階から、大量生産などでの品質安定を前提としたような事業化研究開発段階で、それぞれの得意分野をもつ大企業、中堅企業、あるいは研究開発型中小企業が大きな役割を果たす。そして、最終的な製品づくりでは、コストダウンが鍵を握る。これを得意とする中小企業も多いはずである。ここで重要なのは単なる従来型のコストダウンでなく、開発された高度な技術を消化しつつ、十分な価格競争力を保持することである。単なるコストダウンに連なる価格競争力だけでなく、研究開発能力に結びついた価格競争力が重要である。

ベンチャー企業像と競争力構造

リスク化経済や知識集約化経済を代表する企業形態として思い浮かべやすいのは、いわゆるベンチャー型企業ではなかろうか。第11図でいうと、既述のように、リスク曲線の高い位置にある事業競争力と技術競争力を担う領域に特化した企業像ということになる。しかしながら、これはあくまでも日本でのベンチャー企業像である。

ベンチャー企業の定義を、通常の銀行融資など間接金融ではリスク負担が困難な領域の事業活動を行う企業とは別に、直接金融によってリスク資金を提供するベンチャーキャピタルが投資を行う企業だとすると、どうであろうか。そうだとすれば、第12図のように、先にみた四つの競争力は第11図とは異なった配置を示す。第12図には、縦軸に売上額などの成長率をとり、横軸の左側にリスク、右側に市場性をとっている。左下の領域にはつぎのような特徴をもつ高リスク型企業群が位置することになる。すなわち、

(一) 研究開発成果が実現されるかどうかの不確定要素の存在。

第12図　米国社会におけるベンチャー像と競争力構造

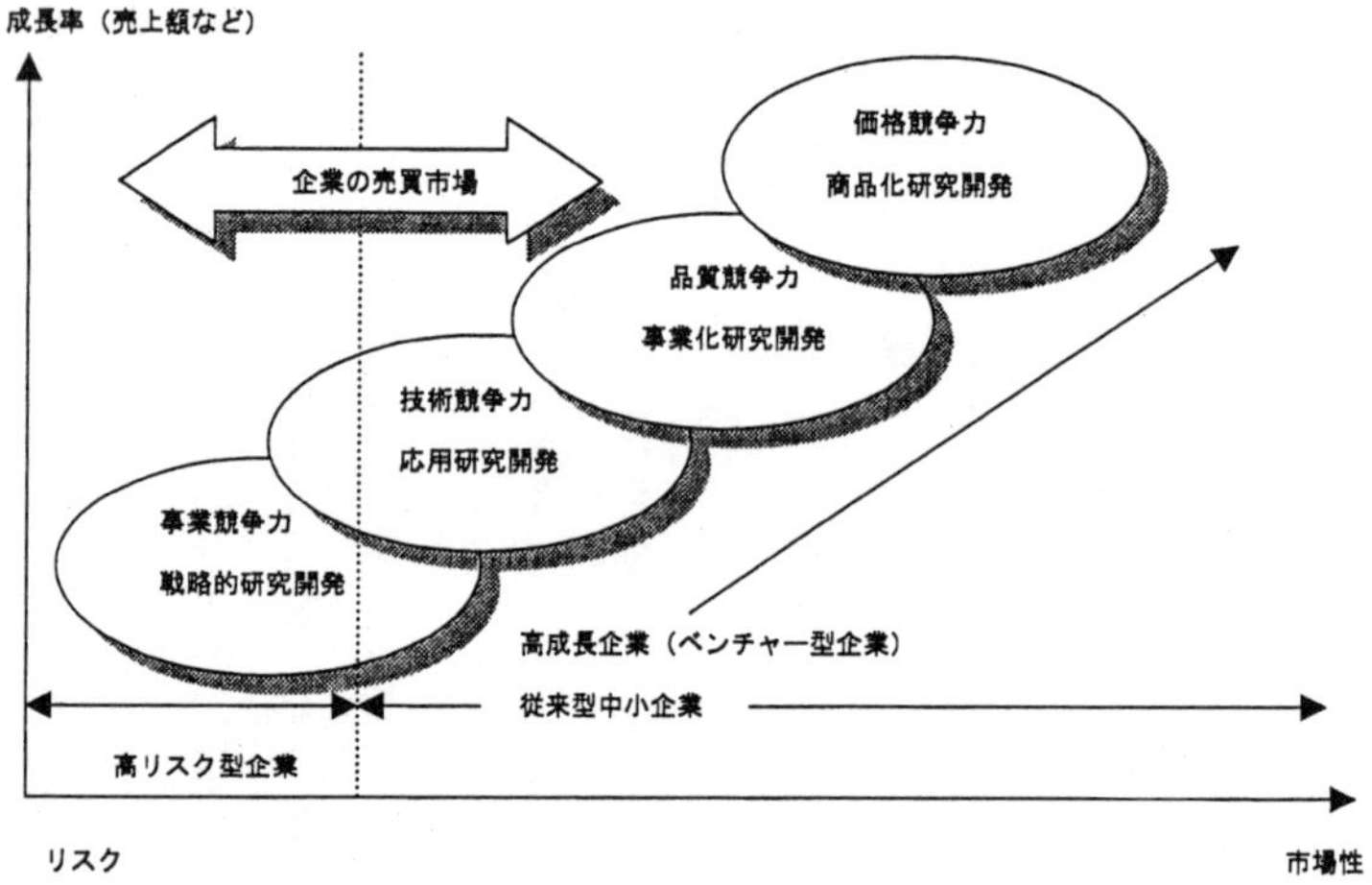

(二)　具体的な製品づくりまでに長期間を要し、したがって、投資の懐妊期間なども長期間にわたるため、創業当初の成長率もきわめて低く、あるいは停滞的であること。

ベンチャーキャピタルなどの投資家からすれば、こうした企業への投資はリスクが高く、できれば忌避したい。特に、米国ではベンチャー基金（投資組合）への年金の投資割合が高いために、民間のベンチャーキャピタル企業やベンチャー基金はこうした高リスクを伴う初期型投資を忌避して、投資リスクを計算しうる第12図の右上に位置する企業群への投資を選好する傾向にある。

つまり、投資の回収期間を短くするには、すでに研究開発に目途がついた企業への投資の方が有利であって、リスクも軽減される。こうした企業は具体的な特許の確立と売却、具体的な製品やサービスの市場投入によって高成長を達成することができる。民間ベンチャーキャピタル企業やベンチャー基金は投資後数年以内に、その投資先が高成長を達成し、店頭市場で注目を浴び、公開時に高値を期待できるこうした新規企業への投資を選好する。あるいは、投資先企業そのものの売却によって資金の回収も可能である。

実際、米国のベンチャーキャピタルは、第12図でいえば右上の領域に位置する企業群への投資を選好している。つまり、事業化研究開発や商品化研究開発といった段階の高成長を期待できる、もっとも市場性に近い位置にある「これからの」新しい企業を早期に見つけ出し、投資を行うことが彼等にとって重要なことである。

必然、第12図の左下にある企業群は資金調達面で困難なことになる。したがって、こうした企業群には、国家プロジェクトの予算といった国家資金や補助金というかたちでの研究開発資金の投入が期待され、こうした公的資金によって目安がつき、右上へと移行した企業群へのいわば第二段階投資を受け持つところに、民間ベンチャー資金の存立があるともいえよう。民間ベンチャーキャピタルにとってベンチャー型企業像は、こうした高リスク領域を抜け出した企業群ということになる。米国——とくに米国では、軍需関連の開発資金の比重が大きいのが特徴である——や欧州諸国では、医薬品開発、バイオなどさまざまなかたちで国家資金というベンチャー資金が投入されている。

日本でもこうした傾向が高まりつつある。ただし、日本と米国との、こうしたハイリスク投資段階での投資を行ういわゆるビジネスエンジェル層には、圧倒的な差がある。このビジネスエンジェルは、ベンチャーキャピタルなど専門的投資家グループとは区別してインフォーマルな投資家とも呼ばれる。ビジネスエンジェルの社会層というのは、成功を収め引退した元ベンチャー経営者、専門的技術者、大学教授、銀行家などである。彼らはリスクの高い初期段階についても、専門知識をもっていることからある程度のリスク軽減のための「目利き」ができることに加え、少額投資ということでリスク管理を行っている。

いずれにせよ、リスク経済化のなかでその役割を担うベンチャー型企業、あるいは研究開発型企業への支援のあり方が、中小企業政策においても問われている。

リスク化・知識集約化と国内自己完結性

いまは産業内における競争力が一国内で完結する時代ではない。日本の電子・電機産業をみても、その生産分業体制は日本国内を飛び出し、アジア太平洋地域に展開している。アジア地域で生産される部品なくしては、日本の家電・電子産業はその競争力を維持できなくなっている。

この論理は企業単位になると一層はっきりしてくる。基礎研究開発段階に密接した事業競争力の育成と維持は日本国内、この応用研究段階である技術競争力の一部は日本国内、その一部は台湾や韓国で行われ、品質競争力は台湾や韓国、あるいは他のアジア諸国で生産された部品で維持され、もっとも価格競争の激しくなった価格競争力の部分は中国で生産あるいは中国製部品を調達することで、総体としての競争力を維持し、世界市場でのシェアを維持するというのが、いまではごく当たり前の分業体制となっている。

これを単純化させて図式化したのが第13図である。縦軸に国内自己完結性（度）をとり、横軸に国際競争力の度合いをとっている。先に述べたように、各競争力維持のための国内自己完結性が高く、国際競争力が高い左上の領域には事業競争力や技術競争力が位置することになる。他方、品質競争力や価格競争力では海外生産の拡大により国内依存型の国際競争力が低くなり、他方、これを補うための海外展開が強化され、結果として国内自己完結性が低くなるため、右下の領域に位置することになる。

第13図　技術開発・競争力構造と国内自己完結性

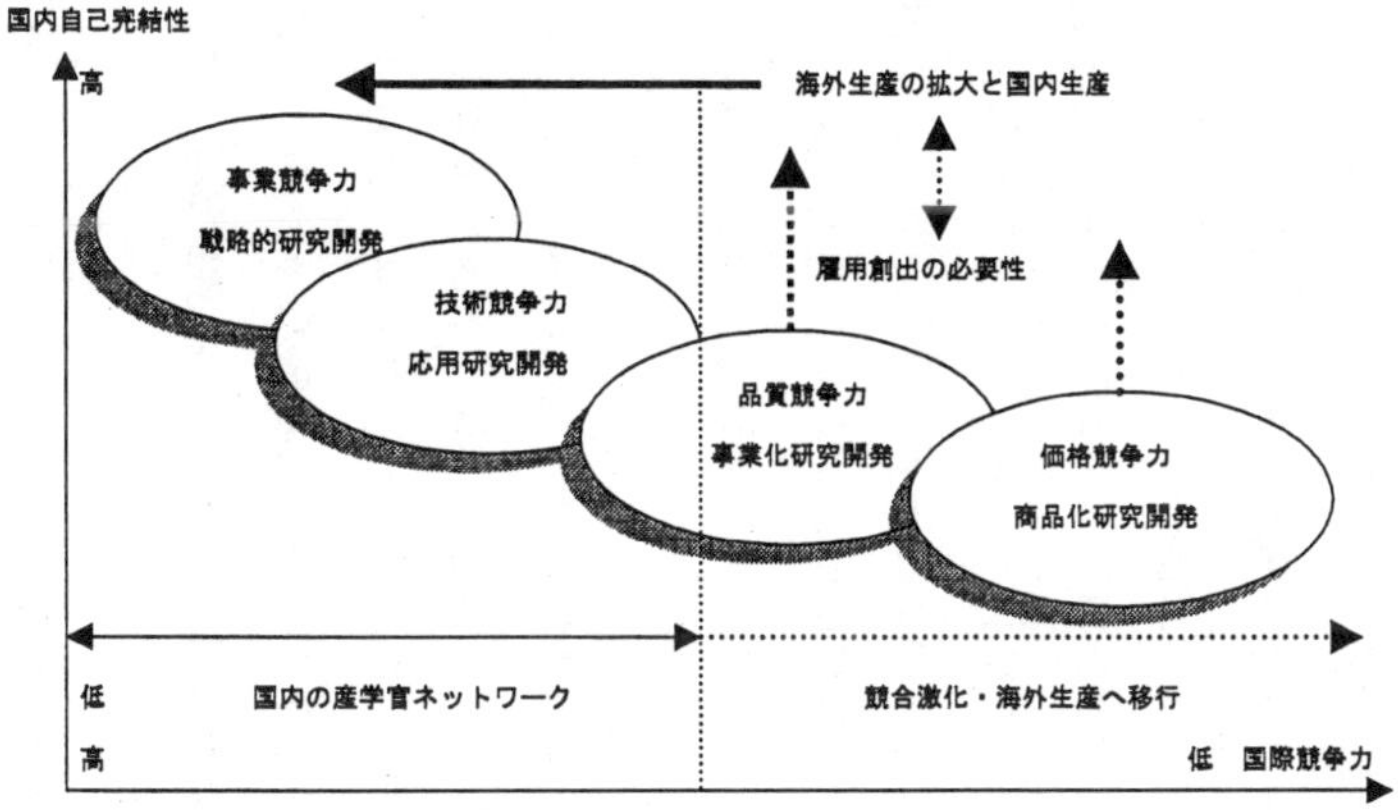

事業競争力や技術競争力については、高度な専門知識をもつ技術者などを必要とする。こうした人材の養成には時間を要するため、個別経営主体の内部だけで充足することは必ずしも容易ではなく、高度専門技術者の国内労働市場は常に逼迫しているといってよい。また、研究開発では投資などの懐妊期間が長く、将来において必ずしも成功を収めるとも限らず、また、競合者が特許や世界標準となるような規格の制定に先行した場合には、それまでの投資が埋没費用（サンクコスト）化してしまうリスクもきわめて高い。こうした観点からも、大学や公的研究機関での研究成果の活用や人材交流の必要性が生じ、事実、こうしたネットワークが形成されてきた。

とはいえ、こうした分野の雇用創出力は高いといっても、労働市場全体からすればその雇用創出効果は小さい。むしろ、雇用の比重の高いのは第13図では右下にある品質競争力や価格競争力を担う製造部門である。この領域は中国を中心とする東アジア経済圏の域内分業体制が拡大するなかで、日本の国内自己完結性が低下している。労働市場ではこうした分野の比重が高いだけに、どのようにして品質競争力と価格競争力を引き上げ、雇用創出に結びつけるかが重要である。この領域は中小企業性分野でもあることから、中小企業政策の対象となる。

リスク化・知識集約化経済と中小企業政策の方向性

では、こうした経済環境の下での中小企業政策はどうあるべきか。

この方向は、すでに論じたように、品質競争力や価格競争力が競争力の中心を形成する中小企業にあっても、事業競争力あるいは技術競争力を高めていくことがそれである。必然、個別中小企業においても対応リスクは高まる。そこで、リスク軽減のための政策課題が登場する。大別整理すれば、それらはつぎの二点に集約できるであろう。

㈠　リスクの社会分散システムの構築――個別企業におけるリスク経済化への対応に付随するリスクそのものを、どのようにして社会的に分散していくのかという政策設計である。つまり、リスクの社会的分散システムの設計と導入である。

㈡　知識集約化への支援――二つめの流れは事業競争力や技術競争力を高めるための知識集約化の対応支援をどのように設計するかであろう。

第14図はこうした流れを単純化して示している。この方向性は日本だけでなく、米国や欧州連合への加盟諸国、あるいはアジアでは韓国や台湾、さらにはアセアン諸国でも観察できる。最初の社会的分散システムとしては、研究開発などに関わる民間企業などのリスクを軽減するために、異なる組織体へそのリスクの一部を移転させる方法がとられるようになっている。これには、リスク＝コスト分散の範疇で三つの側面があ

第14図　技術政策と中小企業政策

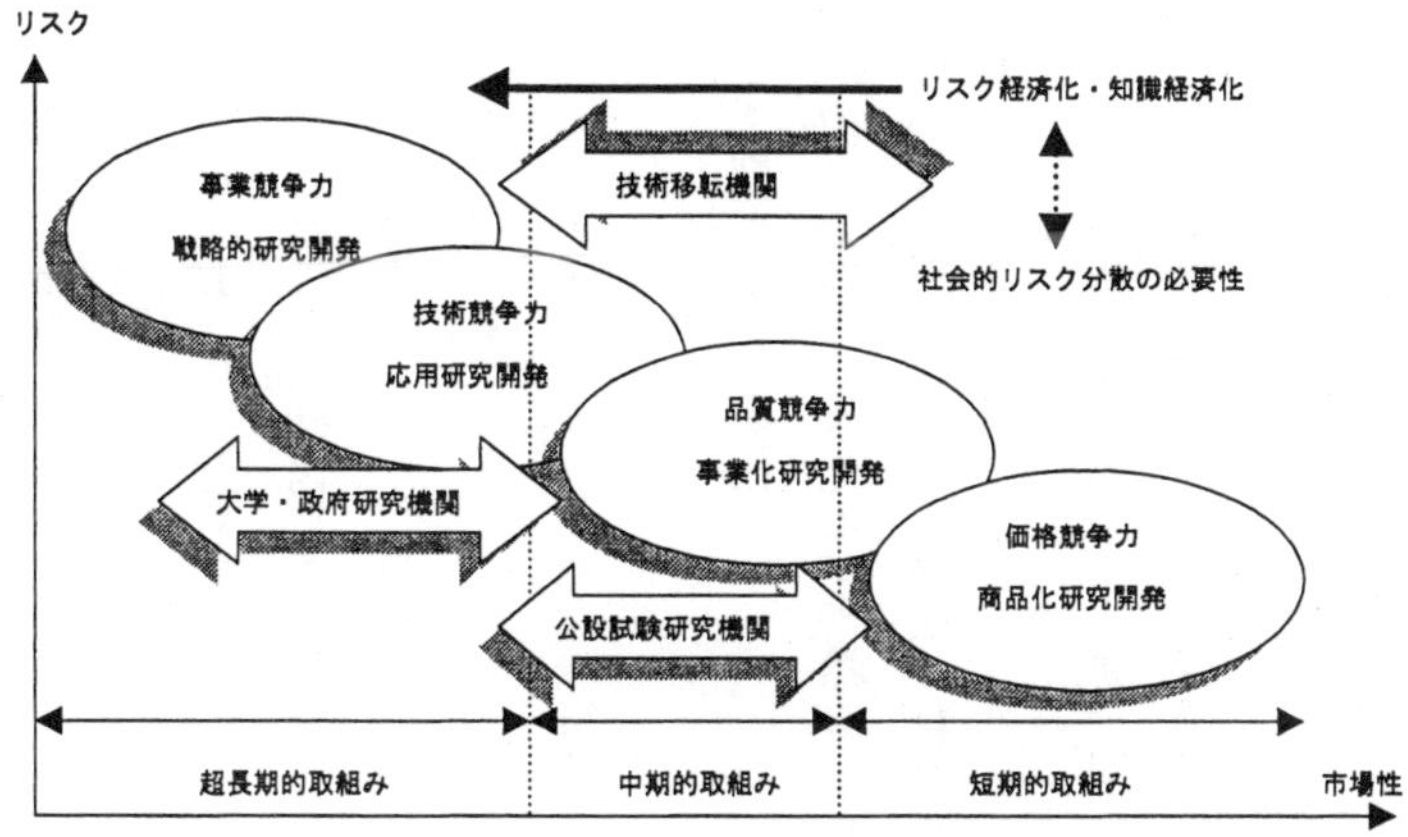

る。すなわち、

①　開発費用の分散――大学や公的研究機関との共同開発を行うことで、これに伴う費用の分散が可能になる。大学や公的研究機関にすでに導入されているハイテク機器、実験装置、部材など、個別中小企業では導入が困難でも、その利用が可能になる。これは結果的には、研究開発に関わる費用の組織間分散になり、リスクが軽減されることになる。第14図に示したように、大学や政府系の公的研究機関は主として事業競争力や技術競争力の強化という領域で、また、地方自治体の公設試験研究機関などは品質競争力を中心として技術競争力と価格競争力の強化のための共同開発などでそれなりの役割を果たしうるであろう。

②　人材補完効果――①は主としてハード面でのリスク分散であるが、中小企業の場合、より重要なのは実際に研究開発などを担える人的資源の制約の打破である。このために、大学や研究機関などの専門家と共同研究開発を組むことで、中小企業にとっては最新情報や研究開発方

法といった知の移転が、大学や研究機関にとっては実際のモノづくりの技の移転が相互に可能になる。これはソフト面でのリスク分散につながる。

③　特許などの取得・維持費用――中小企業にとっては、特許の取得やその維持費用に加え、特許侵害について弁理士・弁護士を抱えての訴訟費用の負担はきわめて大きい。現実には、革新的な技術開発に成功してもそれを知財化して、特許などで自らを守ることは容易ではない。このため、大学など公的機関との共同特許にくわえ、中小企業知財支援機関の設置による特許侵害などへのリスク軽減システムが必要となっている。

日本のみならず、こうした知財戦略は各国でも取り組まれ、中小企業政策の一つの柱となってきている。

雇用連鎖・創出の大きな変化

一国の競争力構造の変化は、当然ながらその雇用連鎖に影響を及ぼしつつ、雇用創出のあり方を決定していく。四つの個別競争力から構成される競争力は、一国内の自己完結性の度合いによりつぎのような雇用連鎖をもつ。

㈠　一国内雇用連鎖完結型――研究開発に直結する事業競争力と技術競争力が、実際にモノづくりに関わる品質競争力や価格競争力に直結する場合である。

㈡　価格競争力維持のための海外生産比率の高まり――技術開発と高品質維持のためのモノづくりが国内で優先されるものの、国内の労働コストや資材コストの面で海外の差異が顕著になった生産については、価格競争力維持のために生産の海外移転が促進される段階であり、労働集約的な産業分野、加工分野、部品分野における雇用連鎖が分断され、海外に移転される。
㈢　品質競争力維持のための海外生産比率の高まり——高次の品質競争力でなく、それが価格競争力と結びついた製品の品質維持についての海外生産移転である。
㈣　技術競争力の海外依存——価格競争力と品質競争力に顕著な差異がなく、技術競争力にも大きな差異がない場合の海外移転である。
㈤　事業競争力での並行的依存——先端技術において各国の研究所が進出して、集積効果が形成されている諸国への、国内と並行的な研究所の設置の場合である。

つまり、こうした類型が生じるのは、競争力維持の企業行動と一国内の競争力構造とが合致しなくなった結果である。この場合、多国籍型の大企業に象徴されるように、各国の個別競争力を連鎖させることで、その競争力が維持されている。しかしながら、こうした世界最適部品調達あるいは世界最適工場立地が、中小企業において困難であるところに、多くの問題が生じている。これは個別経営主体の経営問題であると同時に、国民経済的には雇用の連鎖が変化したことによる雇用問題として現れる。

こうしたかたちでの「先進諸国」の失業問題については、経済協力開発機構（ＯＥＣＤ）が一九九四年の『雇用研究——雇用問題の国際比較と政策対応——』で、一九八〇年代の各国労働市場を振り返り、その特徴を指摘するとともに、雇用政策という処方箋をつぎのように示した。

①　若年層の失業と長期失業者の同時平行的増加——教育・訓練制度の変革、若者の企（起）業家精神の育成と創業促進。長期失業者を滞留させている失業保険制度などの改善。
②　農業と製造業での雇用喪失——サービス業とハイテク産業への期待。

③　公的部門の雇用創出力の低下——民間分野での雇用拡大を阻害する制度の規制緩和。

④　一国内における賃金格差の増大——ハイテク産業など高賃金雇用拡大への期待。

⑤　税制度や社会保障制度が雇用促進を阻害している可能性——雇用者に負担増をもたらす最低賃金制度や雇用保障制度の変革。

同報告書は、雇用問題の深刻さは早い国では一九六〇年代から表面化し、多くの国では一九八〇年代——同報告書が刊行された時点での日本の失業率は、二・五パーセントと例外的に低い国としてまだ描かれているが——に深刻さを増し、一九九〇年代には加盟国にとって頭の痛い問題となることを予想していた。だが、実は、この種の雇用問題は「自国」対「他国」という構図でなくとも、自国の地域内の問題としてすでに論じられてきた経緯がある。これが「グローバル化」という構図で展開したところに、いまの問題がある。

でなければ、地域政策が各国においてそれなりに実施されてはこなかっただろう。この背景には雇用と失業をめぐる問題があった。地方政府が地域レベルでの経済政策という意味での「地域政策」でなく、中央政府としての国家が、失業者の著しい地域的な偏在を放置できず、雇用政策としての国家レベルでの「地域政策」を実施したのは、英国あたりではきわめて早く、すでに一九三〇年代のことであった。

この背景には、労働力の移動にはさまざまな要因が絡み、資本の移動（＝工場の再立地）ほどには労働力の移動は容易でなく、失業者が低失業率地域に移動して、地域間の失業率が中短期的に均衡化することが困難であった現実があった。このため、英国政府は高失業地域に工業団地を建設したり、企業を誘致したりするための特別金融措置などを導入する内容をもつ地域政策の実施に踏み切っている。英国政府は、第二次大戦後も大きな景気循環のごとに、失業問題を抱えた地域経済へのてこ入れを、現在にいたるまでいろいろなかたちで実施してきている。

こうした地域政策は大なり小なり、他の欧州諸国でも同様の事情から実施されてきており、いまは東西冷戦が終結して、中国や旧社会主義圏なども世界市場に組み入れられ、よりグローバルなかたちで資本の移動が展開するようになり、地域政策が国民経済内の地域経済政策でなく、国民経済全体を対象にした地域経済政策となってきたのが実態である。

いうまでもなく、この実態は、一国内で先にみた四つの競争力の連鎖が崩れ、以前と同様の雇用創出効果が保てなくなったことにほかならない。一例を挙げておこう。一九九〇年代前半の経済危機を乗り越え、ハイテク産業政策がもっとも成功を収めた国の一つとされるフィンランドの場合である。

ハイテク政策は、通常、四つの競争力のうち事業競争力あるいは技術競争力を強化する政策であり、一九九〇年代半ばからＩＴや医学、薬学分野で技術開発型の小さな企業が生み出された。こうした企業は、従来のサービス業や商業分野とは異なり、高度な専門知識を要する技術障壁が高い分野であり、高学歴・高熟練（＝専門知識）型のスピンオフ人材によって担われた。

この地域経済への経済波及をみておくと、研究開発段階におけるプロトモデルなどの部品や自社でこなせない設計業務などについては、地元の関連企業へ発注されるが、やがて量産体制になると、こうした研究開発企業はファブレス型（＝自社工場をもたない企業）であるため、部品は他の諸国から輸入されたり、場合によっては最終製品の組み立てが中国の工場へ委託されたりということで、地域経済への雇用連鎖は必ずしも大きなものでないことが多い。

こうしてみると、事業競争力、技術競争力、品質競争力、そして価格競争力は一企業内でもはや完結されず、外注・購買（アウトソーシング）がより積極的に利用され、この範囲も一国内に止まらず、多国籍・他地域に連なっていく傾向がますます強くなってきている。この結果、労働市場は大きな影響を受けるようになってきた。

この影響は、四つの競争力が分離したことで製造業の「空洞化」問題が早い時期に論じられた米国に顕著であった。統計から見るかぎり、米国の産業構造は、製造業の相対的比重がGDPベースで低下し続ける一方で、金融・保険・不動産、サービス業を中心に「経済のサービス化」はさらに進んだ。これと平行して、中国などアジアからの消費財などの輸入が一貫して増加した。こうした産業構造の変化がもっとも顕著に現れているのは、雇用面である。製造業での雇用数は一九九〇年代で一四一万人も減少した。

にもかかわらず、この間の失業率が低下傾向をみせたのは、商業部門の三二一万人、サービス業の一〇四三万人の雇用増のためであった。とはいえ、熟練を要求される製造業の場合の正規雇用とは異なり、商業やサービス業ではパートなど非正規雇用が主流である。現行の米国の労働統計から類推すると、こうしたパートなど非正規雇用者の割合は、米国労働者数全体の四分の一をすこし割り込むような割合であるが、これ以上の推計数字を主張する論者もいる。

米国のビジネススクールで教鞭をとるキャペリは、こうした産業構造と労働市場の変化を、一九八〇年代から始まり、一九九〇年代に加速した米国企業の経営スタイルの変化と平行させてとらえる。彼はこれを「ニューディール」型雇用形態ということばで象徴化させた。「ニューディール」は、米国でもかつては広範にみられた長期雇用を基盤とした雇用慣行という「オールドディール」への対抗概念である。キャペリは、彼の著作『雇用の未来』でニューディールをつぎのように特徴づける。

(ア)　市場原理による雇用契約――長期雇用を前提とした教育訓練で作り上げてきた中間管理職を削減し、企業の日常業務は外部労働市場から必要なときに必要な数だけ雇用する。パート雇用、派遣社員、個別契約による業務委託が主流になった。
(イ)　経営組織のフラット化――(ア)の結果として内部労働市場型のコア（中核）社員と外部労働市場型の非正規雇用者との階層化がすすみ、経営組織がフラット化した。
(ウ)　生産拠点のアジア化と部品調達の国際化――(ア)でも対応できない領域については不採算部門を売却したり、また、コスト削減は中国などでの事業拡大やアジア地域からの部品輸入によってすすめた。

キャペリはこうした内部労働市場の縮小と外部労働市場依存型の雇用形態を「ニュー」ディールと定義したが、米国の経営史からすれば、長期雇用型の時期は決して長いわけでもなく、従前の「オールド」ディールに復帰したといえなくもない。過去との大きな違いは、むしろ(イ)を促進した情報技術の発達と(ウ)というアジアの工場化である。キャペリの論点でむしろ注目しておくべきは、「ニューディール」という雇用の未来へのつぎの視点であろう。

(A)　長期雇用型労働形態の縮小――内部労働市場への復帰の困難性。
(B)　若者層の就労観の変化――安定的雇用への意識変化。
(C)　企業内訓練の縮小による大学教育体制への影響。
(D)　年金制度、労働組合、人生設計（ライフプラン）などへの広範な社会的影響。

最初の視点は、労働市場における非正規雇用形態の拡大を示唆する。非正規雇用の場合、専門職型は給与水準が高いが、そうでない非熟練型は給与水準が低く、米国労働統計も示唆するように、複数のパート仕事を掛け持ちする人たちも一定数いる。とりわけ、熟練度の低い若者層は、従来のように長期雇用を通じて熟練度を高める機会は少なく、最初から非正規雇用の労働市場に組み込まれる可能性が高くなっている。

この意味では、キャペリのいうように、若者層の就労観は変わりつつあるとともに、就労上の熟練度を高めるような教育機関での教育訓練プログラムへの期待が、企業側において高まる傾向にあるともいう。こうしたなかで、自ら就業機会を確保する、あるいは、所得水準を高める機会としての事業創業が、どのような社会・経済的文脈において米国で展開しているのだろうか。

統計的にみれば、米国での新規開業数は一九九〇年代を通じて五四万～五九万件である一方、倒産数も四九万～五五万件となっている。米国の企業経済は多産多死となっている。新規開業の従業員数規模では、全体の九六パーセントが二〇人未満であり、これらは大企業の関連会社としての創業でなく、独立型の起業といってよい。産業別でみれば、六〇～七〇パーセントが商業やサービス業などの第三次産業であり、新規開業もまた米国経済のサービス化を忠実に反映している。

このうち、どれほどがキャペリのいう米国企業のニューディール型雇用形態に呼応しており、そしてこのために自ら創業することを決心した「自営業型」創業がどの程度存在するかは統計的につかめないが、ある程度の比重を占めつつあるとみてもよいであろう。つまり、社内の規格化された業務が派遣社員やパートに代替される一方で、高度に専門的ではないが、定型化されにくい業務も外注化された結果、これを請け負う自営業の市場が拡大した。一九九〇年代の女性企業（WB）、独立請負業者（IC）、自宅事業（SOHO）の増加はこうした市場の拡大を背景に生まれ、彼らはしばしば解雇された従業員が「自宅」創業などのかたちで「請け負う」こともあり、この意味ではWB、IC、SOHOは、同一の業態を異なることばで表現したともいる。

ややもすれば、米国型中小企業は専門的技術や専門的サービスなどに特化したベンチャー型企業で代表されがちであるが、米国経済における雇用の短期化の結果生まれた、第三次産業でのこうした形態の自営業者群が米国でも広範な存立をみせていることに留意しておいてよい。

アジア経済圏の拡大と連鎖

大企業間の世界市場をめぐる競争は、その多国籍にわたる事業をさらに多国籍化させてきた。この流れは、中国の改革・開放を促し、中国を多国籍企業とその関連企業の一大集積地とさせ、中国は世界の工場となった。しかし、ここで中国だけを強調するのは、議論としては均衡を欠いている。

これは中国の貿易構造をみればわかってくる。中国の世界工場化はアジア諸国全体の工業化の発展を前提として可能であった。韓国、台湾、そしてタイなどいわゆるアセアン諸国の工業化が、中国の工場化を支えている。つまり、アジア経済圏、より正確には東アジア経済圏の拡大という文脈のなかで中国をとらえておく必要がある。いまは、東アジアは部品など中間財がその組立ての最適立地を求めて行き交う地域となっている。東アジアの域内輸出比率は、一九八〇年から二〇年ほどで倍増している。

これは日本からの直接投資による東アジアでの部品生産の拡大のみならず、アジア諸国のアジア内直接投資の拡大に拠っている。一九八〇年代半ばから現在にいたるまでの東アジアへの海外直接投資累計額でみれば、第一位は韓国、台湾、シンガポール、香港のいわゆるＮＩＥＳで、一〇〇〇億ドルを超えている。第二位の日本がおよそ九四〇億ドル、米国がこのおよそ半分ほどである。他方、中国への直接投資額をみても、

NIESが六〇パーセント以上を占めており、日本と米国の投資額を合わせてもこれの三分の一にも及ばない。つまり、東アジア経済圏の拡大は東アジア内部の投資、分業を梃子に進展してきた。

必然、日本もまたこうした東アジア経済圏のなかにそれ相応の位置を占める。日本の輸入額に占める東アジアの比重は、一九八〇年から二〇年ほどで二〇パーセントから倍増して四〇パーセントを占めるまでになった。他方、日本の輸出額に占める東アジアの比重は、同期間で二五パーセントから四二パーセントへと上昇した。これは、この地域の工業化と平行して豊かな購買力をもつ層が確実に拡大してきたことに呼応している。

こうした構図を日本も含めた東アジア、そして中国との関連で単純化させて描けば、中国の総輸出額の半分近くを占める外資系企業が中国で部品生産を行う外資系企業を欧米やNIESからさらに吸引しつつ、アセアン諸国からの部品輸入、アセアン諸国への部品輸出を香港とシンガポールを中継地として促進して、東アジア経済圏を拡大させていることになる。

とりわけ、電子機器生産においては、中国を含めた東アジア域内生産体制の一貫性は注目しておいてよい。こうした製品は東アジア域外へと輸出されているが、やがて域内消費の比重も高まっていくだろう。さらに、今後は自動車生産において東アジア経済圏の比重も高まることが予想される。この鍵を握るのが中国市場での自動車販売であるが、中国はいまや世界三位の自動車市場となっており、人口比からいって第二位の日本を抜くことは確実であろう。

こうした東アジア経済圏の拡大は、やがて域内統合の動きを加速化するだろうが、欧州連合やNAFTA（北米自由貿易協定）と同様の方向性を打ち出すには、多くの障害がある。とはいえ、電子産業についで、現在、拡大しつつある中国の自動車生産がアセアン諸国の自動車部品産業などとの相互依存性を加速化し、域内関税の共通化が多国籍企業の要求となるだろう。しかしながら、アセアン各国の自国産業保護の政策もあり、域内関税がどの程度の期間でどの程度引き下げられるかが注目される。と同時に、東アジアの急速な工業化は、都市と農村の格差ももたらしており、やがて所得の再分配などの政治問題を顕在化させることも必至である。

東アジア経済圏の拡大はさらにＥＵやＮＡＦＴＡとの相互依存性を高めていくだろう。こうした構図のなかで、日本経済もまた産業という経済単位が従来ほどの分析上の有効性をもたず、企業単位の競争力という分析概念がより有効性をもつことになる。大企業との相互依存性という構造のなかで存立してきた多くの中小企業にとって、その取引先大企業の従業員構成をみれば、すでに中国を含む東アジア経済圏に展開する事業所に働く人たちの数は日本のそれをはるかに上回るようになってきていることは、日本経済のグローバル化を象徴している。

もちろん、こうした傾向は日本だけでなく、ＥＵの当初のメンバーであった欧州主要諸国や米国にも同様の影響を及ぼしてきた。たとえば、米国経済の結論からみれば、製造業の空洞化であり、企業規模別では中小企業を中心とした縮小再編成が進んできた。これはしばしば経済のサービス化という概念でとらえられたが、これには二つの側面があった。

㈠　製造業自体のサービス化――実際の生産がメキシコなど中南米やアジア圏に移行したことにより、米国国内では、研究開発や技術専門サービスなどに特化した米国内の労働コストに見合う製造業支援サービス業が新たに生まれてきた。しかしながら、こうした専門サービスを担う労働市場において需給均衡は中短期的に困難なため、国内労働コストを高めた。この結果、いわゆるハイテク移民の増加をもたらし、この間の情報技術の発達は、インドや中国——こうした人口大国での工学教育を終えた技術者の絶対数を米国と比較すればよい——への発注を増加させる傾向にある。

(二)　低熟練サービス業の拡大——小売業や個人サービス業、事業所サービス業は、未熟練労働者——膨大な不法移民者も含め——の労働市場となっており、非正規雇用を中心に雇用の拡大をみている。

米国でのこうした産業構造上の変化は、一方で「産業の空洞化」という製造業中心の視点から特徴づけられ、他方で「経済のサービス化」ともとられたが、これは同一現象を産業別視点からとらえていたことになる。そして、米国より一〇～一五年遅れて、日本もほぼ同じような傾向にある。こうした変化を、中小企業にとってのビジネスチャンスととらえ、製造業から製造業支援専門サービス業へと転換するのか、これが困難であれば、レストランや物品販売業へと転換するのか。これはあまりにも短絡的な問題設定である。ここで問われるのは中小企業のもつ転換能力そのものであることはいうまでもない。

価値創造経済と雇用創出経済

経済産業省の『通商白書』二〇〇四年版は、「『新たな価値創造経済』へ向けて」という副題を掲げ、中国を含む東アジア経済圏を中心に世界経済への連動性を強めた日本経済の今後の方向性を探っている。この方向性を象徴する概念として、副題である「価値創造経済」が重要視され、各国との比較のもとで日本産業の知的資産——特許、技術開発力など——を活用した「価値」の創造による新たな競争力の強化が唱えられている。

だが、こうした「あるべき姿」とは別に、白書が指摘する事実で、わたしたちが直視しておくべきことは、先進国経済の活動と雇用連鎖・創出との関係である。白書はこの点について、「一九九〇年代以降は景気循環にかかわらず雇用が縮小基調で推移し、構造的に雇用創出につながりにくいという傾向を示している。……こうした雇用環境の変化の一部は一九九〇年代を通じて行われてきた構造的調整に起因するものであり、今後は異なる傾向が現れる可能性がある。……米国においても同様の傾向がみられることが、この減少が必ずしも過去約一〇年間の日本経済に特有の現象とはいえないことを示している」と分析している。

わたしは、この指摘は順序が逆になっていると思う。つまり、米国製造業の対外生産依存度の高まりと製造業分野の雇用連鎖の変化としての雇用創出力低下が、同じような構造をもつようになった日本経済にも起こってきたということである。たとえば、レーガン政権下の当時、米国経済は低迷していたとはいえ、米国製造業の雇用をみると、従来から構造不況産業化していた労働集約的部門は別として、機械金属系部門の雇用創出力はまだ大きかった。だが、現在はかつての米国製造業の雇用を支えてきた機械金属系、とりわけ、電子機器や情報通信機器などの雇用創出力は大きく低下してきている。

この間に米国労働市場が大きく変わったことはすでに述べた。つまり、米国経済での雇用の中心点はさらに第三次産業に移行した。この第三次産業の中心点はサービス業であった。だが、問題はこうしたサービス業においても雇用創出力が低下しつつあることである。この点について、白書は景気循環的な理由のほかに、「サービス業の雇用動向については対事業所サービスを海外にアウトソーシングすること（「オフショア・アウトソーシング」）の影響が指摘されている」と述べる。

米国でのサービス業分類では、個人サービス業、事業所サービス業、自動車整備、修理業、娯楽・アミューズメント、医療・健康サービス業、法務サービス（弁護士）業、教育・訓練サービス業、社会サービス業、専門サービス業がある。このうち、比較的安定して米国内雇用の創出に寄与しているのは、個人サービス業、社会サービス業、教育サービス業、医療・保険サービス業などいずれも海外にアウトソーシング（外注）が困難な分野である。反面、一九九〇年代の雇用創出に大きな役割を果たした事業所サービス業や専門サービス業などは、白書でいうところの「オフショア・アウトソーシング」の傾向を強めてきた。

この典型的なものは、コンピュータのデータ処理サービスやソフトウェアなどで、情報通信技術の発達で、海外の遠隔地でかつ英語が第二言語化している諸国との取引関係が容易になったことも大きく関係している。米国の場合、レイオフによって雇用の短期間における増減が大きく、短期的な雇用増減と中長期的な雇用構造の変化を峻別する必要があるが、それでもコンピュータ関連の雇用者数はＩＴバブルの一巡という要素を考慮に入れても、従来ほどの雇用創出力をもたなくなっている。

ここで重要であるのは、価値創造が暗黙の前提としている「ハイテク」産業の「ハイテク」ということ自体の内実である。もちろん、これは先端技術の開発などを担える高級技術者などの労働市場を押し広げるが、この市場規模はつねに需要過多であり、この労働市場の規模自体は大きくないし、また、中短期間に拡大しえない。他方で、モノづくりの観点からすれば、ハイテクといった先端技術分野はごく一部であり、こうした先端技術を製品に「つくりこむ」には、素形材分野や加工技術など必ずしもハイテクではなく、むしろ品質と価格面で安定した競争力を保持できるローテク技術が必要となっている。

したがって、雇用の連鎖からすれば、一部の突出したハイテク技術が、ますます進展する海外分業体制のなかで、どれほど国内において関連企業や関連産業に雇用連鎖をもたらし、雇用創出効果をもつのかが問われている。この意味では、価値創造が雇用創出に結びつく雇用連鎖力が鍵を握る。

中小企業と雇用連鎖・雇用創出

先に米国経済における雇用の中心軸がサービス業に移ったと述べた。第二次大戦後の米国経済の大きな変化を振り返っておくと、このことは米国経済の中小企業経済化を示唆することになる。理由を述べる。

(一)　米国製造業――一九六〇年代まで圧倒的な地位を占め、貿易収支についても黒字基調であった。だが、一九七〇年代後半に貿易収支の赤字が定着し、一九八〇年代にはそれまでの米国製造業の中核であった機械産業などの国際競争力の低下が著しくなった。こうした過程は、労働集約的分野の中小企業の衰退、大企業の多国籍化と海外直接投資の拡大を反映していた。

(二)　米国経済のサービス化――第一次産業と第二次産業以外の分野を、第三次産業分野とすると、この内容は広義にわたる。消費人口に呼応する商業は良くもなく悪くもなくという意味で安定的であった。サービス業では、金融業と先にみた分類のサービス業が米国の国民生産でも雇用でも中心となっている。

(三)　中小企業の状況――大企業による国内での一般経済集中度がすでに高く、多国籍展開してきた製造業では、労働集約的な分野で存立していた中小企業は消費者立地型を別格として、衰退傾向が続く。中小企業の中心的な存立分野は商業やサービス業へと移行してきた。先にみた米国経済の雇用創出に大きな役割を果たした分野は、レンタル・リース業や娯楽業などを除き、いずれも大企業による経済集中度が低い分野である。

この意味では、大企業が世界展開を続けるなかで、国内雇用の中心になるのは中小企業であり、米国経済は中小企業経済化している。この傾向は日本でも同じであり、日本の大企業もまた、より多国間にわたる事業活動を強め、中国での従業者数だけでも日本国内のそれをはるかに上回る企業も珍しくなくなった。同様のケースは欧州諸国でもみられ、かつてのＮＩＥＳ諸国の大企業群も同じ方向にある。

こうしたなかで、中小企業の動向が各国の経済における国内雇用の鍵を握る存在となってきている。ここで問われるのは、産業構造と雇用連鎖・創出との関係である。つまり、それはプロダクトサイクルからみたモデルにようなものである。

産業の生成から成長、そして成熟という段階は、まずは、少数者が新規参入することによって創始される。そして、こうした製品が社会的に認知されはじめ、市場規模が拡大すると、つぎつぎと新たな参入者が現れ、産業が創造され、成長する。こうしたなかで国内の関連企業や関連産業へ雇用連鎖が始まり、他の産業にも雇用面などで正の効果を及ぼしていく。やがて、こうした産業も成熟し、国内外の新たな参入や既存企業との競争が激化するなかで、国内外分業体制の見直しと国際分業体制が一層進展することになる。雇用の連鎖からいえば、ある時点から雇用の海外移転が進展し、その産業のもつ雇用創出力は低下する。

国民経済からみれば、つぎなる新たな産業が同様の過程で生成され、既存の産業との雇用連鎖を強め、雇用創出力を高め、既存型産業が失った雇用力を相殺することが理想的である。この雇用連鎖は、大企業と中小企業、中小企業と中小企業との間に起こる。ただし、産業の成熟化による企業としての対応性（＝企業行動）には、大企業と中小企業との間に大きな差異がある。たとえば、大企業の場合、国際競争力保持のために、事業所の国内再立地、海外直接投資（単独、合弁、買収などを含む）、世界最適部品調達の選択などが可能である。

他方、中小企業は資本や人材などの面で大きな制約をもっている。この制約をどのように克服するかが、中小企業にとっての大きな経営課題となる。形式論理上では、つぎのような方向性が想定される。

(一)　自社の内部対応――限られた経営資源の得意分野への集中的投下による専門型企業への進化。

(二)　自社の外部対応――他社との共生関係の積極的な構築。限られた経営資源の得意分野への集中的投下と、自社が持っていない競争力を互いに補い合える企業などとの戦略的提携の構築。この相手が国内企業である場合もあるし、海外企業である場合もある。また、提携先企業が大企業の場合もあるし、中小企業などの場合もある。

(二)の対応において、国内で戦略提携が行われ、事業が拡大する場合には、追加的雇用が期待できるし、また、これが海外企業との戦略的経営であっても、事業が維持できれば、雇用が確保されるし、さらに、提携によって事業が拡大すれば、さらなる雇用拡大が期待されよう。こうした戦略を促進するための中小企業支援策が、今後の中小企業政策のあり方の鍵を握っている。

第三章　中小企業と社会階層論

社会の中の中小企業という視角

人のすべての行為には、その人の意思が働く。こうした意思には、何事にもとらわれず、自由独立な精神と思える意思であっても、現実にはその人の帰属する社会の規範が大きな影響力を及ぼす。いまでこそ、こうした社会の分類に、ゲマインシャフトとゲゼルシャフトという概念が割り当てられ、それぞれの組織体の特徴とその規範のありかたが分析されたりする。だが、ドイツの社会学者テンニエスが一九世紀末に大学への就職論文のなかでこの考え方を発表したときには、誰も注目しなかった。

この考え方が世の注目を浴びるのは、彼が大学教授への昇格に三〇年ほどを要したのと同じように、四半世紀をへた第一次大戦後のことであった。これは彼が追い求めたことでなく、第一次大戦後の疲弊した欧州社会が彼の思想や分析概念を吸い寄せたにちがいない。優れた学者というのは、預言者と同様に、時が満ちるまで理解されないものかもしれない。

テンニエスは人の意思の働きや、人と人のつながりには二つの土台があり、この一つはゲマインシャフトであり、もう一つはゲゼルシャフトであるとした。この二つの共同体概念は相反することで、それぞれの共同体の特徴を浮かび上がらせている。たとえば、つぎのようにその構図を示せばわかりやすいであろう。

㈠　ゲマインシャフト――これは「家族」という関係で代表することができよう。これは人の選択的な意思や計画によって帰属する共同体ではない。また、その成員の関係は利害などでなく、あくまでもそのままの全体的な人格によって受け入れられるものである。

㈡　ゲゼルシャフト――これは、人びとが選択的な意思によって自分の利益を優先しつつ、帰属することを選択することで成立している共同体である。これは全体的な人格ではなく、そこから切り取られた一部の人格の緩やかな結合による組織体でもある。

さらに、テンニエスは、このゲマインシャフトとゲゼルシャフトの背後にある人間の精神のあり処について、人間の二つの「意思」概念を対比させて、この二つの組織体の違いをうまく浮き上がらせた。ゲマインシャフトの精神とは「本質的意思」であり、人間の自然な感情や衝動を押し出していくような心の動きである。母親との関係における赤ん坊の自然欲求を思い浮かべればわかりやすいだろう。他方、ゲゼルシャフトは「選択的意思」であり、自然欲求の抑制に基づいて合理的であろうとする心の動きである。つまり、そこで重視されるのは、たとえば、損得関係や利害関係であったりする。

この対比でテンニエスが指し示そうとしたのは、近代社会というのは、ゲマインシャフトからゲゼルシャフトへと移行しつつある現実であり、後戻りはできない状況であった。これを人の精神の運動からみれば、選択的意思の優先がもたらす社会の広がりが、人間の本来もつ本質的意思の領域を狭めることで、個々人の精神的な分断がますます加速化される近代社会の不安定性であった。

この視点は、テンニエスが生きた時代の前後における欧州社会の思想家、哲学者たちにも共通していたともいえる。近代社会のこうした不安定性はゲマインシャフト的な擬似領域の再現ということで、ときに宗教への復帰、ときにナショナリズムとファシズムとの結びつきなどを循環的にもたらしたことは、二〇世紀の歴史を知るわたしたちには知的在庫の一角を探れば容易に理解できよう。

テンニエス自身は、ゲマインシャフトからゲゼルシャフトへという流れが不可避的なものとみて、逆流させることの困難さを十分に自覚した上で、この中間形態である協同組合（ゲノッセンシャフト）的な組織体に思いをめぐらせていた。

ここで「社会の中の中小企業」という視角に戻れば、テンニエスが提示した分析概念は、中小企業政策を考える上でいくつかの論点を浮かび上がらせはしないだろうか。

中小企業政策に限らず、それが農業政策であろうと、競争政策であろうと、あるいは福祉政策であろうと、その被政策対象像が暗黙裡に取り結ばれている。農業政策であれば、増収増益を続け、大きな経営問題を抱えていない農家が、突然、農業政策の対象となるわけでもない。また、市場占有率が小さい企業が競争政策の対象となり、その独占力を割くために企業分割の対象となることもない。あるいは、健康で働き、十分な所得をもっている人たちが失業給付の対象に無理やりされることもない。

では、中小企業の方はどうか。一般に中小企業を企業規模概念とだけとらえるならば、日本の企業の九九パーセントは、政策上の形式論理としては被政策対象への有資格者である。では、所有概念からすればどうであろうか。大企業の子会社あるいは連結決算対象となる関連会社で、中小企業の規模概念を満たす企業はどうだろうか。常識的には、中小企業政策の対象とはなりづらい。したがって、この観点からは独立形態としての中小企業がここでの大きな条件となる。

ところで、大企業の関連会社などが中小企業であっても、政策対象とは「なりづらい」といったのは、日本を除く多くの国では、それは明確に「中小企業ではない」と中小企業関連法で明示されているからである。

では、独立形態の中小企業の特徴をみておこう。中小企業の創始形態は、通常、自営業である。これは「一人創業」ということば――より実態に即した語感では「自雇用（The self-employed）」ということばがピッタリする――が適切であり、必要に応じて、配偶者や子供などの家族構成員を取り込み、家族事業体となる。やがて、こうした家族事業体のなかから、市場の拡大などに恵まれ、地縁血縁社会の構成員をさらに取り込み、零細事業体となっていくものも現れる。この三つの中小企業の形態は、ゲマインシャフト的な存立形態でもある。

すこしまとめておくと、ゲマインシャフト的存立形態は、第一類型（一人創業的自営業）、第二類型（家族事業体）、第三類型（地縁血縁拡大型事業体）である。

わたしたちにとって、直感的に理解しうる心象風景は、小さな食堂、小さな修理工場、小さな商店などである。これは第一類型や第二類型にあたる。こうした小さな事業体が、やがて第二店舗を構えたり、増床をしたりすると、親戚や近所の顔見知りといった知人たちが手伝ったりすることになる。第三類型である。ここでの組織原理は本質的意思であり、事業体としての「冷酷な」合理的判断は下せない反面、無理を言える家族のような関係が浸透することで創業期の困難な障碍を克服できたりする。

だが、こうしたゲマインシャフト的な関係は、第三類型がさらに発展して、その構成員を外部労働市場に依拠せざるを得なくなると、ゲゼルシャフト的な事業体へと変化していく。ここでは、働くことの意義とその対価である給与が、自分の総体ではなくその一部分のなにがしかの能力を時間的に切り売りすることに転化し、人びとがより本来的で総体的な自己を、家族やそれをとりまく地域共同体での生活に見出そうとする欲求が出てきても不思議ではない。

だが、一社への長期・安定雇用が常態化し、しかもそこで過ごす時間が家族などと生活するそれよりも長くなると、ゲゼルシャフト的な組織体はゲマインシャフト的関係へと擬制化していく。そして、寝に帰る場としてベッドタウン化した本来的なゲマインシャフト的な場が、むしろ自分の一部だけを表出させるゲゼルシャフト化することになる。日本社会は高度経済成長の下で、農村社会が解体しそこにあったゲマインシャフト的な関係は帰省という仮の場となって痕跡を残しているものの、従来のゲマインシャフト的な関係がゲゼルシャフトの組織体に入り込んでいった。

こうした関係が、より擬制化されたかたちで大企業などに入り込み、内部昇進のリストに洩れた者も、配置転換、関連会社への出向などを通じて「家族扱い」され、維持されたことで、独立創業者の潜在的プールの一員とは必ずしもなりえなかった。この点で皮肉なことは、中小企業の方こそこうした起業者の潜在的プールとなっていたことであった。

これは中小企業においてゲマインシャフトの二重性がはっきりしていたからだ。家族経営や同族経営という経営層の文字通りのゲマインシャフト構造は、そのゲマインシャフト的な雰囲気のなかで働く従業者にはゲゼルシャフト的なものと映っていたとしても不思議ではない。

こうした中小企業においては、大企業のように新入社員がやがて経営トップ層に昇格していくことも少なければ、大企業のような昇給・昇格が見えるかたちで「家族」の一員化する機会も限られる。他方、配置転換や関連会社への出向という選択はなく、技術は一定水準に達しても、さらにそれを高めるための事業多角化の機会は少ないとすると、ここにあるのは独立・創業というかたちでの「自己実現」である。

どのような社会であろうと、中小企業が生み出されるまでには、先にみた第一類型から第三類型までのゲマインシャフト的な存立形態は共通する。そして、そこにあるゲマインシャフト構造の二重性こそが人を起業に押し出すエネルギーを蓄積させる。だが、中小企業という規模を抜け出した大企業の組織原理は必ずしもそうではない。日本社会では、ゲゼルシャフト的体裁をより色濃くもつような大企業において、ゲマインシャフト的関係がより擬制化され、それが中小企業のような二重性をもたないことで、新たな中小企業を生み出す内部エネルギーが蓄積されず、大企業からスピンオフする事業家を相対的にみて多く生み出してこなかった。

とすれば、大企業における長期雇用形態の縮小と外部労働市場に依存した非正規雇用者の拡大は、中小企業においてみられるゲマインシャフト的な二重構造を大企業にもたらす可能性がある。大企業のこうした雇用形態の変化が独立創業の潜在市場にどのような影響を与えるのか、わたしたちは注目しておいてよい。

中小企業の理想像をめぐって

序章でふれたことだが、大学生たちの代表的中小企業像の中心には下請企業がある。そして、この下請中小企業は負（マイナス）のイメージを刻印されたものである。だが、下請は、元来、プラスもマイナスもない中立的な概念である。「下請」ということばは、通常、英語ではsubcontractorと表記される。この概念は「主契約者」（prime contractor）に対して、そこからさらに発注を受ける副次契約者のことを指す。

すなわち、米国でも欧州諸国でも、発注者から直接受注する契約者を主契約者（prime contractor）という。主契約者が自社内で内製するのが困難な部品や加工などを別の業者に出すことをsubcontractするという。発注者からみれば、この業者は自分たちと直接的に契約することはないが、契約者から発注を受けたということで副次契約者ということになる。したがって、小さな企業が大きな企業に副次発注することもあるし、大きな企業がつねに小さな企業に発注するとは限らない。

こうした契約上の段階性概念が、かつての通商産業省（現、経済産業省）などのさまざまな下請関係の報告書にあったように、そこでは「上」（＝より大きな企業）から「下」（＝より小さな企業）という階層性概念に置き換わっていた。すなわち、元来、受発注におけるいわば中立的な契約的概念が、日本では最終消費市場に直結した加工組立て型の大企業とそこに部品を納入する、あるいは一部の加工を担当する中小企業との実態的「関係」へと転化したものとなっていった。

この実態的な関係は、しばしば、大企業による買い手独占あるいは買い手寡占という市場状況の下で、多数から成る中小企業相互の競争関係の厳しい現実を反映した。こうした市場条件の下では、中小企業の価格競争力は弱体化し、不利な取引条件に甘んじざるを得なかった企業も多かった。大企業による中小企業への不当な値引きや不利な支払い条件の押付けなどもあった。昭和三一［一九五六］年に公布された「下請代金支払遅延等防止法」はこの実態を物語っている。同法は第一条でその目的をつぎのように規定している。

「この法律は、下請代金の支払遅延等を防止することによって、親事業所の下請事業者に対する取引を公正ならしむるとともに、下請事業者の利益を保護し、もって国民経済の健全な発達に寄与することを目的とする。」

この後に「親事業者」と「下請事業者」が定義されている。両者の関係は、同法では大企業から中小企業へ、あるいは中小企業の場合には、より小さい規模の企業への発注という関係でとらえられていた。そして、日本で下請契約が「下請いじめ」というマイナスイメージをたっぷり含んだ概念になっていったとすれば、問題は下請という契約的な概念でなく、この「親事業所」と「下請事業所」との間に横たわる関係ということになる。つまり、問題があるとすれば、日本では「下請」でなく、下請「関係」の方である。

経済産業省の報告書などによると、繊維や衣服と並んで機械・金属系の加工組立て産業分野で、中小企業の下請比率がきわめて高くなっている。つまり、こうした分野の中小企業は何らかのかたちで下請企業である。この意味では、大学生たちの中小企業像は実は的を射たものであった。そして、そこにプラスのイメージではなく、マイナスのイメージしか見出されていないとするならば、下請企業というのは、弱い野球チームのように万年最下位でそこから脱出してAクラス入りすることが困難なような存在なのだろうか。

この場合、大事なのは何をもってAクラスの企業と定義するかである。これは、企業成長を一般に何を基準としてとらえるのかという問題でもある。これは自明のようで必ずしもそうではない。この基準を売上額、利益額、資産額などの純増でとらえるのか、あるいはこうした金額ベースでのそれぞれ一人当たりという指標の変化でとらえるのかによって、成長の中身が変わってくる。つまり、売上額では成長していても、利益額がこれに平行したかたちで伸びていない企業はどうであろうか。逆に、売上額はさほど伸びていなくても、利益額が伸びている企業はどうであろうか。

中小企業の下請的側面がマイナスイメージをもつのは、そこには成長でなく停滞あるいは衰退イメージが濃厚であるからだ。たとえば、売上額が伸びても、利益は伸びず停滞的であること。これは親事業者（＝大企業）と下請事業者（＝中小企業）との関係から、中小企業側にはそれほどの利益が出ていないことを示唆している。こうした関係が市場取引のなかで成立している限り、大企業は中小企業に対していわゆる経済外的強制力で値引き要求——現実にはさまざまな理由で「ない」とはいえないが——などはできない。これはあくまでも、より大きな購買力をもつ少数の買い手である大企業と、同じような品質、同じような価格をもつ大多数の中小企業との間の市場取引の結果である。

こうした市場取引で弱い位置にある中小企業がここから有利な受注条件を奪取するには、他と圧倒的に異なる高品質と他を圧倒するほどの低価格を実現する競争力をもつことなくしては困難である。少なくとも、下請中小企業からの脱却を図り、専門部品あるいは専門加工の企業として独立成長していった企業はこれを達成したところである。ここでいう独立とは、特定少数の納入先でなく、不特定多数の需要者との取引を成立させたということである。

こうした企業は必ずしも大規模でないかもしれない。だが、一人当たりの売上額、一人当たりの利益額が大企業を凌駕しているとすれば、小さくても大企業ということになる。反対に、売上額こそ従業員数の多さで大きいが、一人当たりの売上額や利益額がその割には小さい企業は、大きくても中小企業ということとなる。中小企業の理想像は、一人当たりの売上額や利益額で測ることがすべてではないが、ここに中小企業が確保あるいは達成すべき競争力のあり方が見えてくる。「小粒でも輝く」企業像としての中小企業像はいうまでもなくプラスのイメージであるにちがいない。

誰しも起業の際には、こうした独立高収益の理想像を描くであろうし、また、中小企業の現役経営者が自分たちの将来のあるべき姿としての中小企業像もまたこのあたりにある。では、どのような社会層が何を考え、どのようにして中小企業を起こしていったのであろうか。

誰が中小企業を始めるのか

企業とは起業の結果である。どこの企業にも創業者がいる。そして、どの社会にも、その社会に応じた企業の誕生システム（仕組み）がある。こうしたシステムには、不変なものがある反面、変化しつづけているところもある。

中小企業は時間の概念であるとともに、企業規模概念であるかぎり、それは創業あるいは起業というかたちで、自営業——米語では、自宅開業を意味するガレージファクトリーや、日本での土間を改造しての家内工業や店舗、あるいはＳＯＨＯ（Small Office Home Office）といったほうが視覚的にわかりやすい——から創始され、家族従業者に支えられながらすこしずつ規模拡大が行われる零細業によって補塡されつつ、その後の発展如何によって、零細企業として存続するもの、小企業や中企業となるもの、中堅企業となるもの、そして大企業への階段を上るものまで多様な企業規模層を形成している。

学校を卒業してすぐに創業というかたちは少なく、それはもっぱら既存企業からの独立（スピンオフ）に大きく依拠している。これは戦前・戦後を通じて中小企業が生まれ出てくるメカニズム（機構）である。ただし、この主体は大きく変わり、それに応じてこのメカニズムも変遷してきた。昭和二〇年代や高度経済成長期の中頃までは、低学歴・高熟練型の独立形態としての町工場の役割があり、その独立後の生き残りを保障したのが市場の急速な拡大であり、事業形態としては下請型がその主流を占めた。このような起業は、それなりの社会的メカニズムによって促進されていた。

ところで、産業組織論では、起業を特定市場への新規参入ととらえる。ここでは、参入障壁という条件が満たされなければ、新規参入が困難になる。一つめの参入障壁は資本であり、二つめの参入障壁は技術である。資本については、通常、銀行借入のための担保力に不足する新規創業において、創業のためのファイナンス（F）には三Fとか四Fとかが不可欠となる。すなわち、

(一)　自分の預貯金（Founder's money）――コツコツと貯めた自らの資金である。

(二)　親戚など血縁者からの借金（Family's money）――自分の父親や親戚、配偶者など縁者からの借金を機械などの購入に充てたという創業者も多い。

(三)　友人・知人からの借金（Friends' money）――創業時の運転資金の不足を友人や知人からの借金で乗り切ったという創業者もいる。また、現金でなくても、中古機械や原材料を安く譲り受けることで実質的な資金援助を受けて創業時の苦しい時期を乗り越えたという話も多い。

(四)　前記以外の資金提供者（Fools）――これは揶揄した言い方であるが、創業初期のきわめてリスクの高い段階での資金提供は蛮勇がいるのかもしれない。むかしであれば、取引先の社長がその職人技術に「惚れて」、資金を提供したというような話もある。いまでいえば、その事業計画書に「惚れて」、ある程度のリスクを覚悟で資金提供をするベンチャーキャピタリストやビジネスエンジェルなどである。

二番目の技術障壁は、たとえば、製造業であれば、義務教育を終えてから町工場での徒弟的訓練によって基本的な技術習得が行われ、徐々に難しい加工技術なども身につけていった。同様に、町の商店に勤めて、商品の仕入れや接客のしかたなどを取得して独立した商店主も多い。とはいえ、技術障壁は技術の進歩などによって大きく変容してきた。いまでは、金属加工でも単に旋盤技術だけでなく、コンピュータ化された機器の操作など情報技術の習得も不可欠となってきている。

昭和二〇年代や三〇年代は、こうした参入障壁を乗り越えた町工場がさらに町工場を生み、町の商店がさ

らに町の商店を生むメカニズムが高度に回転した時代であった。これは高度成長期の市場拡大という追い風に恵まれたためでもあった。こうして創業した小さな事業体が最初に直面するのは市場の確保という難関をどのように乗り切るかという課題であった。製造業においては、市場は下請市場というかたちで等値されていった。つまり、以前働いていた町工場の再下請として仕事を確保しながらの創業というのが多かった。

こうした下請型の仕事再分配システムは、当時まだ色濃く残っていた農村的紐帯あるいは地縁血縁的紐帯がその背景にあったともいえる。それは義務教育を終えて、親戚という血縁や、同郷という地縁を頼って農村地域から都市へと出て、先にみた徒弟制度のなかで技術を覚え、独立した若者を支援するシステムでもあった。町工場から生み出された町工場が、当初の仕事を確保する上でこうした地縁・血縁的ネットワークが働いた。赤ちゃんが誕生して弱い時期に母親から受け継いだ免疫力が守ってくれるように、こうしたネットワークは独立後の脆弱期のセーフティーネットでもあった。そして、これを可能にしていたのは、当時の旺盛な設備投資に支えられつつ、開花した大量消費と大量生産による市場そのものの拡大であった。町工場の「親方」も、独立者に再下請仕事を回すことで、自らも大きな受注を手にしていった時代がそこにあった。

こうした低学歴・高熟練型創業は高度成長期に加速されたものの、やがて高度成長経済そのものが企業行動のみならず家計行動にも大きな影響を及ぼしていった。とりわけ、家計における消費が、衣食が満たされるにつれ、住宅と教育に向かった。昭和三〇年代には高校進学率が上昇しはじめ、昭和四〇年代には大学進学率が顕著に上昇し始めた。進学率の上昇と平行するように、従来の低学歴・高熟練型の独立メカニズムは大きく変容していった。と同時に、高度成長時代も終焉しつつあった。

この背景には高学歴・低熟練の新卒者を受け入れる大企業・中堅企業の労働市場の拡大があり、こうした新卒者の内部労働市場への取込みがあった。そこでは町工場でのいわば「腰を浮かしたような」帰属意識とは異なり、「腰を落ち着けたくなるような」帰属感をもたらす昇進と昇格の機会に恵まれた長期雇用型の雇用形態があった。こうしたなかで大企業の内部労働市場の拡大と定着、他方において中小企業などを行き来する外部労働市場とパートタイマーや季節工などの非正規雇用型の外部労働市場が定着していった。

大企業などでは、帰属意識の強さの高まりとともに、内部労働市場内の移動によって内部組織的高熟練化が図られた。その一方で、外部労働市場へと飛び出す転職とか、あるいは自ら独立して企業を起こそうという志向を萎えさせるようなメカニズムも同時に働いていた。こうしたなかで、もっぱら独立して企業を起こそうという社会層は中小企業を中心に形成され、大企業のこの面での役割は、関連会社や子会社への出向や転籍を別として、その経済力と比して必ずしも大きなものとはいえなかった。

誰が中小企業を経営するのか

どんな企業にも創業者がいる。これが単数の場合もあるし、複数の場合もある。そして、創業に至った動機にもいろいろあるだろう。積極的な理由では、多くの開業調査が示しているように、「所得」「自己実現」「能力発揮」などが上位の理由を占める。もっとも、これはそれぞれが分離して人間の精神のなかに同居しているわけでなく、分かち難いほどに個人のなかに存在しているものだ。また、消極的な理由では、「倒産」「両親の面倒をみる」などもある。

どのような動機であれ、こうして起こされた企業は大企業の関連会社などでない限り、いずれも当初はささやかで小さな事業体から創始される。この段階は個人事業体といってよい。つまり、「わたしの会社」

大すると、従業員や取引先も増え、「わたしだけの会社」(our company) となっていく。

従業員も五〇人あたりを超えると、「わたしだけの会社」もそれなりに組織が整えられ、売上額も一〇億円あたりをウロウロすることで、とりあえずは、この一〇億円突破が「わたしたちの会社」の目標となる。わたしの知人で製造業を営む経営者たちにいわせると、ここらあたりまでは無我夢中でやっているうちに達成できるが、つぎの難関は五〇億円あたりだという。この壁が「わたしたちの会社」であるにもかかわらず、経営者が「わたしの会社」感覚でやっていると「越すに越せない大井川」のような感じであったと振り返る。

そのあたりの売上額を達成すると、一〇〇億円あたりが目標となる。わたしの知人の経営者で、徒手空拳で事業をスタートして一代でこの目標を達成したのは、ほんの数人――うち一社は上場――であるので、彼らの意見をどの程度一般化できるかは自信がない。だが、あえていえば、「あなたがたの会社」(your company) といってよい。とりわけ、上場を達成した場合は、いまだ創業者が株式のかなりの部分をもっているといっても、株主はさまざまな人たちに広がる。ここでは「わたしだけの会社」や「わたしたちだけの会社」という意識と原理では、やっていけないと彼らはいう。

このあたりになると、日本の法的基準では、中小企業に止まっている場合もあるのだが、未上場であれ、上場済みであれ、事業運営は所有と経営の間を大きく揺れ動く。創業者企業で、一代で起こしある程度の規模にまで達すると、次代の企業経営を誰にゆだねるかという問題が必ず生じる。この場合、次代の息子などが経営者に相応しい能力と気質をもっているのかどうか。親の欲目を差し引いても、この資質などを欠いている場合、自ら創始した事業の所有と経営をだれに委ねるべきかが大きな経営問題となる。

誰が中小企業を継承するのか

事業創業はその後の事業規模拡大のスピードと水準に関わりなく、人の命に限りがあり、やがて第一世代の終焉を迎える。ここでの課題は、「誰がその事業を継承するのか」あるいは、そうでなければ、「誰がその事業を消滅させるのか」をめぐるものである。

中小企業の場合、わたしが知る範囲の実態ではいくつかの類型がある。

(一)　配偶者による継承――中小企業では所有と経営が未分離であるため、相続権者がそのまま事業を継承することも多い。経営者である夫が亡くなったとき――急病や事故死など急死の場合が多いのだが――、妻が経営者となる場合。

(二)　息子あるいは娘婿による継承――息子などがすでに会社で一定期間働き、経験をある程度積んでいる場合には、息子、あるいは娘の場合には娘婿が経営者となる場合がある。息子などが未成年である場合には、先に配偶者が継承して、後に息子などにさらに継承されたりする。

(三)　親戚などによる継承――経営者の兄弟などがすでに経営陣に加わっており、先代と事業展開で苦労を共にして、取引先などの信頼が厚い場合に多い。長兄のあとは次兄という場合である。

(四)　従業員による継承――数としてはそう多くはないが、子供がいない場合、あるいは、同族経営を避けたい創業者の強い意志によって、経営者が信頼できる従業員に継承させる場合である。

(五)　その他――これにはいろいろな事情があるのだが、結果として、金融機関や取引先の関係者が経営にあたる場合である。

結論からいえば、先の(一)～(四)では、親子間、とりわけ、兄弟間や親戚間で事業継承についてもめる場合が実に多い。管見でも、裁判までは行かなくても、事業継承が兄弟間などに骨肉の争いを生み出し、事業そのものが危うくなるような場合もみられる。

もちろん、これは継承者がいる場合の話であって、そもそも継承者がいない場合には、継承者は事業閉鎖者と同義となる。とりわけ、夫婦単位で行っている零細商店、サービス事業所や町工場で、すでにサラリーマンとなった息子世代の年収がはるかに多い場合、あるいは一定の資格や技能の習得が困難である場合、先代の引退と事業閉鎖は一致する。

わたしも勤務校で、両親が何らかの自営業を営む学生を対象に調査をしたことがあるが、一店舗程度の食堂・喫茶店や商店などの場合、こうした店舗を継承すると解答した学生の割合はきわめて低い。この理由としてもっとも多く指摘されるのは、事業の将来性への疑問であり、ほとんどの学生がこうした事業からの収入が自分たちの生涯被雇用者所得を上回ることはないと予想している。

さて、中小企業の継承実態を五つの類型に集約したが、実はもう一つの可能性がある。それは、中小企業の所有と経営の分離を前提とした継承のあり方である。つまり、その中小企業が第一世代では為し遂げられなかったものの、事業が将来的に大きな成長の潜在性をもち、適切な経営方法によってさらに拡大されることの可能性が大きい場合で、同族者に相応しい経営能力をもつ人材が見当たらなければ、所有権を継承して、前掲の(五)と異なりより積極的に、有能な経営者を募集し、彼らが経営に当たればよい。この場合、継承税制の問題が依然としてあるが、これについては法制上でこれをむしろ促進するような優遇税制措置をとる必要があろう。

また、所有権そのものを売買してもよい。その事業を適切な価格で買い取り、さらに発展させる能力をもつ個人あるいは企業が経営すればよい、とわたしは考える。実は、このアイデアをフィンランドの地方都市にあるインキュベータなどを運営する財団の理事長に話したことがあったのだが、彼はすでにこれを彼自身が中心となってやっていた。彼の手元には創業者が引退に近づいた企業のリストがあり、すこしずつ売買の仲介を行っているようであった。彼がこうした事業を半ばボランティア的に行っている理由はつぎのようなものであった。彼のことばで紹介しておこう。

「わたしはこの小さな地方都市で生まれ、大学への進学で大都市へ出て、その後、比較的大きな国内企業に職を得て、外国生活も経験して、その後、自分で事業を起こし、成功することができた。両親のこともあり、わたしが五〇歳になったのを契機に、企業を売却して、故郷へ戻ってきた。地元の経済人たちがわたしの豊富なビジネス経験を、事業家をめざす若い人たちに助言することで生かして欲しいというので、財団の理事長を引き受けさせられた。」

では、なぜ、企業の売買市場の整備というようなことを思いついたのかを、わたしは率直に聞いてみた。彼の答えはつぎのようなものだった。

「わたし自身、経済的には恵まれていると思う。だから、若い人たちには、損得抜きで助言を行っている。これはこれでわたしにとっては、すばらしい引退後の生活だと思っている。故郷に帰ってみて、若い人が事業を新たに起こすことを手伝うことも素晴らしいが、その反面において、『昔の若い人』たちが起こした企業が、その人が引退時期になって継承者もなく、朽ちていくのは、自分としては惜しいのだ。こうした企業の経営を若い人に委ね、あるいはこうした企業が展開している事業に興味がある買い手があれば、紹介することに社会的な意義があるのではないかと思うようになった。案外、こうしたことが地域経済の活性化にもつながるかもしれない。」

さらに、彼は現状についてつぎのように語ってくれた。

「わたしは、この地域の出身者であり、土地勘もあるし、また、顔見知りも多く、わたしの元には、事業継承について相談に来る人たちも出てくるようになった。現在は四〇～五〇社のリストをもっている。わたしが現実に経営者に会って話したことのある企業ばかりで、彼らの事情もよく知っている。わたしは米国に駐在したこともあるが、米国社会では企業の売買（吸収合併）は当たり前だが、フィンランド社会はまだそこまでドライでもなく、企業の売却にこだわりをもつ人たちもいる。かといって、継承者がいなければ、事業は消滅する。いま、七～八社の売買を進めている。これはわたしが彼らから信頼されているからで、今後は、こうした継承を求める企業が市場で取引されるような仕組みの整備が必要だろうと思う。」

このあとも、興味ある話がつづいた。彼のその後の議論で核心的なところは、一つめは信頼性、二つめは企業の評価、三つめは売りたい人と買いたいという適切な人とのマッチングであった。この三つの点の要には、彼という「人格」が大きく関わっている。信頼性ということであれば、彼はこうした紹介事業から収益を上げようとは思っていない。あくまでも、これは成功したビジネスマンの引退後の社会事業であり、彼自身はその地域の人びとから非常に大きな社会的信用と尊敬を得ていた。

二つめの企業の評価であるが、彼はマーケティングの専門家として若くして昇進し、やがて自らの事業を展開して成功を収め、また、自分の企業の売却を経験したことで、企業の価値について市場価格（＝売買価格）を客観的に設定できる能力において優れている。だが、こうした水準をもつ人たちがどれほどいるかという問題は依存として残る。

三つめのマッチングも彼の人格性が大きく働いている。自分の企業を売りたいという意思表明は信頼されている人にしか明らかにされず、また、企業を買いたい側にも同様の事情があるであろう。これはネットオークションやフリーマーケット誌に中古のパソコンを格安で譲りたいというようにはなかなか行かない。

とはいえ、こうした中小企業の経営権、あるいは所有権の移転を促し、適切な経営資源の配分が進められるシステムは、今後の中小企業政策の大事な課題の一つであることはまちがいない。この場合、官が公平・公正の立場から秘匿性など信頼すべきデータベースを基礎にマッチングシステムを構築することが必要であろう。と同時に、企業の売買に伴う膨大な事務量などをできるだけ軽減することが肝要となる。

現代若者点描と企（起）業家精神

人は誰も老い、世代交代が起きる。これは生物界の自然法則でもある。世代交代の時間的経過とともに、企（起）業家精神や人びとの労働観は継承されることもあるし、そうでないこともあろう。

本書の冒頭で、いまの若者たちの中小企業に対するイメージを紹介したが、これはつぎにくる社会での中小企業のあり方の方向性を探るためでもあった。同様に、いまの若者たちが何を考え、どのような価値観をもっているのかが、つぎの企業社会のあり方の一端を示唆していることはいうまでもない。

とはいえ、いまの若者の「考え方」や「行動」といった場合、何をもっていまの若者の典型的なあるいは標準的な「考え方」や「行動」を指し示すのであろうか。これに適切に答えることはそう容易なことではない。社会学者の土井隆義は、『〈非行少年〉の消滅――個性神話と少年犯罪――』で、少年犯罪のあり方からいまの少年・若者の全体像を描こうとしている。

土井は、いまの新聞報道では凶悪な少年犯罪だけが取り上げられ、あたかも日本社会にこうした異常事件が日常化しているような印象を与えているとみる。そして、この傾向は必ずしも青少年の犯罪そのものの全体的な方向性を指し示したものでないことを指摘する。また、いまの事件がむかしにはあたかもなかったような報道にも疑義を示し、それはむかしもあったのであって、異なるのはこうした犯罪をとらえるいまのわたしたちの社会のあり方であることを強く主張する。より本質的で重要なことは凶悪犯罪のもつ異常性のみへの着目でなく、この背景にある青少年をとりまく大人社会の価値観やその構造的なものである。土井は、「脱」という鍵概念を中心に現代日本の少年犯罪の特徴をつぎのように整理する。

(一)　犯罪の「脱」集団化――「たとえば、かつての校内暴力は、かなり組織的で、学校という権威に対する抵抗を皆で団結しておこなっているようなところがあった。……近年の校内暴力は、まったく組織化されておらず、きわめて個人的でアナーキーな行為、……。学校文化に対する抵抗までに至らず、いわば幼児的な癇癪の発露。」

(二)　「脱」社会化――「近年の暴発的な少年犯罪は、少年たちに対して社会が抑圧的だから起きているのではなく、むしろ社会が抑圧性を失ってきたからこそ起きている。……かつての少年たちが、社会の抑圧性を強力に感じていたとすれば、彼らは、社会に対してそれだけ『こだわり』を持っていた。……社会に対して『こだわり』を持たないと生きていけなかった時代はすでに終わり、いまや『こだわり』などほとんど持たなくても生きていける時代へシフトしはじめている。」

これらの点は、表面上こそさまざまな外観をもつが、大学での講義風景にも現れている。たとえば、朝一番の講義では、パンや牛乳を飲食しながら出席する学生、大声で私語を続ける学生、脱帽しない学生などは日常風景化した。こうした学生はむかしもいただろう。だが、いまとむかしと異なる点は、教員たちが注意すると――といっても、注意をするのは四〇歳以上の教員だが――、彼らは「なぜ、注意されるのか」という感じである。なにか、外国で日本語が通じないという感じだ、と教員たちはいう。

そこには自己があっても、他者を意識した自己はない。学校という場が、知識移転を目的として教師と学生がそれぞれの役割を演じるという社会ではなくなり、また、学生たちのほうも社会的な意識が後退し、すべてが欲望のままにという感じになってきた。土井はこの傾向を「そもそもマナーが成立するには、他者が他者として認識されていなければならない。しかし、最近の若者たちにとって、認識される他者の範囲がきわめて狭くなっている。……彼らに欠けているのは、マナーの知識でなく、他者への認識なのである」ととらえる。

もちろん、学生たちも最初は赤ん坊として生まれたのであって、その精神形成は社会という他者が多く生きる場で行われる。こうした家庭という場、教育という場、生活する場でそれなりの変化が起こり、この変化が彼らにも投影しているとみてよい。土井自身は「近代化」という時代の終焉のもたらした側面をその底流ととらえている。

つまり、近代化の過程では高度経済成長期に典型的であったように、物質的な豊かさの追求が社会規範化して、「個人で目標を追求するよりも、集団で目標を追求するほうが、きわめて効率的で」あることにより、自己と他者との関係（マナー）が築かれてきた。しかし、いまは他者との関係を築かなくとも物質的充足がすでにあり、自己だけがそこに残され、個性があいまいに尊重される時代となった。反面、近代化時代の集団主義的な教育規範が残り、「異なった個と個が対決し、そして対話する技法は、いまだ何も用意されていない」と土井はいう。したがって、そこに残されたのは、他の個性と合わなければ「すぐに切れる」「むかつく」という、社会化されない個性の「感覚だけの共同体」であるともいう。

ここで一九八〇年代に文部省が打ち出した初等・中等過程における「個性重視」の教育、そして、いまの「ゆとり教育」や「心の教育」といまの学生たちの先にみた日常風景との関係を問わざるを得ない。文部省の答申では、生徒側において個性を発見するに足る学力はしばしば不問にされる。そこでは、自分たちの感覚――それはしばしば生理的な感覚のみ――を自分の個性として、既存の知識には興味を示さず、したがって、学習意欲は後退し、学力の低下となる、と指摘する苅谷剛彦等の教育学者もいる。感覚の共同体が教師と生徒との間においても濃厚となれば、学校空間における知識移転という公的関係は大きな変貌を遂げざるを得ない。学級崩壊とこうした傾向とは全く無関係とはいえまい。

他方、近代化の過程では集団主義の下での個人主義が社会的規範であったが、いまは、脱近代化の方向性として個性重視と自己責任のみを拡大解釈させた市場原理主義が前面に出た。こうした傾向に、土井は警鐘を鳴らしている。

「内閉的な個性志向は、かえって共助の精神を弱め、自己責任ばかりを強調し、むしろ社会的な連帯の基礎を破壊していく。自らの個性的な人生の根拠が自分自身の内部にあるのなら、その人生の責任もまた、その個人が背負うべきものだからである。」

そして、こうした傾向は、少年犯罪そのものの原因をより個人――その親たちも含め――の内在的な個性の問題として「社会から外在したリスクとみなすメンタリティーの浸透は、社会が少年たちを包み込むだけの度量を失ってきたことに起因している。少年犯罪をリスクとみなし、その発生原因を社会的コントロールの射程から外在するものとして与件化してしまうことは、少年の育成に関する責任を、共同体としての社会が放棄していることを意味する。もし、もう少し社会の後ろ盾が強くあれば、親たちも、まだ余裕を持って子供たちと接することができるだろう。しかし、社会が責任を取ろうとせず、逆に自己責任ばかりが強調されるから、親たちは過剰反応を示すようになるし、その結果、リスクの感覚もまた強くなってくる」と土井は指摘する。

いま、先にみた「個性重視」「ゆとり教育」「心の教育」のなかで育った世代が大学で学ぶようになってきている。こうした学生のなかで「働くことの意識」も大きくなってきている。しかし、個性重視であれば、大学の四年間で容易に個性的な自己の確立と自らの個性に合致した職業分野の発見が可能である保証はなにもない。個性重視は自分探しの「自分」を生み出し、発見までのモラトリアムの期間を長くしていく。いまの若者のフリーター志向には決して彼らの勤労意欲の低下という面だけで片付けることのできない面がある。つまり、そこには「ゆとり教育」や「こころの教育」のもつ個性重視という「自分探し」を内包させている。

しかし、フリーターについては批判がある。その一方で、フリーターを必要としている企業の論理がある。財界の重鎮が「いまの若者がフリーター志向であることは、この国の将来を危うくする。このためには、しっかりとした職業意識を学生のうちから学校などで教え込むことが必要であり、フリーターでなくちゃんと企業に就職することが肝要である」と発言していた。だが、考えてみれば、この主張をしている当人の業界がもっともフリーターに依存しているという笑えない話もある。小売商業やサービス業などが学生アルバイトや主婦のパートタイマー、そして若者のフリーターという非正規従業員に大きく依存している現状があるのである。

自分探しのためのフリーター生活はいまもむかしもあった。小説家や芸術家などはまさにそうであったろう。だが、フリーターの絶対人口とその相対的比重はいまの方がはるかに高い。

そして、これは日本だけでなく、とりわけ先進国の労働市場に共通していることである。経済のグローバル化は、中国を中心として、世界最適生産という先進諸国の大企業の多国籍にまたがる経済活動の傾向をさらに推し進め、国内でのコスト高の正規従業員の比重を低下させ、未熟練作業や熟練度の比較的低い作業での雇用のジャストインタイム化——必要な従業者を必要な時期に必要な人数だけ臨時に雇用する——を同時に進行させせてきた。

要するに、供給面としての若者のフリーター化は、他方の需要面である企業のニーズに合致したものでもある。ここでの問題は、未熟練や熟練度の低いフリーター生活が、その若者に何がしかの熟練度を高める機会を与えていないことである。このことは、国民経済において人的資本ストックの、とりわけ、知識集約度において将来大きな問題を生みだすことが危惧されている。それなら、こうした複数のフリーター経験を、将来の自らの起業にとって一つのインターンシップと見なせば、大学で起業家講座を行うことにもそれなりの意味がある。

わたしはある人物を描いてこの稿を書いている。

彼は現在三〇歳代後半である。二〇歳代後半で起業して、年商は十億円を超える規模にようやく達してきた。高校でサッカー漬けの生活をして、大学に入り本格的にサッカー選手を目指したものの、怪我でこうした将来像を断念。大学では卒業に必要な最低限の講義に出席して、大学生の間に三〇以上のアルバイトを経験して、卒業後は保険会社に務める一方で、会社には内緒でアルバイトにも精を出し、開業資金をため、現在の新しいサービス業形態の会社を起こした。彼は言う。

「怪我をしてサッカー選手を諦めたものの、大学の講義はつまらない。それなら、いまのうちに徹底してフリーターを経験しておきたかった。結局、三〇以上の職種を経験した。これには理由がありました。いろいろな職種を経験して、商売に共通するカンを見つけ出したかった。だから、いつも私が経営者だったら、こうするという意識でバイトを続けていました。これはわたしが会社を起こしてからの財産となりました。この意味では、大学で自分のやりたいことが見つからず、卒業後フリーターをしても、自分で将来何らかの会社をやるという目標があれば、これは一種の有効なインターンシップとなることは間違いないでしょう。」

彼は保険会社に就職後も「自分探し」を続けたという。そして、偶然にも友人とドライブの途中に困っている若者を助けたことから、いまのサービス会社を思いつき、同様のシステムを、一人暮らし老人などを助けるサービスに応用している。彼は学生時代を振り返って、つぎのような大学での若者向け教育プログラムについて述べる。

「いまになって思えば、フリーターをやって『自分探し』をやっている若者も、わたしみたいに何かの折に、『こういうビジネスこそが、わたしが無意識に求めていたものだ』という機会があるかもしれない。そのときに、最低限の知識がなければ、思いつきだけで終わってします。大学で習った起業講座の知識が断片的でも頭の片隅にあれば、早く一歩をふみだせたかもしれない若者だっているだろう。この意味では、いまの若者にあった教育プログラムの開発が大学でも必要なのではないでしょうか。」

わたしもそう思う。眠る起業家精神あるいは企業家精神のゆえに、フリーターという過程を経る若者もいることだろう。現在、米国だけでなく欧州各国でこうした講座が大学で試行錯誤を繰り返しつつ設置されてきたのは、こうしたことを背景にしている。日本もこの段階にある。

誰が誰に対して中小企業政策を行うのか

中小企業政策の前提となる中小企業、あるいは中小企業予備軍となる社会階層のあり方などについていろいろ述べてきた。ところで、わたしたちは暗黙裡に政策を行うのは政府や役所だと思っていないだろうか。でも、そうだろうか。この命題への接近方法には三つある。一つめは原則論、二つめは能力論、三つめは本質論。

㈠ 原則論――税金を納めるのは国民。税金を使うのは政府。これは原則論といってよい。同様に、政策として結果的に税金を一定目的に沿って配分し、使うことは政府ということになる。

㈡ 能力論――だが、現実にこの税金の有効活用をするだけの能力を政府はもっているだろうか。また、現実に税金をつかう役人がそれだけの能力を有しているだろうか。原則論は、政府がこうした能力をもつということが前提となって成立している。

㈢ 本質論――もっとも能力がある人や組織が政策を企画し、実施するのが本質である。したがって、この場合は、政策主体は「官」である必要はなく、「公」という性格をもつ政策主体が政策を担当すればよい。

日本においては、その近代化過程において㈠の原則論が突出していたといってよい。これは日本における近代化が㈢の発達を待って行うことがなく、近代化推進のためのさまざまな法制度が国家という独占的輸入者の下に行われたことの反映でもあった。こうしたなかでは、中央集権体制は必然であり、地方政府は中央の政策決定の忠実なる執行者として位置づけられていた。もっとも、明治一〇年代に遡れば、これに反発する自由民権運動家が府県会を根城に反政府運動を展開したことがあり、このことが、一層、中央政府に危機感を醸成させ、中央集権の下での地方自治を模索させる結果となった。

このことは、地方政治を中央に向くものとして位置づけ、地域において個人が自立し、その生活観から自分たちの生活を構築し、地域社会を構想するという精神を萎えさせ、地域の利害関係――いわゆる地域エゴも含み――を自分たちで処理することを早々と諦めさせた。そして、その解決を中央に求めることで、地方政治の中央利害調整機構を形成させ、自らの自立性・自律性を空洞化させていった。この起源は大正期であり、これは戦後においても継承され、いまも生きている。

こうした追いつき型の近代化は、すでに終わった。にもかかわらず、その精神は過去の社会的価値観として、いまもわたしたちのなかで慣性力となっている。この意味では、慣性力を問い直し、㈢の本質論から中小企業政策の主体のあり様を問うべきである。ここで問題となるのは、わたしたちにとって「公」という概念であり、より地域の実情に合った政策の採用であり、そこに生活する人たちが地方の「官」でなく、自ら知恵を出しつつ、「公」という領域から政策を作り上げていくことである。そして、中央政府は国全体のバランスある発展を見据えた地域政策と、地域による地域政策との整合性を調整することにおいて、その役割を果たすべきであろう。

では、日本の地域における自治体制はわたしたちの「公」意識とどのような関係を保っているのだろうか。牧田義輝は『機能する地方自治体』で日本の自治思想に関わらせて、日本人の「公的領域」意識をつぎのように論ずる。

「自治体自治は、自律・自助と自主独立が相互関係の内に機能するものである。官治的色彩が濃厚な国家システムにおいては、住民の私的領域の自律・自助機能が強く働くのである。自律・自助の思想は、日本の政治文化の根底をなすものである……相対『我』の人間像は、他人とか一般的流れとか権威とかに弱く、主体的行動に乏しい。しかし、常に『他』を意識することは、『恥の文化』にもつながり、自助努力を行うことになる。日本人の精神行動にある『調和』の思想は、家庭、職場、グループ、また村落などの私的領域内で問題解決を行う傾向にある。日本人の精神行動では、原初的に公的領域を必要とせず自ら問題解決の能力をもっており、これは『調和』の思想の結果である。世界一の貯蓄率も、児童手当の低額も、また生活保障受給者の低率も、基本的には日本人の自助精神の結果である。日本の政治文化では、参加は相対的に消極的であるが、その分自助の努力が行われるといえよう。」

牧田は、こうした「私」の文化とは「私」の拡大領域＝「家の文化」でもあり、また「世間に迷惑をかけない」という「恥の文化」でもあり、問題解決はこうした私的領域内で処理される傾向が日本では伝統的に強いことを指摘する。そして、戦前期の日本の地方自治体制は、たとえばドイツなどは地方封建領主が大きな力をもっていたため、封建領主を中央に集め宮廷貴族としつつ、中央政府が、直接、地方を統合するような自治制度を確立していったが、日本もこうしたドイツなどの制度を移入した。とはいえ、第二次大戦後は米国の占領下にあり、米国には、欧州大陸諸国のような封建制がないために住民自治が強い自治制度が導入されていった。

しかしながら、国庫補助金で代表されるように、独自予算の裏づけのないような自治は現実には存立するわけはない。実際、米国やドイツやフランスに比べて、中央政府からの補助金割合は日本において格段に高い。このように、占領政策によって地方自治制度の米国化が図られたものの、現実には制度と運用の間には大きな溝があった。これは中小企業政策でも同じである。中央政府主導の画一的な政策の推進には、政策実行を機関委任事務化した中央集権体制が便利であった。この機関委任事務も、平成一一［一九九九］年の「地方分権推進一括法」で法定受託事務となり、地方が自ら取り組むべき自治事務の拡大が志向されているが、地方の財源問題が依存として残されている。

だが、いずれにせよ、地方政府の権限が拡大されたとしても、「私」的領域を超える部分と、「官」の部分を超える中間領域はどのように解決されるのだろうか。ここに住民参加を大きく促す、「公」の領域をつくりだすようなより自然な仕組みがあるのだろうか。牧田は、この点についての問題点を指摘する。

㈠　地方議会の機能障害――「権威志向性、大勢順応性を特徴とするわが国政治文化とサラリーマン化した議員の地位保全のための行政の傾斜……議会は総与党化し、チェック機能は低下」していること。

㈡　行政システムの閉鎖性――議員の専門性は低く、このため「政策立案・審議過程における技術化・専門化と相まって行政部が台頭し」、住民意思が十分に反映されるようにはなっていないこと。

牧田はさらにこうした問題の背景に、日本人の政治文化、都市型社会においてそこに生活する住民は「孤独なる群集」であり、「公」的領域を見出すことの困難さを指摘する。この住民という多数性のもつ「孤独なる群集」は、同じ多数性である中小企業の孤独なる群集にも通じるところがある。

ここで、「誰が誰に対して」この孤独なる「中小企業」に対する「政策を行うのか」という問いに戻れば、いくつかの方向性が考えられる。その前に「公」的領域を、「官単独でも、民間単独でも公共財や公共サービスを適切に供給できないが、それをより効率的かつ広範囲に供給するために官も民も協力しなければならない領域」と定義しておく。では、たとえば、中小企業政策においての「公」的領域はどうであろうか。

中小企業政策のなかでもっとも予算が必要とされるのは金融助成制度であるとしても、すべての中小企業にこうした金融サービスを行うことは事実上、不可能である。また、問題が生じた後に、これに対して金融的支援を行うようなことは困難である。問題が発生したことの事後コストは膨大なのである。したがって、問題が発生しないためにより少ない事前コストで処理することが重要となる。つまり、問題を発生させている原因の除去がここでは政策的に重要になる。

なぜ、中小企業が「事後」的に金融的支援を必要とするのか。それは中小企業が投資した資本がより早期に回転せず、このために運転資金が必要となり、この運転資金確保のために資本を節約しなくてはならなくなっているような経営の問題があり、その自立的な解決を促すことが重要となる。では、なぜ、中小企業はこのような問題を抱えるのか。それは中小企業の提供する商品やサービスが容易にその市場を見出せないからである。中小企業の市場開拓を支援することができれば、中小企業の資本の回転率は高くなり、余分な資金の借入れが不必要となり、内部留保を中心にある程度の成長を確保できるであろう。

だが、官が民に代わって市場開拓や市場調査を行うことは容易ではない。とすれば、民において、すなわち、中小企業が経済原則に基づいて中小企業を助け、助けられる、あるいは、中小企業が大企業との公平・公正な取引関係を拡大させるような仕組みを支援するようなことが重要となる。中小企業のこうした市場開拓支援を自らのビジネスとして取り込み発展させるような中小企業が数多く生まれることが、中小企業政策における公的領域の拡大ということになる。この場合、中小企業を支援するためのインセンティブとしての税制面での優遇措置などが官の役割となり、現実にこれを実行することが民の役割となり、そして、この二つの役割が中小企業支援策として有効性をもつところこそが公的領域となる。

官はビジネス感覚において鈍い。もちろん、これも例外がある。例外的にビジネス感覚をもつ官僚は、自ら民の分野において中小企業支援ビジネスを展開して、官がそれを支援することも重要である。そして、あくまでも、官は法律などを通してこうした公的領域の仕組みが有効に働くようにする役割においてその存在性をもつ。

先ほどの「誰が誰に」「中小企業政策を行うのか」という問いにおいては、企業規模にかかわらず、中小企業であろうと、大企業であろうと、中小企業をビジネス分野において経済原則上無理なく助け、助けられるシステムの存在が必要である。そして、「中小企業が中小企業に」あるいは「大企業などが中小企業に」支援することができることこそが重要なのである。

第四章　中小企業政策のサブシステム論

メインシステムとサブシステム

「メイン（主）」と「サブ（副）」ということばには解説が要る。

このことばだけを取り上げても、そう生産的ではないので、これを接頭辞とすることばを通して考えてみたい。たとえば、「サブカルチャー」ということばはどうであろうか。

サブカルチャー研究ということで、わたしたちが思い浮かぶのは柳田国男等の民俗学ではあるまいか。これは明治維新以降、弱肉強食時代の西欧列強に立ち向かうために、急速な近代化（＝西欧化）が図られ、江戸期以来蓄積されてきた潜在的成長性をもつ人びとの知恵や知識が脇に寄せられ、ひたすら欧米のやり方が導入されてきたことへの問いかけでもあった。

柳田国男が農政官僚であり農政学者であったことと、柳田民俗学の確立は無関係ではありえない。日本と農村構造を異にするドイツ流の農業政策や、日本と土壌や風土を異にする地域で発達した西欧農法を日本に移植すればどうなるのか。このことを冷静に顧みることのできなかったのが明治初期・中期のころであった。

柳田等は日本の農村の現状、その背景にある歴史的に連綿と日本の風土に合致して自然なかたちで継承されてきた個別性を重要視した。従来、日本にあった「メイン」なるものが「サブ」化されていくことに対して問題提起をしたのが柳田の民俗学などでもあった。

民俗学に代表される日本のサブカルチャー研究史について、鹿野政直は「日本のサブカルチャー研究史」でつぎのように指摘する（『思想の科学』第四六号）。

「サブカルチャーへの関心が急速にたかまっていったのは、わたくしのみるところ、ほぼ大正期においてであった。そうしてこの大正期は、戦後期とともに、サブカルチャーの発掘期をなし、それがまたこれらの時期の学問の特色の一つとなっている。……柳田国男は、そういった意味で、日本のサブカルチャー発見史の巨大な記念碑としてある。……うちすてられていった民俗への探求が、日本の近代化の総体へのつよい疑問とともにうちだされていったことは、ほぼまちがいないところである。」

柳田国男は明治政府が学びのメインシステムとして導入を図った「官」学アカデミズムに連なった農政学を代表する一方で、それに反旗を翻したサブとしての「民間」学を象徴していた。そして、官学アカデミズムとの対比でいえば、官学が正規の対象とはしなかった農民史、さらにはさまざまな大衆史は、もっぱら師範学校を卒業した地方の知識人としての教師たちや、独学を重ねた人たちによって担われていた。

鹿野は、『近代日本の民間学』でこの傾向をつぎのように鋭く剝ぎ取ってみせる。

「近代日本のアカデミズムは、国家主導のもとに欧米の諸科学の成果の採取を基調として、一定の高度の水準を達成し、……しかしそれだけにアカデミズムが国家目的にふかく関連しており、……『御用学』『政策学』『特権性むきだしの学』『輸入学』等々や『学閥』のイメージがつきまとうことになる。……ことに草創期をすぎてアカデミズムが一つのギルドとして成立すると、そのようなイメージがもたらす内実が自己増殖さえしはじめる。と同時に、日本の文化の様態からいえば、アカデミズムの成立に典型的にみられる日本の近代の移植的性格は、在来文化のサブカルチャー化を招いた。」

鹿野は官学アカデミズムから抜け落ちることとなったサブカルチャー化した学問分野の事例として、柳田の民俗学のほかに、小野武夫の農村学や高群逸枝の女性史学などを挙げる。いずれも、日本の近代化が一息つき、性急な近代化を振り返る余裕が出てきた大正期に花咲いた学問体系であった。

そして、小工業や在来（＝地場）産業の存在もまた、近代的な産業の早急な移植を図る、政策学という官学アカデミズムや行政学のなかでサブカルチャー化していった。官学アカデミズムでは、こうした在来産業などはやがて消え去る運命であり、必ずしもその存立に積極的な位置づけが与えられたとはいえなかった。だが、大正期の半ばに、ようやく在来産業などの小工業への関心が高まることとなる。なぜか。それは、官学アカデミズムが想定した近代産業が国の過大な支援なくして自立しえないことに比して、脆弱であるとみられた在来産業が強靭な生命力と残存性を示したからであった。

官学・行政的政策学と民間政策学

日本における政策学はつねに海を渡ってやってきた。それは遠く明治期においては、西欧列強へ追いつき近代化するのための演繹学であった。ドイツはこのようだ、英国はあのようだ、米国はそのようだ、と、「このように、あのように、そのように」になるための目標を定め、ここから演繹的に決めることが政策学であった。これを担ったのは輸入学問の殿堂たる官学アカデミズムであり、行政学であった。必然、寸法の合わない衣服のように、こうした政策学に導かれた政策は必ずしもしっくりといったわけではなかった。しっくりいかないから、自分の身体を採寸しなおして、多少時間がかかっても、これに合うように衣服をつくればよい。だが、性急な近代化そのものが自己目的となってしまったことにより、衣服に合わせて自分の身体を太らせたり、痩せさせたりしたところに、日本も含めいわゆる後発国の問題があった。自分の身体を不自然に太らせたり痩せさせたりすると、健康上に大きな支障が出るように、こうした政策学は健康的なものであるとはいえない。

わたしは、日本における政策学には二つの流れがあるように思う。一つの大きな流れは、官学アカデミズム・行政学連合という政策学である。これは官学・行政的政策学と言い換えてもよい。二つめの流れは、残念ながら大きな流れでなく小川といったほうが適切な民間政策学である。二つを対比させて、その特徴をイメージ的に列挙しておこう。

官学・行政的政策学	民間政策学
権威主義	生活主義
中央集権主義	地方分権主義
演繹的輸入学問主義	帰納的現場主義
新規的出世主義	継続的共生主義
閉鎖的排外主義	開放的調和主義

官学・行政的政策学は、国家を中心とした誤謬性を認めないような権威主義を基調とする政策学であり、いわゆる国家目標を定めトップダウン（上意下達）という中央集権主義的な方向性をもったものである。外国における成功事例を目標とし、その内実はしばしば輸入学問主義であり、自国へ演繹的に応用される。政策担当者の精神の重心は、出世主義のためにしばしば前任者とは異なったやり方を海外事例から模倣するこ

とで自らの存在性を印象づけようとする。この傾向は、その職位に数年間しか在籍しないことから、時間をかけてじっくり政策を創造するよりも、安易な模倣に走りがちであることと関係する。そして、権威主義や中央主権主義は、閉鎖的な排外主義に結びつく危険性を同時に併せ持つ。

他方、民間政策学は、そこに長く住み続け生活したいという意識から生まれたものである。これは自分たちの生活に基盤をおく生活主義であり、地方の市井に住む人びとの生活の知恵や知識に信頼をおき、こうした現場から帰納的にボトムアップしようという考え方を基盤とした政策学である。こうした政策学は、画一的な成功例を押しつけるような中央集権的で権威主義的なものでなく、その地域の個別性のなかに創造性や成長性を重視する地方分権主義である。また、地域の自然環境、風土などを重視しつつ、その他の地域などとの継続的な共生を目指す継続的共生主義であり、決して自分たちの地域エゴのみに走らない開放的調和主義が内包された、きわめて有効なものである。

では、こうした政策学と中小企業政策との関係はどうであろうか。中小企業をめぐる政策学は、中小企業の存在がその地域の生活者としての側面を強くもっているがゆえに、官学・行政的政策学という方向性ではなく、民間政策学という方向性から取り組む必要性を強く示している。

むろん、中小企業は多様であり、大企業との境目に近くなるに従って、その生産する商品や提供するサービスはその存立する地域のみならず、全国市場、さらには世界市場へと連なる。しかしながら、中小企業という範疇のほとんどを占める小規模企業についてみれば、自分たちの地域への製品やサービスの提供者としてだけではなく、その経営者や働く人たちはそこに生活者として暮らしている。

ここには大企業のような「少数有名」という存在でなく、「多数無名」としての中小企業の存在がある。

中小企業という政策対象への接近方法は、こうした多数無名の地域での企業者と生活者という視点を欠いては、その将来像を描くことは困難であろう。

前田正名と政策構想

前田正名（一八五〇〜一九二一）を取り上げる意義は、先にみた官学・行政的政策学と民間政策学の対比を際立たせる存在として、いまなお大きな光芒を放っているからである。

前田正名（幼名は弘庵）は、米国ペリーの黒船来航の三年前に薩摩藩（鹿児島県）の漢方医の家に生まれた。正名の少年期・青年期そして壮年期は日本の幕末混乱期から明治新政府の国家づくりの時期に呼応する。正名も当時の多くの青年と同様に尊皇攘夷という空気のなかで生き、ナショナリズムを強く刻印されて育ったものの、若くして蘭学や英語を学ぶ幸運にも恵まれていた。

正名の貿易や洋行への関心はこうしたなかで醸成し、二〇歳のときにフランスに渡航した。正名のフランス滞在は七年余りに及ぶことになる。正名は同郷の大久保利通等のはからいで渡仏したとはいえ、苦学生といってよかった。だが、明治政府の要人となっていた大久保が岩倉具視等とパリを訪れたことが正名に大きな転機をもたらすこととなる。

大久保は身分不安定な正名に明治八［一八七五］年に在フランス日本大使館の二等書記生の職位を与え、勧業寮御用掛を兼任させた。これにより、正名はフランス滞在を延長して、フランス農務省を中心とした当時の欧州の産業政策の調査を担当することとなる。正名はフランス農務省の重鎮であったチッスラン（一八三〇〜一九二五）から大きな影響を受けることとなる。祖田修は、『前田正名』で正名とチッスランとの関係について、つぎのように指摘する。

「前田はチッスランについて、行政の実際と農業経済の知識を吸収した。……明治一五年の『欧州産業経済事情調査』でもチッスランを訪ね意見を聴き、また、『興業意見』編纂の際も参考の項にチッスランの意見を記載している。チッスランの保護主義的立場、農業団体と農業教育の整備、農事改良などに関する意見は、そのまま前田の主張となる。両者は晩年まで親交があり、……前田がのちに一貫して『町村の経済』に着眼したのはチッスランの影響によるところが大きかったと考えられる。……チッスランが農業経済問題の権威であったことが前田に大きな意味をもった。フランスはヨーロッパの先進国としたるイギリスに比べ、農業の比重が高く中小農が支配的であった。イギリスが国内農業を無制限に縮小して『世界の工場』となったのに対し、フランス・ドイツなどはそうした条件が少なく、『農工商の調和的発展』をかかげてイギリスにせまろうとしたのである。前田の経済思想の中に同じ発想がみられるのは、決して偶然ではない。重農主義的伝統をその胎内にもつ、フランスの『産業』概念を前田は継承したわけである。」

前田正名は、欧州諸国における農業国フランスのあり方に日本の現状と将来像を重ね合わせたに違いない。大久保利通のはからいで明治政府の調査担当者としてフランス滞在が認められてから九年後に、前田は日本経済の将来像を構想した『興業意見』をとりまとめ、世に問うことになる。この間の正名の軌跡を示しておこう。

明治一〇［一八七七］年　帰国。内務省御用掛および勧農局事務取扱、三田育種場長、日本政府パリ万博事務官。パリ出張。

明治一一［一八七八］年　パリ万博事務局長（在パリ、内務省兼任）。
明治一二［一八七九］年　大蔵省御用掛、『直接貿易意見一斑』を政府に提出。
明治一三［一八八〇］年　わが国の地方産業（東海道、中国、九州、埼玉県、群馬県）の調査に着手、フランス総領事（大蔵省御用掛兼務のまま）に任命されるが赴任延期となる。『直接貿易基礎確定に関する三大要綱』を政府に提出。
明治一四［一八八一］年　内国勧業博覧会御用掛。大久保利通の姪と結婚。大蔵省大書記官、農商務省大書記官を兼任。農商務省書記局事務取扱。欧州の産業経済事情調査へ出発。
明治一五［一八八二］年　英国、ベルギー、フランス、スイス、オーストリア、ドイツ、イタリアの経済・産業事情を調査。
明治一六［一八八三］年　帰国。『興業意見』の着想。
明治一七［一八八四］年　『興業意見・緒言』起草。わが国地方産業の実態調査に着手。『興業意見』大綱、『興業意見（未定稿）』脱稿。『興業意見（定本）』完成。
未定稿から定本となるまで、いろいろな紆余曲折があったものの、こうして浩瀚な『興業意見』が刊行された。

前田正名の産業政策観

前田正名が明治政府の指導者であった大久保利通等の期待を背負って、明治維新以降の日本産業の将来像のデザイナーとして『興業意見』に取り組んだ背景には、明治維新からすでに十数年が経過し、明治政府の試行錯誤的産業政策の修整と新たな経済環境への対応を織り込んだ産業政策構想を必要とする事情があった。

これがより長期的な課題であるとすれば、より短期的な事情もあった。すなわち、松方正義（一八三五～一九二四）が、明治維新以降の日本経済の水ぶくれ的な体質を引き締めるために実施したデフレ政策が、当時、ようやく成長しはじめていた農村工業や地方の商工業に大打撃を与え、こうした疲弊した地方産業などへの早急なてこ入れ策を明治政府は必要としていた。また、明治二三［一八九〇］年に迫った帝国議会の開設をより円滑なものとするために、地方の自由民権運動家を意識した地域経済活性化への取組みという政治的事情もあった。

前田は、『興業意見』をまとめる上で、農商務省の西郷従道（一八四三～一九〇二、薩摩藩士、西郷隆盛実弟）や品川弥次郎（一八四三～一九〇〇、長州藩士、松下村塾出身）の下で、短期間にもかかわらず、集中的に地方産業の実状調査を行っている。と同時に、欧州諸国の産業振興制度、政策立法などの翻訳作業もすすめている。

前田は当時のわが国の地方産業の現状を十分に見定めた上で、明治政府の採るべき産業政策の方向について、歯に衣着せない内容の意見書として『興業意見（未定稿）』を作成し、政府の関係部署に配布した。前田は『未定稿』で松方の名前こそ直接挙げてはいないものの、その行き過ぎたデフレ政策や増税政策を批判しつつ、明治政策の富国強兵政策のあり方にも苦言を呈した。

前田の視点は、政策順位論といってよい。土木などの社会資本の充実や、教育、軍隊の充実は重要であるが、それが人びとの生活を困窮化させ、その活力を奪い、負債だけを増し、貯蓄する余裕を奪うものであってはならないことが主張された。松方財政の下で困窮化した人びとの暮らしを余裕あるものにするための産業振興策がまずは実施されるべきであることが説かれた。この『未定稿』は明治政府内のさまざまな反発を呼び回収を命じられ、松方デフレを批判した文言は削られ、この四か月後に『興業意見（定本）』としてようやく日の目を見ることとなる。

前田は当時の日本経済の現状を「人民の生活」から分析して、士・農・工・商について、「四者の現況を察すれば実に憐れむべき状態に陥っている」とみた（漢文調の原文を現代表記に改めている。以下同様である）。

㈠　士族——「恩寵の禄券を消耗してしまった者が多く、大半は活路に窮している。」

㈡　農民——「減租の特典がむなしい。近年は米価の高低のために一旦は富んだが、すぐに貧窮して、一昨年からは労賃も出ないようなことになっている。」

㈢　工業——「粗製濫造に流れてしまって、信用の如何を顧みる余裕がない。」

㈣　商業——「資本に欠乏して高利の金を借りたために、金利を支払うために利益の余地はない。ましてや、物価は低落しているために仕入は損を出しており、いわゆる労多くして功なきという商況である。」

こうした部分は定本では削られ、「士族は往時、農工商の標準となるべき気力をもっていたが、困窮のためにそういったことがなくなってしまった。国力の源である農工業は衰崩した。農工の催促人となるべきは商業であるが、信用を失ってしまった。まさに利益は出ず、困弊を極めている」という表現に置き換えられた。

このあと、前田は負債、貯蓄、国内外の諸問題などを取り上げ、第七章部分で「収税」問題をつぎのように取り上げた。「未定稿」の方から引用しておこう。

「(産業基盤や教育、軍備の整備のために増税を――引用者注）人民に徴収して疾苦を感じさせてはならない。ゆえに課税の割合を改めるにしても、今後十年間に歳入をどのくらい増加させることできるのかという見込みがなければならぬ。とはいえ、租税を増やし人民を苦しめることなく国家の体面を拡張するには、わが国の産業を興して国力を盛んにする手段しかないと信じる。……政綱を拡張したいなら経済を整えるべきである。経済を整えたければ国力を大きくすべきである。国力を大きくするにはただ生産を盛んにすることである。」

前田正名は、興業――産業、とりわけ工業を興すこと――の重要性と必要性を盛んに説いた。ただし、『定本』では、大蔵卿の意向が反映され、現行税率を擁護する文言が挿入された。

前田はさらに続け、輸出振興の重要性、地方産業を資金的に支援するための興業銀行案などを開陳した。そして、最後に政府の役割をつぎのように指摘した。ただし、『定本』では前田の具体的な政策案や政府の役割に関する意見は削除された。

「国というのは人体みたいなもので、貧弱はすなわち国の疾病である。政府というのは医師である。その弊害を取り去って農商工業を振興するのは、あたかも病因を探求して薬を飲ませ、滋養のあるものを給することである。これによって国力は旺盛となり、百時皆興るのである。そうであれば、すなわち、農商工は富強の父母といってよい。……わが国の農商工の情勢を観察すれば、あたかも嬰児が病気となって薬を飲むことを嫌がるのが一般的であり、このために父母である者は強いて薬の効用を聞かせるべきである。そうでなければ、いつの日かその病塁がなくなり強壮男子となることができないだろう。」

前田がこうした医者や薬のたとえを好んだのは、正名自身が漢方医の家に生まれ、幼少のころに緒方洪庵門下の蘭方医に蘭学などの手ほどきを受けたことに関係しているだろう。前田は『未定稿』の「綱領」でも、やはり政府の役割を医者にたとえ、日本経済の実態を「病者の容態」、政策を「薬剤および滋養物の詮議」「治療の方案および患者規則」という項目を設けて説いた。前田の産業政策観はつぎの文章によく現れている。

「病者は国であり人民である。医者看護人は政府であり当者である。医者がよく不具の有様と病者の容態を考え、病勢を抜いて健康とするために薬用方策を立てて、看病人の心得と患者規則を定めて滋養物を与えても、病人が規則をよく守らず、看病人が看病の心得を守らず、隣人の勧めに迷って、加持祈禱を信じて医者の命令に従わなければ、病気は平癒することが難しい……。」

『定本』では、前田の『未定稿』の政府医者論が後退させられ、『興業意見』が編纂されるまでの事務的な経緯が淡々と説明されるような構成となっている。

さて、前田正名が中心となって編纂し、こうした経緯で発表された『興業意見』にはどのような産業政策構想が具体的に描かれていたのだろうか。

前田正名と『興業意見』

『興業意見』の概要を紹介するまえに、同書の構成を簡単にみておこう。最終的に発表された『定本』では、第一巻が総論にあたる「綱領」、第二巻が問題意識を論じた「緒言」、第三巻がわが国産業の現状紹介である「現況」、第四巻がわが国産業の分析を行った「原因」である。第五巻と第六巻はわが国の在来産業の沿革や江戸期の各藩で実施されていた殖産興業策について取り上げた「参考（内国）」、第七巻から第九巻までが外国事情を取り上げた「参考（外国）」となっていた。第一〇巻は欧州諸国などの経済・産業統計を収録した「参考（外国・万国統計表）」であった。

第一一巻は興業における最重点項目を論じた「精神」であり、第一二巻から第一四巻は当時のわが国の重要物産の現状と将来、府県別の重要物産、重要物産振興のための予算措置を取り上げた「国力一～三」となっていた。第一五巻から第二六巻までは各地の産業動向を詳細に分析した「地方一～一二」であった。第二七巻は地方のさまざまな統計を収録した「地方一三」となっていた。第二八巻から第三〇巻は農村や商業などのさまざまな方策案を盛り込んだ「方針一～三」であった。

こうした膨大な内容を盛り込んだ『興業意見』をこの小著で詳細に紹介することはむずかしいので、『興業意見』発表以降も前田正名が主張してやまなかった部分を中心に、その骨格を明らかにしておこう。

前田は明治維新以降の殖産興業政策については、「その効果は見るところが少なかった」と手厳しい評価を下している。その「所以」について、前田は①幕藩体制が崩れると同時に、農民、職人、商業者が無秩序に経済活動を行い、互いに不信感だけが増長してしまったこと、②商工業者が粗製濫造に走り、新旧業者が共倒れ状況にあること、③農家は一時豊かになったことで奢侈に流れたり、慣れない商売をしたりして、農業改良などを怠ったこと、などを挙げた。それゆえに、一〇〇年先を見据えた計画を立てることが急務であり、その際に重視すべき項目を、つぎのように三点挙げた。

㈠　政府が率先すること。

㈡　勧業政策の方向をはっきり打ち出し、この目的を変えず、各地方の風土・人情に適した物産を重視して、農商工業者に方針を立てさせ、その目的を達成させること。ただし、彼等に強制してはならない。

㈢　農商工業者を振興するには、彼等の利便を図るような政策を実施すべきこと。

このあと前田は、松方デフレ下に呻吟する農商工業者の現状とその問題点について率直に描き出しつつ、二二項目についてその問題点を指摘している。残念ながらこの部分は『定本』では大幅に削除させられた。さらに前田は政策立案の方法論についてふれる。一つは「古来農工商業に関しては明君賢主のすばらしい改良法がある。あるいは、有志者が先導してその偉功を後世に残してくれた事例」を参考にすること。二つめは「内国の商工業に関する古来の資料などだけでなく、外国の興業に関する政策や組織、報告書なども」参考とすること。

ここで留意すべきことは、明治政府が近代化をすすめるために、ある意味において極端にまで江戸期の制度などを否定したことに対して、前田は、フランスを中心に欧州諸国の「近代化」の成果を吟味した上で、こうした明治政府の立場とは必ずしも同じ姿勢を貫いていないことである。前田は江戸期において成功した制度にも配慮しつつ、日本の地域特徴を十分生かした産業政策の必要性をつぎのように説いた。

「古来我国において一事一業を起した跡をみよ。大抵、諸侯の手によらなければ、それは有志者の力によったものである。……顧みれば、今日、有志者がいないのだろうか。決してそうではない。適当な有志者とはすなわち我政府のことである。（中略）我国では農産製産の二者が基本であり……。なお、フランスは農産製産をもって立ち、英国やベルギーは工業で立っているように、その方向順序を誤ってはならない。さらにこれを内国の地方にたとえれば、京都では工事を基として、大坂では商業を基として、九州地方では農業を基とするようなものである……。」

このように、前田は農工部門の興業を重視し、興業目的の達成には順序が重要であることを強調して、

「甲」「乙」「丙」の優先順位から成る産業政策の三段階戦略論を提示した。

（甲）　農工部門の振興。

（乙）　公益工事。道路や港湾など産業インフラの整備や「器械」工業の育成など。

（丙）　広義の社会資本の整備。砲台など国防強化、美術館、役所、学校、病院など。

前田は「甲の所得をもって資本として、これをもって乙の事業を起す。甲乙の合併した実力を丙に現すこと」と述べ、甲乙丙の優先順位にこだわった。前田は『興業意見』の別の箇所でも、「軍備を重視する者は口を開けば、陸海軍の拡張ばかりを主張し、教育に注意する者は学校を興すことばかりを主張する。北海道の開拓が先決とする者もいる。……維新以来、兵法、法律、教育、機械などいろいろな事業の拡張に熱中して、その元資となる国力の度合についてすこしも考慮するところがない」として、明治政府の総花的な政策を批判し、政策上の優先順位を明確にすることを主張した。なお、甲を振興させるために必要な興業貸付について、前田はつぎのように指摘した。

「興業の目的をもって銀行を設けるときは、第一に興業の趣旨を貫き、起業者を助ける精神としなければならない。ゆえに抵当物を確かにして貸方の損耗を予防するよりは、むしろ抵当物が流れ込むことがないように注意して、借方、すなわち、起業者の失敗を予防しなければならない。」

実際の興業貸付にあたっては、「貸付規定を設け、第一に人物はどうか、方法はどうか、組合はどうか、事業はどうか、という四者の堅固であるところをきちんと吟味して、この後に資本を貸与してその事業を助けなければならない」と注意を促した。

では、前田正名にとって、農工分野における戦略的産業とは具体的にどのような業種であったのだろうか。

前田は『興業意見』を取りまとめるにあたっては、各地方の「重要物産調査」を行った。その関心の中心はいわゆる在来産業であり、当時はいずれの産業も明治一三［一八八〇］年を境にして低迷していたものの、前田は米、繭、綿、煙草、菜種、甘蔗、麻、生糸、茶、樟脳、木蠟、藍、織物、陶器、紙、金属器、紡績、清酒についてその将来性を検討した。

前田のここでの視点は、輸出する上で鍵を握っていたこれらの産業において、品質の向上が見込めるかどうかであった。前田が積極的に評価したのは生糸や茶であった。すなわち、

①　生糸――わが国の品質を向上させて、フランス糸の位置に引き上げることは困難なことではない。改良すれば、一〇年間もかからず、イタリアやフランスの製品を凌駕することも可能であろう。

②　茶――数量を増加させるよりは、まず品質を改良することが先決である。とはいえ、これ以前に、その販売方法について検討することが重要である。

前田はとりわけ生糸を日本経済のけん引役として見込み、その品質改良に必要な予算措置などを具体的に論じている。反面、織物については「埼玉県が第一位であり、その製品は木綿や絹布であるが、これらは輸出に適しているものはわずかである」と評価が厳しかった。陶磁器や漆器については「粗製放売、粗製乱売であり、この弊害を改め、技能練磨をはかることがなければ」、将来の成長が困難である旨を書き記した。

前田は、農工分野のうち、生糸や茶といった日本の在来産業についてその潜在的成長性を輸出面からとらえ、こうした分野が伸張するには品質の改善が不可欠であることを指摘し、このために互いに切磋琢磨するための共進会の開催、粗製濫造・乱売を是正するための同業組合の必要性、政府による技術指導、技術者養成のための学校の設立、融資制度の創設などを訴えた。

前田正名は、こうした在来産業の輸出を通じた一層の発展によって自己資金を蓄積して、これを基礎にわが国産業の近代化と広範なインフラの整備を行う産業政策を思い描いた。

前田正名の今日的意味をめぐって

明治政府の、国力を短期間に引き上げ、一刻も早く西欧列強に伍そうというその焦りは、富国と強兵を同時進行的に行う総花的政策によって、明治一〇年頃には行き詰まりをみせた。西南戦争という要因もあったが、松方のデフレ政策が、こうした焦りと無理によって水ぶくれした日本経済を、その身の丈にあった姿に戻したともいえる。

前田正名はこうした状況をフランスという外から眺めることで、その原因について冷静な判断を下すことができたかもしれない。だが、前田の在来産業を梃子にして日本の産業化を図るという政策の中核であった興業銀行構想や在来産業への支援策は、当時の政府首脳によって採用されるところにはならなかった。

前田は、明治一七［一八八四］年一二月末に『興業意見』が太政官裁可を得て発表されることを見届けたかのように、その一年後に政府を去ることになる。二年半の在野生活のあと、前田は山梨県知事として公職に復帰し、その後、農商務省に戻り工務局長（農務局長兼任）となり、『興業意見』後の地方産業の現状を探る「農工商臨時調査」に取り組んだ。前田は明治二三［一八九〇］年一月に農商務次官に昇格し、自らの政策構想の実現を図ったが、この四か月後に農商務省を再度去った。

こののちに、前田は農商務大臣になる機会も与えられるが、これを辞退し、在野にあって有志を募り、彼自身の政策構想の実現に一生を捧げることになる。

前田が産業政策を立案したときに重視したのはつぎのような視角であった、とわたしは思う。

㈠　産業における潜在的成長性への着目。

㈡　政策上の優先順位の明確化。

㈢　事業発展のための相互連関性の重視。

当時にあって、前田正名のように欧州に長期にわたって滞在し、しかも、もっぱら大学などにあって学問としての政策学を学習した留学生たちと異なり、産業政策を所管する官庁の重鎮から直接に実務経験や実務知識を得るような機会を与えられた人物はそう多くなかったろう。前田はフランスを中心として政策の実態を知り、日本を外から眺め、日本にとっての政策のあるべき姿を追い求めた。同時にドイツ、ベルギー、オランダや英国などにも関心を広げている。

彼はこうした欧州生活のなかで、機械・金属工業を中心に生産力を拡大させていた近代産業部門の実態についても知見を深めていたにちがいない。にもかかわらず、あるいは、それゆえに、安易に欧州並みを目指す国力不相応の近代化には慎重で冷静な姿勢をみせた。前田は、欧州モデルの安易な移植でなく、日本の地方産業の実状を丹念に分析し、そこから将来性のある産業群を日本経済のけん引役として見出そうとした。つまり、㈠の視角である。

明治一六［一八八三］年における日本の人口は約三七〇〇万人、このうち、農業従事者がおよそ一七〇〇万人で全体の四五パーセントを占めた。これに対し、工業に七九万人（二パーセント）、商業に一四四万人（四パーセント）、雑業に二〇三万人（六パーセント）などが従事していた。前田は、当然、日本産業の主軸であった農業部門を重視した。

他方、明治一三～一五［一八八〇～八二］年の三か年平均のわが国の貿易額についてみれば、輸出品目の上位三位は生糸、製茶、米であり、輸入品目の上位三位は綿糸、砂糖、金巾であった。前田は日本のこうした生糸や製茶などの農村工業の輸出競争力に着目し、これらの業種の品質をさらに向上させ、輸出競争力を強化して、日本産業の指導的分野に育て上げ、国力（＝資本蓄積）をつけ、漸次、近代的部門の育成に歩を進めることを構想した。前述の㈡の視角である。

やがて、品質の安定と生産力拡大には「器械」化が不可欠であり、また、交通網など産業インフラの整備によって輸送費の低減が必要となることも前田は見通していたように思える。つまり、㈢の視角である。前田の政策構想にあっては、こうした㈠から㈢という政策視点そのものが相互連関性をもっていた。

『興業意見』の底流にある前田の発想には、潜在的成長性をもつ産業分野の発見、いまでいえば、戦略的産業分野（いわゆるリーディング産業）のもつ他分野への梃子作用と相互連関性への着目があった。それゆえに、総花的政策よりも、戦略的産業を優先させる政策が、前田にあってはつねに優先された。こうした視点は、いまなお、わたしたちに多くの示唆を与えている。前田正名の『興業意見』が伝える政策メッセージは、一二〇年以上の時を超えて新鮮である。

なお、前田正名は、日本の経済や産業というマクロ的視点に多くの頁を割き、詳細な分析を加えていると同時に、経済や産業を支えるのは生きた人そのものであり、それゆえに、起業家への期待と信頼を寄せつつ、その問題点を指摘して、具体的な助言も与えている。

前田が危惧した一番の問題点は、江戸期において各藩が設けていた株仲間制度が崩壊して、新規参入が活発になったものの、粗製濫造に走り、日本製品は「安かろう悪かろう」という悪評が立ち、外国の輸出業者や日本の問屋に良製品まで買い叩かれ、この結果、品質を落として価格を引き下げる業者が増えたことであった。事実、当時、このことがさらに粗製濫造の悪循環を生んでいた。

前田は、明治政府が「検束を弛めて放任したる」ことにより「農工商の規律が立たなくなった」現状に対して、「会社律」「商と工との約束法」など立法措置の必要性を訴えると共に、小工業者に対しては仲間相互の「団結力」の重要性を訴え、同業組合制度による品質の向上を訴え続けた。

前田構想の中小企業政策への示唆

前田正名の生きた時代といまは当然異なる。だが、前田が『興業意見』で開陳した政策のあり方は時代を超えていまのわたしたちに伝わってくるものが多い。前田が指摘した重要な点のいくつかを紹介しておこう。

㈠　資本の多寡に応じた事業展開の重要性――資金と事業が釣り合わないような事業は必ず失敗すること。

㈡　㈠に関連して、小企業の資金調達問題の解決の必要性――担保力の弱い小企業の資金問題をいかに政策的に解決し、彼らに成長の機会をもたらすかが重要であること。

㈢　販売に関わる問題の解決――「売りさばきの道に窮する」「需要者の嗜好を詳知せざる」事業は必ず失敗すること。これをいかに解決するかが重要であること。

㈣　団結力の重要性――「団結力のなきは日本商工者の通患なり」。「我独り利益を得んと欲する事」とは別に、小企業者の団結（協力）が有効な事。

考えてみれば、これらの問題点は日本の中小企業白書や政府関連の報告書に、いまにいたるまでつねに指摘されている事柄であるばかりでなく、いわゆる先進国であろうと後発国であろうと、程度の差こそあれ、公的な報告書にいつも盛り込まれている中小企業「問題」の定番といってよい。

これには二つの見方があるだろう。一つは中小企業の経営上の内的問題。二つめは中小企業を取り巻くマクロ経済環境などの外的問題。こうしてみると、中小企業のこうした内的問題を自立的、あるいは自主的に解決しえた企業だけが大企業や中堅企業へと成長したことになる。また、こうした内的問題を解決する上では、経済成長など市場拡大という外的条件に恵まれた時期に、それを解決しえた幸運もあったろう。そして、新たに創始された小さな企業が中小企業となるにしたがって、つねにこうした内的問題の壁にぶつかるものであるともいえよう。前田の指摘はこうしたことを改めてわたしたちに再考するよう促している。

第五章　中小企業政策の国際比較論

中小企業政策と国際比較視点

各国における中小企業政策を制度という側面からみれば、そう大差はない。これについてはすでに第一章の第1表に総括したとおりである。政策は一般に四つの段階を経る。一つめは立案（立法化）段階。二つめは実行段階。三つめは監督・モニター段階。四つめはフィードバック段階である。一つめの立案段階というのは、政策という制度を設計することである。建築でもそうだが、その設計図をもとに誰が建物を建てるかによって、その出来映えは大きく異なってくる。

この「出来映え」ということでは、二つめ以降の段階のあり様に大きく依存する。設計図だけでちゃんとした建物ができるのであれば、苦労することはない。これは職人が設計図ではうまく行かない部分を経験と勘でうまく補正しながら、将来の歪みなどを考慮に入れて作り上げる作業に類似する。政策立案とは基本的に法律をつくることであり、これですべてがうまく行くなら、必要なのは文章作成技術だけということになる。

建築設計がうまく行くのが、施主の要望に合致した場合であるのと同様に、政策もまた実際にうまく行くのは、その政策論理が被政策主体あるいはそれをとりまく社会の自然な構成原理ときわめて高い相関性をもっている場合である。この意味で、中小企業政策においても、中小企業という経済主体を形成する底流である社会の構成原理を見ておく必要がある。

したがって、中小企業政策の国際比較論では、外部に表出した制度などを単に比較するのでなく、その比較対象となる国や地域の社会を構成する原理を明らかにすることが重要である。この意味では、比較中小企業政策論の対象領域は比較社会論の領域と重なる。わたしは、社会の構成原理についてつぎの三つの領域があると思う。

㈠　個人――これは文字通り個人としての人である。

㈡　組織――個人が構成する組織としては、家族、企業、学校などがある。家族は自然共同体、企業は利益共同体、学校は目的共同体と言い換えてもよい。

㈢　社会――個人とさまざまな共同体が構成するのが社会である。

この個人、組織、そして社会の相互的なかかわりのあり方こそが、その社会の構成原理を形成し、その社会を特徴づけ、政策の有効性と限界性を規定している。したがって、中小企業政策の国際比較においても、中小企業をめぐるそれぞれの領域における認識を明らかにすることは重要である。すなわち、個人としての中小企業認識、組織としての中小企業認識、社会としての中小企業認識を探る作業である。個人としての中小企業認識は、しばしば小説や随筆のなかに象徴的に現れたりする。たとえば、つぎに取り上げる堀田義衛の場合がそうである。

堀田善衛と戦後中小企業像

堀田善衛は、大正七［一九一八］年に富山県の旧い商家に生まれた。上京し、慶応義塾大学法学部に学んだが、文学書を耽読し、やがてフランス文学科に転じた。卒業後、当時の多くの青年と同様に徴兵されたが、病を得て召集解除となり、大学卒業後しばらく勤めた国際文化振興会に戻った。

その後、堀田は国際文化振興会の上海資料室に赴任した。堀田が中国に移ったのは、日本の敗戦のおよそ半年ほど前であった。帰国したのは、昭和二二［一九四七］年一月のことであった。敗戦後の混乱と占領下の日本に生活せずに、中国国民党宣伝部に留用されて上海に滞在しつづけたことは、戦後の堀田の精神とその文学の方向性を決定していったに違いない。

佐々木基一は「堀田善衛論」で、堀田の上海体験とその後の文学的軌跡をつぎのように描いてみせる（『現代日本文学大系』第八七巻所収、筑摩書房）。

「この期間の外地体験が堀田善衛の意識をした。……日本内地にいて敗戦を迎えた人々、あるいは兵隊として外地にて復員した人々が、敗戦直後の混乱のなかで、容易に身につけることのできなかったものの見方を、堀田善衛に可能にしたのは、このときの上海経験であった。彼は日本および日本人を、もっぱら日本人としての先験的な観点から眺めるばかりでなく、日本人以外の観点から眺める視点をしっかりと、体験によってみにつけたのである。（中略）そのころから（敗戦後一〇年後――引用者注）、堀田は中国および中国人との対比において、日本の知識階級の根無草的な存在の仕方を批判し告発し、そこから新たな生き方を探ろうとするだけでは、結局、何ら解決の道を見出すことができないことを発見し、さらに一歩を進めて、日本の社会構造および日本人の心的構造の全体を直接つきとめる方向にむかって脱出の血路をひらいて行った。……堀田善衛の小説は、わたしたちの実地に味わうことのできぬ人生をなんでも味わわせてくれる面白い物語ではない。それはもはや小説とはいえないような小説であり、ひとつのエッセイである。」

この堀田の「小説」の一つに「香港にて」という短編がある。発表されたのは昭和三三〔一九五八〕年であり、佐々木が「このころからの堀田」と指摘した時期のものである。堀田自身は、日本人の渡航がまだ困難であった昭和三一〔一九五六〕年一〇月から翌年の一月までインド、ビルマ、タイを訪れ、「香港にて」を発表した年には二か月間にわたってソビエト、スウェーデン、フランス、アフリカに旅をした。

さて、この小説の主人公は「事務所には電話一本、机が三つしかなく、社員といっても電話のとりつぎをする女の子を入れて計四人しかおらず、資本金はたった二〇〇万円という」小さな「貿易屋」を営む四八歳の梁瀬である。

「過去に特務機関員として中国とビルマにいたことがある。香港にも何度も来たことがある」梁瀬は、戦後は弱電気器具をセイロン（スリランカ）、パキスタン、中近東、北京、ラングーン、バンコクなどへ売り込む仕事の帰りの度に立ち寄った香港で、抗日戦争中は重慶側で働いていたらしい洋服屋などを営む方文錦と知合いとなる。この短編は、当時の日本のビジネスマンのアジア、とりわけ、香港での生態を梁瀬と方文錦との対話を中心に展開する。

堀田はこの作品で「中小企業（零細業者）」ということばを三度ほど登場させている。場面はいずれも大企業との対比においてである。この場面を紹介する前に、堀田が、戦後復興を終えて高度成長に向かいつつある日本企業の姿を描写した場面を見ておこう。まず、輸出の尖兵となっていた日本の商社についてはつぎのように登場させている。

「現に彼は、バンコックにたむろしている六十に近い日本商社の出先と競り合って、誰にも負けなかった。負けなかったとはいうもののそれは、実のところは値を負けて来た、ということなのだが、……商社のいわゆる過当競争に勝って帰っても、負けて帰っても、いつもこうなのだ。」

戦前、アジアに展開していた日本の財閥系総合商社が、米国占領下で分割されたものの、このころには立ち直り、バンコクや香港でビジネスを展開していた。堀田は梁瀬のような「小さな」貿易屋がこうした「大商社からはトランク商人、日本の商品市場を荒らしてあるく行商人だなどと罵られ」、中近東などでは日本の大使館などからも疎まれている、と描写した。

堀田は当時のこうした心情を梁瀬に代表させ、「役人とは要するに彼などのような裸一貫組にとっては敬して遠ざけるべきものであり、……大使館や公使館などというものは、文化宣伝の予算もなく、もし何かをやるにしても、それはほんの一部と、互いにおひゃらかしのしあいをしている程度のものだ、おれは、巷のボスたちにまで日本を売り込んでいると確信していた。……日本の大商社の組織力と出先の大公使館と組んだ力にやはりかなわなかったのだ」と描写した上で、当時の過当競争の様子を梁瀬と方文錦との会話というかたちで紹介する。

梁瀬　近頃は、大蔵省と通産省でもって、輸出競争の行き過ぎをやめさせるために、海外に出ている店員への送金を禁止しようとしているんです。こうなるについては、こっちも幾分の責任はあるかもしれませんが。

方　それじゃ、その送金を私の方で引き受けましょう。なにも日本政府に世話にならなくても。

…………

方　あなたには、もうアフリカとインドしかのこっていないんじゃありませんか。インドは手ごわい。アフリカも、日本の商人たちは、もう相当に奥まで入り込んでいる。

梁瀬　そうですな。早いもの勝ちは、次から次へと後進地域へ、奥へ奥へと追い込まれ、日本人同士競争でやる値下げは、もう飛行機どころか電信の往復時間ぐらいしかもたなくなりました……。

方　じゃ、わたしにまかせますか。

堀田は、「小さな貿易屋をこうした状況に追い込んだのは誰か」と梁瀬自身に問わせた。ここから堀田自身の「中小企業論」がようやく展開し始める。

「それは梁瀬に言わせれば日本の大商社であり、つまり自分たちが尖兵となって開拓した市場を、後から来て大網でひっさらって行く、ということになり、そして日本の大商社に言わせれば、トランク商人どもが無手勝流に押し込んで行って、わざわざ日本品の評判を悪くする、日本では見たこともない粗末な品物を売り込んだり、あげくのはては値を競争で引いていって現地人の問屋や商社を倒産させたりさえするではないか、彼はこれに対して、やけくそ半分で、自由企業なんだ、われわれ零細業者に、だからといってどうしろというんだ、と言い返すだろう。……ずっしりと重いものとしては、日本の中小企業ほどあわれなものはないとつくづく思ったことがあった。自由企業という美名の下で、政府の干渉からは建前だけ自由ということになっていて、その実はなんの保護もなく、大企業の干渉の自由は徹底的に保護されている。」

このあと、梁瀬と方文錦は飲みに出かけた日本の商社マンの溜まり場で、中国視察の帰り途らしい、「東京が近づくにつれて、観察したことにひっくりかえしの意味づけを」高声で口論する日本人の一団を片隅に見つけ、梁瀬はさらに杯を重ねた。堀田は梁瀬のこのときの心情をつぎのように腑分けしてみせる。

「飲めば飲むほどに気持が沈んでいくようであった。彼のような零細業者が、つねに何人か連合して来る複数の方文錦と戦うには、彼の方でも、たとえばあの小さな女の子を鷲づかみにして踊っていた重役に頭を下げに行くことになろう。アメリカにも不況が深まって来ている。輸入担保金をどこから持ってくるか。むかしは、と梁瀬は考えていた。おれたちのような零細業者や中小企業が困って来ると、必ず戦争が起こってくれて、それで助かったものだったが、……。おれはどうにも戦争の流儀でないとものは考えられないらしいな。」

ところで、昭和二三［一九四八］年に発足した中小企業庁の初代長官――しばらくは事務取扱職が置かれたあとに――となった蜷川虎三は、米国の占領政策によって、旧財閥系企業の解体が行われる一方で、戦後復興がいろいろなかたちで模索されたこの時期を「中小企業にとって自由奔放な時代」と語った。

戦前から存在した大企業の多くは、敗戦によって痛手を受け、その活動は占領軍の試行錯誤的な改革によって大きな制限を受けていた。自由に動けるのは中小企業だけであったといってよかった。大都市の中心地には自由企業的な闇市が並び、人びとの必要とした生活用品は、零細企業がいろいろなものから工夫と創意で代用してつくっていた。やがて、昭和二六［一九五一］年の朝鮮特需と米国の占領政策の終了によって、戦後日本の方向性が定まると、中小企業の存立状況は大きく変わっていった。

蜷川が「中小企業にとって自由奔放な時代」と語ってからわずか一〇年後、堀田善衛はアジアへの輸出の前線基地であった香港から日本の中小企業を見据え、トランク商人と呼ばれる小さな貿易屋である梁瀬に

「日本の中小企業ほどあわれなものはない」と語らせ、「政府と組んだ大商社にはかなわなかった」と言わせた。

占領期日本をめぐって

堀田が「日本の中小企業ほどあわれなものはない」と描いた時代の背景には、米国占領政策の急旋回があった。戦後日本の姿を、アジアの農業国家としてとどめ、その工業力の発展に制限を加え、アジア太平洋の均衡を図ろうとする米国の論理は、「米ソ対立」と「極東情勢の変化」によって短期間に大きな変容をみせていった。

この転換点は昭和二五［一九五〇］年であった。この年、米国本土からさまざまな専門家たちが特使としてマッカーサー司令部に派遣された。とりわけ、それは朝鮮半島三八度線において、南北朝鮮軍が戦闘状態に入った六月前後に目立った。軍事面では、六月一八日にジョンソン国防長官、ブラッドレー統合参謀本部議長が来日。外交面では、六月二一日にダレスが講和条約の打合わせに来日。経済面では、一〇月七日にドッジが来日し、デフレ政策の継続を確認。敗戦日本が大きく変わり始めた。主な動きを年表風に記しておく。

昭和二五［一九五〇］年七月　マッカーサー、吉田首相に国家警察予備隊の創設、海上保安庁の拡充を指示。マッカーサー、新聞社・通信社・放送局などから左翼政党の党員や同調者の追放を勧告し、いわゆるレッドパージ解雇——米国での共和党マッカーシー上院議員によるレッドパージ演説はこの年の二月であった——が始まり、二か月後には閣議決定によって公務員にも波及。

同年一〇月　日本政府、マッカーサー司令部の承認により、公職追放などの解除訴願者約一万名の追放解除を発表。翌月よりA級戦犯の一部の仮出所、政府関係者、旧軍人などの追放解除を発表。

昭和二六［一九五一］年一月　マッカーサー、年頭あいさつで、集団安全保障と講和条約に言及。トルーマン大統領、対日講和条約交渉の特別代表にダレスを任命。ダレス特使の来日。

同年四月　マッカーサー罷免、離日。ダレス来日。吉田首相、後任のリッジウェイ司令官と講和条約、安全保障について協議。リッジウェイ、翌月、占領下の諸法規再検討の権限を日本政府に委譲することを発表。

同年六月　公職追放令改正。日本政府、有力政財界人など第一次追放解除を発表。

同年七月　朝鮮戦争休戦会談。米国政府、対日講和条約への招請状を五〇か国に送付。中国政府、対日講和条約案非難。ソ連、朝鮮戦争にミグ戦闘機投入。

昭和二七［一九五二］年四月　公職追放令廃止。岸信介など追放解除。対日講和条約、日米安全保障条約発効。

昭和二八［一九五三］年七月　朝鮮戦争休戦協定調印。翌年、防衛庁設置法、自衛隊法の制定。

こうした流れのなかで、日本経済をとりまく政治環境、外交環境も変化していった。堀田の描いた時代の経済面についても年表風にみておこう。

昭和二九［一九五四］年九月　通産省、昭和三二［一九五七］年度の新輸出計画（一七億四〇〇〇万ドルの目標）を発表。

同年一〇月　日本輸出入銀行、プラント輸出に対する貸出金利引下げを実施。

昭和三〇［一九五五］年二月　八幡製鉄、富士製鉄、日本鋼管三社が、フィリピン企業と鉄鉱石開発契約に調印。丸紅、高島屋飯田との合併を発表。
同年三月　中国通商使節団来日。旧三井物産系の第一物産、日本機械貿易、第一通商の合併仮調印（後に決裂）。
同年四月　富士重工業（旧中島飛行機系）、富士工業など五社を合併。
同年六月　日本のガット（関税・貿易に関する一般協定）加入条件に関する議定書調印。
同年七月　過度経済力集中排除法等廃止法公布。神武景気始まる。
同年一一月　対中国民間貿易の窓口一本化のために日中輸出入組合設立。
昭和三一［一九五六］年七月　経済企画庁、『経済白書――日本経済の成長と近代化――』で「もはや戦後ではない」と日本経済の現状を分析。
同年九月　経団連、東南アジアに対する技術援助のために日本技術協力（株）を設立。
同年一〇月　戦後初の商品見本市である日本商品展覧会、北京で開催。
昭和三二［一九五七］年五月　輸出検査法公布。
同年七月　閣議で対中国向け貿易制限の緩和を発表。
同年八月　通産省、中国など対共産圏向け禁輸リストを発表。なべ底不況始まる。
昭和三三［一九五八］年二月　日中鉄鋼協定成立。
同年四月　日本貿易振興会法公布。日本貿易振興会設立。
同年五月　中国、長崎国旗引下げ事件で対日輸出許可書の発行を一時停止。為替相場自由化に向け外国為替・外国貿易管理法改正。

同年七月　アラビア石油、クウェート国王と沖合油田開発利権協定を調印。
同年八月　第一物産、三井物産が合併、三井物産として新発足。
昭和三四〔一九五九〕年三月　大蔵省、貿易為替自由化方針を検討。年後半に岩戸景気始まる。
昭和三五〔一九六〇〕年一月　閣議、貿易為替自由化促進閣僚会議設置を決定。
同年三月　アジアなど後進諸国援助のための経済・技術協力に関する法律を公布。
同年四月　石油資源開発、インドネシア国営石油会社と北スマトラ油田開発協定を調印。

米国による占領政策が終焉し、講和条約を経て、「平和文化」国家として日本は世界に復帰し始める。これを経済面からみると、日本企業の輸出活動への復帰という文脈でとらえておく必要がある。堀田善衛は、朝鮮戦争から講和条約の時期に、『文学51』創刊号に「歯車」を、『近代文学』などに「広場の孤独」をそれぞれ発表している。

堀田がこれらの短編作品を通して描き出そうとしたのは、米ソ、米中の対立が鮮明になる中で朝鮮半島に戦争が起こり、米国の対日政策が転換する中で、アジアとの距離をどのように認識すべきか迷っている日本の等身大の姿であったといってよい。

堀田は「歯車」で敗戦後も中国にとどまった主人公の伊能の姿に自らを重ねて、「伊能は顔をしかめてバサバサと新聞を切り抜いていた。文化国家などということを中国は頭から信用していなかった。要するに日本の動きのあらゆるものが軍国主義の再興と解釈されていた」と表現してみせた。同様に、堀田は「広場の孤独」で、米国人や台湾人などのジャーナリストとも接触をもつ新聞記者の木垣の心情を通じて、朝鮮戦争下で米国など世界情勢に振り回される日本の不安定な姿を描いた。

こうした作品での重要なモチーフは、敗戦からわずか五〜六年で大きく変化を見せ始めた世界情勢や米国の占領政策であり、堀田はこうした動きを日本以外の世界、とりわけ中国やアジアと日本との距離感からとらえていた。

そして、前述の「香港にて」である。堀田はこの短編でさらに五〜六年後の日本を描いた。この中心は日本経済と中小企業にとっての奔放な時代の終焉であった。たしかに、先にみた経済年表は、戦前型の経済秩序の復活と中小企業の「孤独」を示唆している。

米国の占領政策の終焉により、徹底的な解体の危機に晒されていた戦前の人的秩序が、公職追放などの解除を通じて復活し始める一方、経済体制においても、財閥系商社や重工業分野の大企業が再編成し始めた。日本経済が米国市場を開拓する一方で、アジア市場への近接を強めるのがこの時期であった。中小企業の居場所探しがそこにあった。

占領期日本と米国的論理

米国による占領政策の影響は、中小企業庁が設置された時期の中小企業政策にも反映されていた。それは、反独占政策としての中小企業政策といってよい。戦後日本の経済体制において、戦前的経済秩序を象徴する財閥系大企業の解体とその復活への拮抗力をもつ存在としての中小企業への期待がそこにあった。と同時に、これは米国社会における政策論理でもあった。

こうした反独占をめぐる政策論理は、米国経済の歴史的発展の特質に起因した。米国企業史は一面において、大企業による独占史と重なる。一九世紀後半にシャーマン法、二〇世紀初頭にクレイトン法が成立し、また、大恐慌下でロビンソン・パットマン法が成立した背景には、大企業による独占行為への抑制という流れがあった。ただし、この結果、大企業による市場独占に歯止めが掛かったどうかは全く別の問題であった。

ある意味では、企業家が描く理想的な経営像は、競争者に打ち勝ち、市場で安定的な地位を占め、価格を自分の思うように決め、大きな利潤を得ようとするものである。この結果、市場独占を強めるための多くの革新的なビジネスモデルが生み出されてきた。この意味では、こうした企業家の精神は、「イノベーション」を産んできた。

たとえば、一九世紀のトラストやプールというやりかたは、競争を繰り広げるライバルを自分のほうに引き入れ、「規模の経済」を達成しながら、さらにライバルを飲み込んでいくやり方であった。自社に価格競争を挑む有力な競争者が少なくなれば、市場での価格決定に大きな影響を行使することができる。これは、他面において、スモールビジネスの衰退史でもある。米国での鉄鋼の中心であったペンシルバニア州などの産業史跡を訪ねてみると、いまでも小さな村で操業をしていた小さな高炉が残っていたりする。こうした鉄鋼分野で地方に存在した小企業はつぎつぎと大企業に吸収されていった。圧延製品や鉄鋼製品をつくっていた小企業についても同様であった。

こうしたイノベーションであったトラストは、やがて競争を制限し、他企業のイノベーションへの努力を封じ込め、さまざまな弊害をもたらし、反トラスト法(反独占法)を成立させた。だが、話はここで終わらない。今度は、こうした規制の盲点をつくビジネスモデルが試行されていった。企業家とはいろいろなことを考えるものである。

その後の米国経済を振り返っておこう。米国経済は、第一次大戦において戦場となった欧州大陸諸国とは対照的に一九一〇年代に大きく伸びた。農業でも戦争による穀物価格の上昇から、作付面積の拡大がすすみ、やがてこれが過剰生産を引き起こすことになる。他方、工業や商業も大きく伸び、企業の吸収合併活動も活発となった。だが、一九二〇年代の幕開けは不況で始まり、米国でも大量の失業者が生じた。米国政府がフーバー商務長官を議長とする失業対策会議を創設したことをみても、その深刻さが理解できよう。

その後、米国経済は短期間に回復に向い、自動車産業などの活況を中心に七年間にわたって高成長が持続した。米国での自動車生産台数は第一次大戦が始まった一九一四年におよそ五四万台であったのが、この一〇年後には三八〇万台に達していた。自動車メーカーは一〇〇社を超えていたが、フォードがこの生産台数の過半を占めた。やがて、フォード、クライスラー、ゼネラル・モーターズの三社で自動車生産の八〇パーセント以上を支配することになる。他方、農業は既述のように作付面積の調整が進まず、過剰生産と価格下落で農民は苦しい状態にあった。

米国経済はこの農業部門が一足先に苦況に陥ることになる。そして一九二九年一〇月二一日、ウォール街の株価が急落した。さらにこの三日後には、前例のないほどに大量の株式が売りに出され、思惑買いで信用取引をしていた投資家が大打撃を受けた。株価はその後戻すが、乱高下のあと、さらに下落し、この衝撃が米国経済全体に広がっていった。

大統領となったフーバーは、四五〇万人の米国民が失業していると宣言し、失業対策委員会を設けた。多くの企業が倒産するなかで、多くの企業の合併が進み、資本が集中していった。この傾向は銀行業界でも同様で、一九三〇年に一三〇〇を超える銀行が閉鎖される一方で、銀行合併によって世界最大の銀行が成立している。

その後、拡大した農地に呼応して農業機械を買い込んだ農民は、デフレ経済化の価格下落と負債に苦しみ、企業倒産によって職を失った人たちの増加は、国内消費を落ち込ませた。一九三一年には、さらに二三〇〇行ほどの銀行が閉鎖された。同年の米国の失業者は八〇〇万人を超えた。

銀行の破綻は止まらず、翌年にはさらに一六〇〇余が閉鎖、二万社の企業が行き詰った。工業生産は一九二九年と比較して、わずか三年後には約三分の一に激減した。以後、米国の政治、経済、社会は、景気回復をめぐって混乱と対立を続け、ルーズベルト政権の下で市場経済に政府が介在するニューディール（新規まきなおし）政策が実施される。これに対しては、大企業経営者などが米国自由連盟を結成して、反対運動を繰り広げるという動きもあった。

こうしたデフレ経済下で、販売上のイノベーションも生まれていた。この一例は、中央購買によってメーカーや卸売業者との交渉力を増し、消費者により安い商品を提供しようというチェインストア型ビジネスである。その一方で、小さな商店がこの影響を受けた。チェインストアはさまざまなディスカウントに関わる販売手法を生み出した。これは卸売業者を抜かして、直接、メーカーに値引きを要求するやり方などであった。

他方、こうした動きを抑制しようとする卸売業者は、メーカーなどと組んで、零細小売業者が深刻な影響を受けたとして、連邦議員に働きかけ、値引きを要求する取引を無効とするような立法措置運動を展開した。この結果、クレイトン法の修正法としてロビンソン・パットマン法が制定されることになる。一九三六年のことであった。

この時期に、小さな商店などが、大企業化していったチェインストアへの対抗上の「だし」に使われたのは、一般市民の間にも深刻な不況下で強まる独占への反発があったからでもあった。事実、米国内国歳入庁のデータからみても、大企業による独占化が進展していた。ルーズベルト大統領は、経済力の少数大企業への集中が米国経済における自由競争制度を危機に陥れているとの認識を示し、連邦議会に対して調査委員会の設置を働きかけ、一九三八年に臨時国家経済委員会が設置された。同委員会は三年間にわたって調査を続け、米国経済における経済集中に関する現状と独占是正に必要な立法措置などについての報告書を発刊した。

ルーズベルト政権での経済集中や独占問題へのこうした取組みは、第二次大戦によって中断した。欧州戦線における英国の苦戦は、米国に短期間での軍需経済への転換を迫り、また、日本の真珠湾攻撃はさらにこの傾向を推し進めた。米国政府は大企業を中心に軍需生産の拡大を図っていった。

たとえば、軍需生産に重要な役割を果たす物資統制機関や軍需生産設備資金の配分機関の首脳には、ゼネラル・モーターズやシアーズ・ローバックなどの幹部が登用された。こうした体制に対して、連邦議会では上院中小企業委員会の委員長であったマレー上院議員などの「反独占派」が批判する一方、政府部内でも反独占政策を立案していたいわゆるニューディーラー官僚などが反対を唱えた。だが、結局のところ、大企業を中心とした物資配分と生産体制が確立されていった。

このようにして、とりわけ、工業生産については大企業への集中化が戦時中において進行した。このため、ドイツの敗戦が確定し、日本の敗戦もほぼ決定したころから、戦後の経済運営をめぐって、連邦議会や政府部内においてもさまざまな政策論議が展開していった。課題として重視されたのは、軍需から民需への転換を短期間に実行して、戦後予想されるインフレーションをいかに乗り切るかという点に加え、戦時中に大企業に集中した経済力をどのようにして抑制するかという点であった。

敗戦後に日本にやってきた占領軍の経済政策担当者はこうした反独占派のニューディーラーたちであり、必然、こうした論理を日本にも持ち込んでいった。彼らは、本国において戦争中に大企業に集中しすぎた経済力を抑制するために、政府が大企業に貸与した設備機械を、中小企業を中心に払下げをする政策の立案などにも関わっていた。

わが国の中小企業庁設置法などにいまも残っている反独占政策論理は、こうした米国的論理を忠実に反映したものである。では、これを戦後日本が外部から与えられた米国的政策論理だとすると、戦前の日本的政策論理とは何であろうか。

戦前日本社会の構成原理

戦前の日本的政策論理とは、第二次大戦前の日本経済の構造と戦前日本社会の構成原理を反映したものである。この両者を統合したものを戦前体制といっておこう。では、何をもって日本の戦前体制というのであろうか。

まず、これには時間的要素を考慮しておく必要がある。つまり、日本社会において、いつからいつまでをもって戦前体制というのかである。わたしは、つぎのように分類している。

㈠　第一期――明治維新から明治後半・大正初めにかけての時期。
㈡　第二期――大正期から昭和戦時体制までの時期。
㈢　第三期――昭和戦時体制期から敗戦までの時期。

第一期は、江戸後期の「尊皇攘夷」エネルギーを「近代化」というエネルギーに転換させるための試行錯誤の時期であった。欧米列強がもたらしたアジア地域の緊張関係は、存立基盤が脆弱であった若い明治政府に、西欧という社会を構成する工業生産力・軍事力・海運力を早期に技術的に獲得することを迫った。明治政府の獲得過程を特徴づけたのは、政府主導による短兵急な制度移入であった。これは、いわば外発的な近代化路線であり、日本の在来文化、在来産業、在来制度との著しい摩擦熱をもたらしたために、この熱を放熱させるためにナショナリズムという熱交換器を必要とした。

早急な近代化が生み出した歪みと日露戦争を通じて熱交換器に備蓄されたナショナリズム熱は、やがてその放熱と「内なるもの」への模索と再認識という時代を必要とした。これが第二期である。この時期の特徴は、ナショナリズムの分裂である。明治政府の近代化政策は、富国強兵という政策目標をある一定水準において達成したものの、日本社会にいろいろな格差を生み出してもいた。農村や都市において「持つ者」と「持たざる者」との対立が醸成され、上からの近代化を進めた藩閥政府への反発が大正デモクラシーの底流ともなっていった。

他方、内なるものへの模索は、明治政府が外からの近代化イデオロギーを推し進めるために封印した在来なるものの故郷であった江戸期への興味を引き起こした。この時期の、さまざまな分野における江戸期資料の復刻はこうした底流とは無関係ではなかったであろう。この流れのなかに、柳田国男もいたといってよい。

柳田（旧姓・松岡）国男（一八七五～一九六二）は、兵庫県に生まれ、日本の近代化を担うべき人材としての登竜門である第一高等学校、東京帝国大学を経て、明治三三［一九〇〇］年に大学院に籍をおきつつ、農商務省に入った。この時期に柳田が農政課で取り組んだのは、産業組合や農会であり、かたわら早稲田大学や専修大学で農政学の講義を行っている。

柳田の農商務省勤務は二年ばかりで終わり、法制局などに転じるが、農政（農業政策）学については大学の非常勤講師を続け、農商務省の依頼で講演活動を行っており、終生、関心と関与を持ち続けた。農政学への関わり、農商務省勤務の実務経験、そして学生時代からの旅好きに加え、農政学という官学・行政学アカデミズムが解明し得ない「何故に日本の農民は貧なりや」という柳田に宿った疑問が、柳田を帰納論的学問方法に目覚めさせ、民俗学の方向に押し出した。

大正八［一九一九］年、柳田は貴族院書記官長の職を去り、朝日新聞に籍をおき、日本各地を回り、柳田民俗学の形成に向った。こうした動きは、さまざまな分野にも起こっていた。民俗学において、柳田だけが突出した印象を与えるが、実際には、柳田は多くの人と連なり、南方熊楠（一八六七～一九四一）、折口信夫（一八八七～一九五三）、渋沢敬三（一八九六～一九六三）、そして宮本常一（一九〇七～八一）などの活動を生み出していった。

この時期は、明治維新からようやく半世紀が過ぎ、日本経済が多くの課題を抱えながらも、大きく伸びたころでもあった。そして、人びとは明治政府という重いくびきと早急な近代化の疲労からの一休みを求めていたともいえる。大正デモクラシーという普通選挙の要求運動や、個人というテーマを中心にすえた芸術運動や教育思想をもとめる動きなどもこうした流れの中にあったとみてよい。

こうした時代の動きは、政府以上の存在であった「国家」と大正期に芽生えてきた「個人」の均衡を、やがて「国家」の重みによって維持する方向へと転じていった。確かに、吉野作造の「民本主義」は大正デモクラシーの精神を象徴化し、普通選挙を求める運動の底流の一部を形成した。だが、吉野の民本主義は、個人という国民主権を明確に打ち出したものではなく、いわば主権の内容を明確にしないまま、政党政治の運用によって間接的に国民の意思を政治に反映させるという意味での「民意」の政治である民本主義を示唆していた。

こうした大正デモクラシーの試練は、世界大恐慌の日本への波及、農村の貧困の深刻化、中国の民族運動の高揚、そして米国との対立のなかで、大きく揺れることになる。国家と個人との均衡関係ということでいえば、大正期の終わりを飾る大正デモクラシーを象徴化した普通選挙法（衆議院議員選挙法改正）が大正一四［一九二五］年五月五日に公布されたが、この二週間前に治安維持法が公布されていたことは、国家と個人との日本社会における関係のあり方を示唆していた。

個人の豊かな発達とその構成体に信を置かない、あるいは置けない日本の国家「制度」という政府形態は、大正時代に十分な見直しと変更をみないままに、再び明治初期に戻るかのように、昭和前期を迎える。ただし、その中軸は藩閥政府から軍閥政府へと転換していった。前述の戦前体制の第三期である。

戦前期日本の構図

第15図には、こうした特徴をもつ戦前体制モデルを示している。このモデルの構成要素は「個人・集団」、「国家（政府）」そして「社会（共同体）」である。戦前体制において、政府は国家という絶対的な存在として、個人と社会（共同体）に大きくのしかかり、近代化という方向を推し進めていった。第一期の方向性である。これに対して、大正期には個人と社会が政府に対してその対抗力を高めた。この方向性を点線の矢印で示したのは、それが決して強いものでなかったことを意味している。

そして第三期である。昭和三［一九二八］年二月にわが国最初の普通選挙が実施されたものの、この四か

第15図　戦前体制のモデルと構図

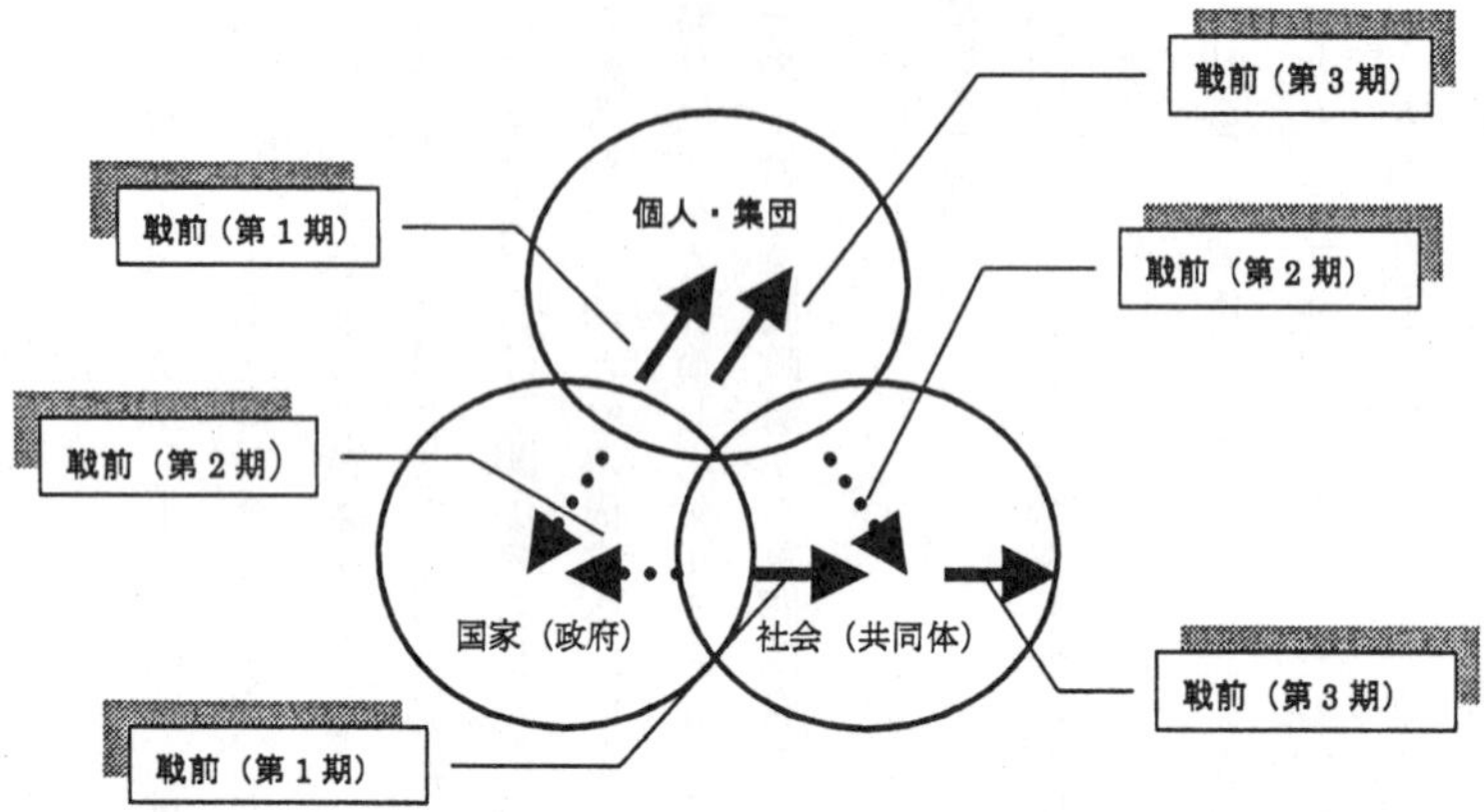

月後には治安維持法の強化が行われた。昭和五［一九三〇］年にはロンドン条約の調印をめぐって、統帥権干犯問題が浮上し、翌年に浜口首相の暗殺、昭和六［一九三一］年には軍部のクーデタ未遂事件が起こり、九月に満州事変が起こった。翌年には五・一五事件、昭和八［一九三三］年には国際連盟脱退。昭和一〇［一九三五］年に美濃部達吉（一八七三〜一九四八）の天皇機関説が攻撃を受けることになる。

この天皇機関説については、美濃部達吉の一人息子で東京都知事をつとめた経済学者の亮吉の「えらいおやじを持つと得をすることもあるが、損をすることも多い」という文章で始まる回想がある。達吉が東京帝国大学で憲法講座を担当するようになったのは、前述の柳田国男が官を去った大正八［一九一九］年のことであった。ただし、後に天皇機関説の根拠となった著作は、達吉が中等教員夏季講習会で憲法講演をした速記録を元にまとめ、明治四五［一九一二］年に出版された『憲法講話』であった。美濃部亮吉の「それでも天皇は機関である――ある憲法学者の生涯――」（昭和三三［一九五八］六月〜昭和三四［一九五九］年一月に発表）は戦前体制のあり処をうまく伝えている。亮吉は達吉の帝国憲法論をつぎのように整理する。

「父の学説は、明治憲法を最大限に民主主義的に解釈したのである。……別のことばでいえば、天皇の権力を重く見るか、議会の権力を重く見るかのちがいであった。……父の学説は、国家法人説をその出発点としている。……こういう解釈は、国家というものの法律的解釈としては当然の帰結であり、法律学者の常識だといってよい。……父の学説はさらに一歩を進めて、統治権即ち国内の総ての人民に対して命令強制を為しうる権利は、国家のもっている固有の権利であると主張する。だから、『天皇之を統治す』という条文も、天皇が統治権の主体であると解釈すべきではない。……天皇が統治権を行うのは、国家のために、国家を代表して、行うのである。」

天皇を国家の機関とするこうした考え方が「天皇機関説」と呼ばれるが、「父が自分の学説を天皇機関説と呼んだことがかつてないことは明白である。そして、美濃部学説に対する排撃は、もっぱら天皇を機関と呼ぶのはけしからんという点に集中した」と亮吉は当時を振り返った。

ただし、こうした批判は当初からあったわけでなく、大正半ばに美濃部達吉が憲法講座の教授となったことからもわかるように、達吉は学会の支持を得ていた。また、この学説が広く社会の支持を得ていたことは、達吉が国家試験や外交試験の出題委員にも就任し、昭和七［一九三二］年には貴族院議員にも勅撰されたことからも理解できよう。しかし、それからわずか三年後に貴族院などで、元陸軍中将の菊池武夫等の攻撃が始まった。こうした動きにさまざま政治的思惑が絡み、政友会までもが美濃部達吉を攻撃し、結果として政党政治を葬り去り、軍閥政治に道を開くことになる。

そして、天皇機関説批判の火はますます広がり、衆議院で美濃部達吉を不敬罪で告訴をする議員まで出るようになった。達吉は検事局で取調べられ起訴猶予となるが、結果として著書三冊が発禁、二冊が字句修正を命じられた。翌年、達吉は右翼団体の関係者によって狙撃されるが、幸いなことに軽傷で済んだ。

以降、日本の国家（政府）という枠組みは、さらに個人と社会に大きくそして重く覆いかぶさることになる。昭和一一［一九三六］年に二・二六事件。この翌年に中国の盧溝橋で日中武力衝突、戦火は中国南部に拡大。昭和一三［一九三八］年四月に国家総動員法が公布され、以後、国家は一層膨張していく。昭和一四［一九三九］年にソ連との国境ノモンハンで、ソ連軍との軍事衝突。翌年にはアジア南部へ戦線を拡大。昭和一六［一九四二］年一二月に真珠湾攻撃で米国との軍事衝突。

中国との武力衝突は、軍需生産を必然化させ、日本経済の統制化を推し進めることになった。第二次大戦下の経済統制は日本だけでなく、参戦国すべてに共通したことであって、経済統制は各国とも軍需生産優先の戦略物資の統制から始まり、やがて民需向けの不要不急の物資の流通制限へと向っていった。もちろん、日本もこの例外でなく、民需向け物資の削減は、これに関連する民間企業、とりわけ零細業者の廃業・転業を促し、中規模以上の企業の合同が図られていった。と同時に、軍事生産の拡大のために、大工場と中小工場との有機的連携が、下請関係の編成というかたちで推し進められた。

これまでも、農商務省や商工省を中心とする産業政策で、中小工業などを対象としたものは工務局を中心に実施されていたが、どちらかといえば、それは間接的なものであった。つまり、零細性と多数性を特徴とする日本の中小工業や中小商業に関わる政策は、個別業者を対象としたものでなく、その集合体である組合単位を対象としたいわゆる組織化政策であった。

しかし、戦争拡大による統制経済の一層の進展は、従来の間接的関与をより直接的なものとしていった。

こうした経済統制は、商工省などの政策官僚、そして地方庁の職員たちに、中小商工業への統制方法、統制手段、統制組織の編成などについての実地経験を蓄積させていった。第三期はこうした時期であった。第三期の経験は、後述するように、米国の占領終了後の中小企業政策形成における人的再結合および政策の具体的な実行方法につながっていくことになる。

さて、米国側からすれば、戦後の日本の政策体系というのは、先ほどの第15図の単純化された戦前体制モデルが示すように、政府の役割がきわめて大きく、個人や社会の発展を大きく制約する国家主義的統制モデルとして映った。もっとも、日本ほどの軍閥政治でなかったものの、米国においても物資統制を中心とする政府主導の経済統制によって、少数大企業による経済集中化と軍産複合体制が顕著にすすんだ戦中経済体制をめぐっては、米国政府や連邦議会の内外において議論があったことに留意する必要がある。

日本においては、第一期以来の国家主導の近代化政策の方向性が、第二期の緩和期を挟んで、ある意味で頂点に達したような第三期という戦中体制が、米国の占領政策によって解体されることになる。だが、これをどのようにみるかである。物理学でいう慣性力の問題がそこにある。

つまり、戦前の日本社会の構成原理、とりわけ、明治維新以降創始され、加速化されてきた政策構想と政策方向における戦前体制は、敗戦という急停止にもかかわらず、その加速エネルギーは容易に減速・停止せず、しばらくその慣性力が続く。では、米国による七年余にわたる日本占領が終焉したときに、戦前日本の政策における構成原理エネルギーはどのようになったのであろうか。

戦後日本社会の構成原理と慣性原理

米国による占領は、当然ながら米国社会の構成原理に強く傾斜したような政策論理を日本社会に持ち込んだ。ここで、米国社会を特徴づける重要な鍵概念（キーコンセプト）を挙げるとすれば、それらは三つある。一つめは移民性。二つめは多様性。三つめは法律性である。この三つの鍵用語を中小企業政策思想について再構成するとつぎのようになる。

㈠　移民性――米国人というのは、米国人として生まれるのではなく、米国人になるのである、といわれる。これは米国の移民社会としての側面をうまく表現している。ただし、米国人となった者の次の世代は米国人として生まれ、米国社会の主流を形成する。他方、米国経済の成長がもたらした労働市場の逼迫が、その都度米国社会に、アフリカ系、アジア系、東欧・ロシア系（ユダヤ系を含む）などの移民を受け入れさせた。そして、つねに、米国人として生まれ主流となった世代や集団と、米国人になった世代や集団の軋轢が存在し、米国人の統合概念として「社会的上昇」のための平等神話を必要とした。アメリカンドリームの体現者として積極的な米国の中小企業像がこうして作り出されてきた。

㈡　多様性――先住民としてのインディアン――現実には、これにもさまざまな地域の部族がある――が継承してきた伝統は別として、移民がもたらした多種多様な文化が米国社会に個別・独立的に存在している。これが統合され、米国独自の単一的文化を形成しているとはいい難い。それぞれにおいて個別歴史性を有する文化が、さまざまな文化とぶつかり合う中で、伝統なき多様性への寛容という米国社会のもうひとつの社会構成原理を生み出している。これは米国的市場原理の底流にある副次的要素（サブカルチャー）としての反独占思想でもある。米国的中小企業像は市場における多様性の象徴的存在のひとつである。

㈢　法律性——独自の歴史的継続という文化性や封建的残存性をもたない米国社会では、社会におけるさまざまな対立の調停要素としての象徴的存在は法律以外には存在しない。先にみた移民性と多様性は、他方において建前としての法的平等権の確立とその日常生活面への応用がなければ、成立しない。中小企業政策立法においても、先にみた中小企業像の確保が米国中小企業法において明確に宣言されている。ちなみに、昨今においてはヒスパニック系米国人の比重の増大が顕著であるが、先に米国人になり、米国人として生まれた比重の大きな社会集団は欧州社会からの移民層であり、いまも米国社会の主流である。この欧州社会を特徴づける鍵概念を、やはり三つ挙げるとすれば、つぎのようなものになるであろう。一つめは身分性。二つめは伝統ある多様性。三つめは同一文化的帰一性である。この三つの概念は、いずれも先にみた米国社会の構成原理と好対照をなしている。

欧州社会では、厳密にいえば、産業資本主義の勃興によってそれまでの伝統社会における身分制度が変革を受けてきたものの、封建制とは無縁であった米国社会と比較すれば、その移民性とは対照的に身分性が保持されてきた。二つめの多様性は米国社会と同様であるが、個別歴史性をもった文化的多様性が欧州諸国において並列的に保持され、国民国家が形成されてきた。これは欧州統合においてもさほど大きくは変化しないであろう。このことは、三つめの要素であるそれぞれの国での同一文化的帰一性が保持されていることを示唆する。中小企業政策との関連でいえば、米国社会の保護という側面が、もっぱら移民性と多様性という米国社会の上位構成原理の保持というかたちで少数民族系中小企業への助成に限定されるのに対し、欧州諸国では保護政策が文化保持と手工業保護というより広範な面で現れている。

第16図　第2次大戦後の日本社会と政策方向

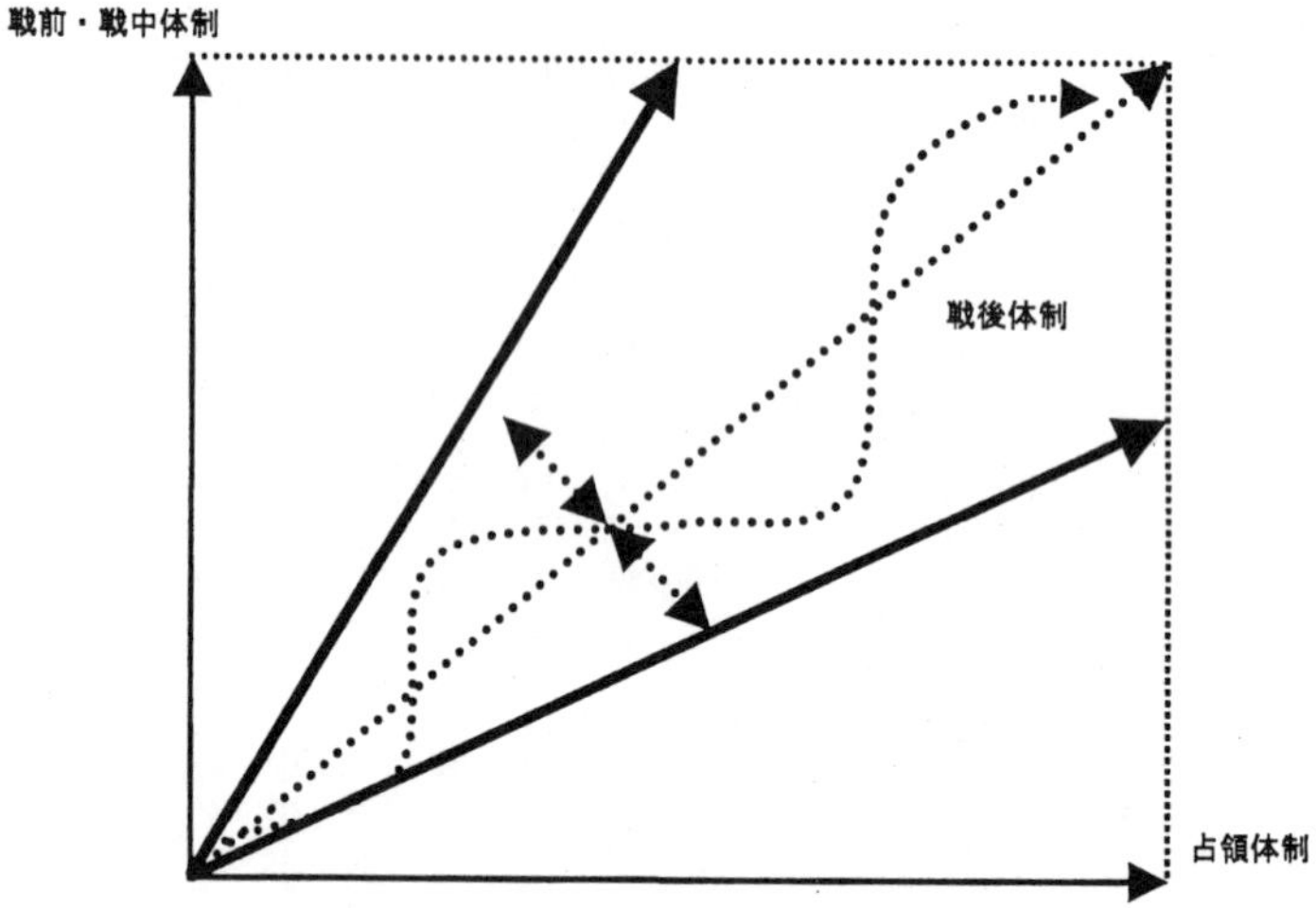

さて、戦後の日本社会の米国的政策論理との関係である。これを単純化したモデルを第16図に示した。縦軸には日本の戦前・戦中体制をとっている。横軸には敗戦後の米国政策論理を中心とした占領体制をとっている。敗戦後の米国占領による短兵急な種々の改革は、日本社会の構成原理と相克しつつ、占領体制のベクトル（＝大きさと方向性をもった概念）を形成したといってよい。やがて講和条約成立後に、占領期の立法や諸改革の見直しというゆり戻しの新たなベクトルが昭和二〇年代後半から形成されてくる。

農地改革のような政策には大きな見直しがなかったものの、独占禁止法などについては見直され始めた。また、立法趣旨などに大きな見直しがなかったものでも、政策によっては行政指導という運用面において実質上の大きな見直しが行われ始めるのもこの時期である。つまり、米国による占領が終了した昭和二〇年代後半以降、昭和三〇年代の高度成長期からはより急速に、占領体制と戦前・戦中体制の二つのベクトルが激

第17図　日本社会の構成原理をめぐって

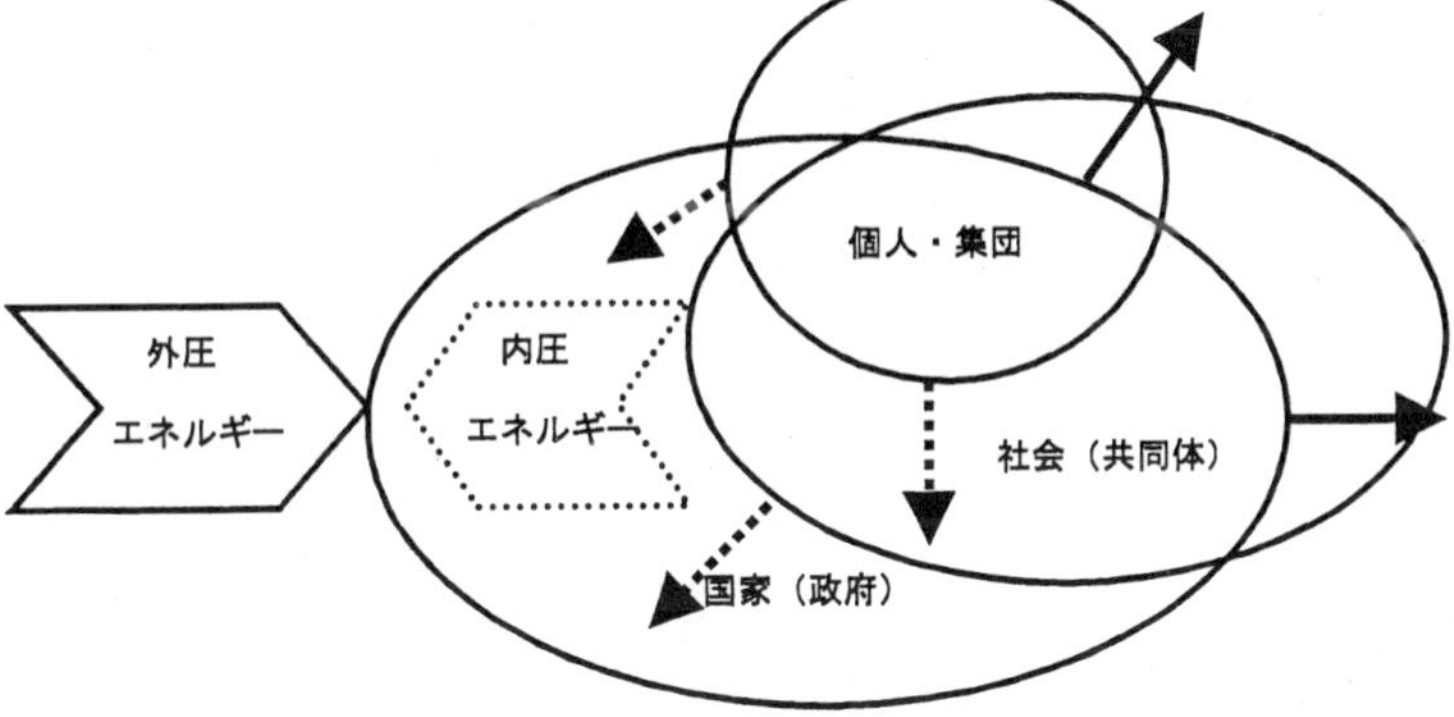

しくぶつかり合い、日本の戦後体制が形成され始める。

米国の占領論理が米国社会の構成原理を背景にしたものであり、日本のそれと異なる以上、日本の戦後体制のあり方は第16図に示したように、直線的に片一方に吸い寄せられるというものでなく、縦軸（戦前・戦中体制）と横軸（占領体制）双方のベクトルの同調と反発のなかでスパイラル的に統一的なベクトルの形成というかたちで形成されていくことになる。

では、ここで戦前・戦中体制の日本社会の構成原理を第17図で明示しておこう。これは第15図ですでに示した概念にエネルギー量の大小を書き加えたモデルである。明治という時代の世界的情勢と緊張のなかで、国づくりを行った日本の場合、大きな外圧エネルギーに対抗するために内圧エネルギーを高めたが、そのために、個人やその集合体、さらにはそのより大きな構成体である社会（共同体）以上に政府が突出し、個人や社会の精神性にまで入り込むような社会構成原理を醸成させてきた。これが頂点に達するのは日本の戦時体制であるが、これについて映画監督の伊丹万作は、敗戦からちょうど一年目の昭和二一［一九四六］年の『映画春秋』八月号に「戦争責任者の問題」と題して、つぎのように問題提起を行った（旧送り仮名は現代表記とした――引用者注）。

「多くの人が、今度の戦争で騙されてきたと言う。皆が皆口を揃えて騙されていたという。わたしの知っている範囲では俺が騙したのだと言った人間は未だ一人もいない。此所から、もうぼつぼつ分からなくなって来る。多くの者は騙した者と騙された者との区別は、はっきりして居ると思っているようであるが、それが実は錯覚らしいのである。例えば、民間の者は、軍や官に騙されたと思っているが、軍や官の中へはいれば皆上の方を指して、上から騙されたというだろう。上の方へ行けば、更にもっと上の方から騙されたと言うにきまっている。すると、最後にたった一人か二人の人間が残る勘定になるが、幾ら何でも、僅か一人や二人の智慧で一億人の人間が騙せるわけのものではない。」

伊丹はこうした戦中日本社会の構成原理について、日本人全体の「騙し合いの際限のないくりかえし」に注目して、さらに問題提起を続けた。

「戦争中の末端行政の現れ方や、新聞報道の愚劣さや、ラジオの馬鹿々々しさや、さては、町会、隣組、警防団、婦人会と言ったような民間の組織が如何に熱心に且つ自発的に騙す側に協力していたかをみれば直ぐに判ることである。……少なくとも戦争の期間を通じて、誰が一番直接に、そして連続的に我々を圧迫し続けたか、苦しみ続けたかということを考える時、誰の記憶にも直ぐ蘇って来るのは、直ぐ近くの小商人の顔であり、隣組長や町会長の顔であり、或いは郊外の百姓の顔であり、或いは区役所や郵便局や交通機関や配給機関などの小役人や雇員や労働者であり、あるは学校の先生であり、と言ったように、我々が日常的生活を営む上に於いて厭でも接触しなければならない、あらゆる身近な人々であったと言うことは一体何を意味するのであろうか。」

伊丹は個人の内面にまで国家というエネルギーが深く入り込み、末端の社会構成体である隣組、町内会にまで国家が顔を出すメカニズムをつぎのように腑分けしてみせた。

「此のことは、過去の日本が、外国の力なしには封建制度も鎖国制度も独力で打破することが出来なかった事実、個人の基本的人権さえも自力で掴み得なかった事実と全く其の本質を等しくするものである。……それは少なくとも個人の尊厳の冒瀆、即ち自我の放棄であり人間性への裏切りである。……我々は、計らずも、今政治的に解放された。しかし今迄、奴隷状態を存続せしめた責任を軍や警察や官僚のみに負担させて、彼等の跳梁を許した自分達の罪を真剣に反省しなかったならば、日本の国民というものは永久に救われないだろう。……『騙された』と言って平気でいられる国民なら、恐らく今後も何度でも騙されるだろう。」

伊丹のこの指摘は、第17図のモデルに呼応している。この伊丹の指摘から一六年後、明治維新からちょうど一〇〇年後の時期に、色川大吉はこのモデルのもつ潜在的（＝前近代的）エネルギーの強靱さを再確認するように、「さまざまな明治百年――ユーラシアの各地から――」という論文で当時の高度成長経済体制に目配りをしながら、戦後体制の方向性をややイデオロギッシュに描いてみせている。

「これは（高度成長に象徴化されすぎた日本の近代化――引用者注）、世界にもたぐいまれな支配イデオロギーと軍事的・警察的機構をもつ天皇制によって現実化されたものであるということ、そのために戦前の日本人が、経済の高度化にもかかわらず、社会福祉や個人解放の点できわめて遅れ、市民ひとりひとりの私的な内面生活までが国家の乱暴な干渉や束縛をうけるという前近代的な状況にあったということを、よもや忘れてはなるまいと思う。これほどまでに国家と市民社会とが未分離で、強権が露骨であり、……低賃金労働力と零細企業のプールをたくみに利用して、『高度成長』をとげてきた戦前型資本主義の構造が、一九四五年以降の民主革命のなかで基本的に粉砕されたことが、……抑圧され鬱積していた日本人民の創造エネルギーが〝開かれた社会〟を得て爆発したことが、一九五〇年後半からのその奇跡の高度成長をなしとげた原動力になったのである。」

とはいえ、占領下の米国的論理によって、個人の諸権利が拡大したものの、それは大きな内的エネルギーが高まった結果とはいえず、戦後日本社会の構成原理は戦前のそれと引き続き緊張関係にあった、とわたしは思う。

こうした戦後日本社会を特徴づける鍵概念には二つある。一つめは共同体「内」意識。二つめは共同体「間」意識である。要するに、「内」と「間」である。個人の諸権利の拡大は、個人対個人の関係において戦前的身分制からの決別を促し、平等性をもたらした。しかしながら、これは個人やその集団が形成するさらに大きな共同体——典型的には会社である——の内部において顕著であっても、共同体と共同体との間における関係では、必ずしも妥当しているわけではない。

たしかに、戦後において戦前的な藩閥政府や官治政治が交替し、政党政治というかたちが主流となり、政府と国家が分離し、国家の運営機構である政府が交代することで、国家の重さが軽くなり、国家と共同体との距離があいまいとなった。しかし、国家と共同体の関係が、共同体内の関係に擬制化されていったのが、戦後の日本社会の一側面であった。つまり、個人と個人の平らな関係が、個人の集合体である共同体相互の関係では、階層的序列関係に容易に転化してしまう危うさである。

ここでは「内」の構成原理が「間」を貫けないという問題がある。たとえば、大企業と中小企業との関係

第18図　戦後日本社会の構成原理モデル

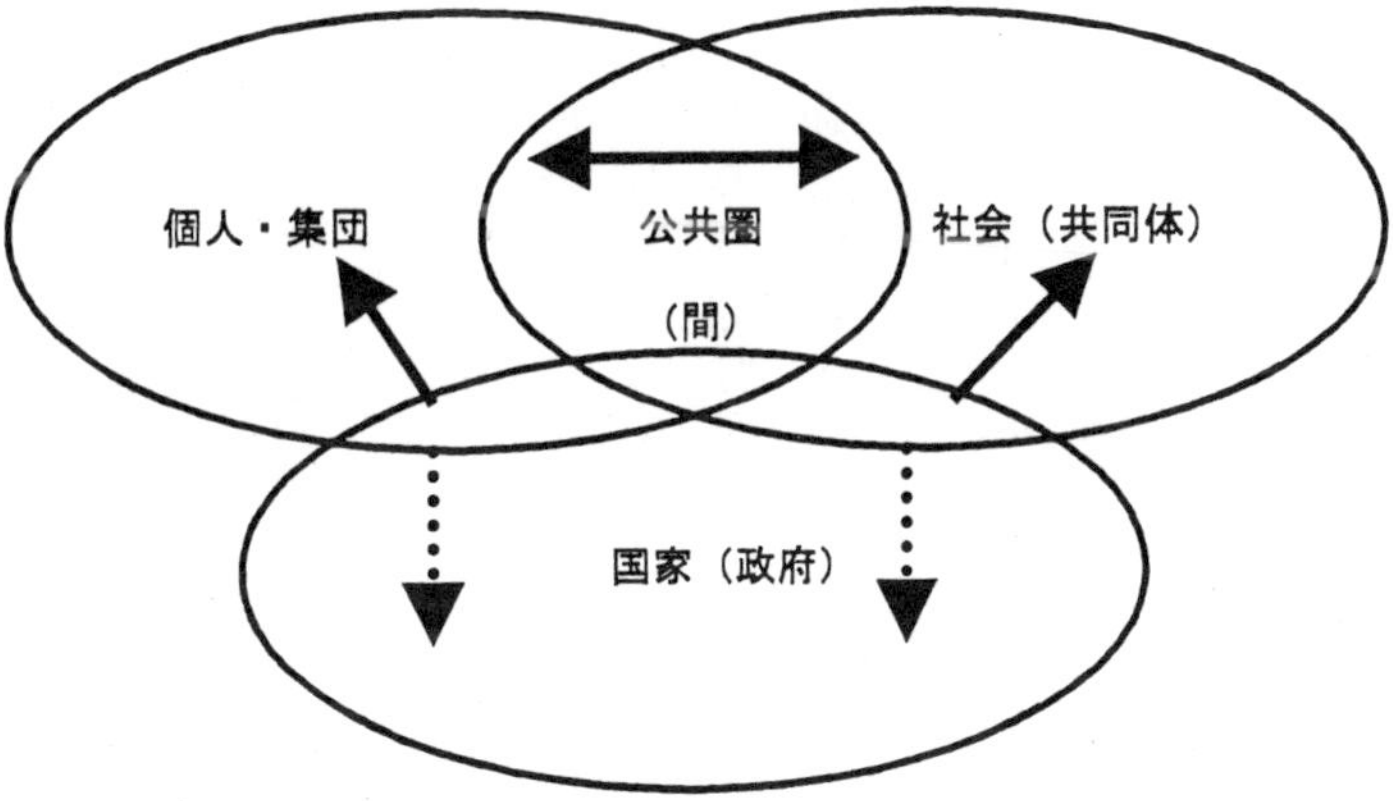

は下請取引である。これは市場での取引形態であって、契約概念でもある。しかし、これが日本において、つねに下請「関係」として取り上げられ、法律でもって発注する側の経済力の優位性濫用を規制しなければならないところに、「内」なる構成原理が「間」において貫徹しない戦後日本社会の問題性とその強靱性がある。

この「間」の領域は、第18図に示したように公共圏と言い換えても良い。「間」という公共圏の維持が困難なゆえに、政府が関与しなければならないところに、戦前とは異なったかたちでの戦後における国家の重さがある。では、具体的に、戦前・戦中体制の政策論理と占領下での米国の政策論理がどのように結びつき、戦後のわが国の中小企業政策が形成されていったのかを取り上げよう。

日本においてこの「公」概念がいまひとつはっきりしないのは、日本の歴史で「公」「民」「官」が無理やりに分離区分されたことにも起因している。これは、明治初期の自由民権運動への明治政府の過敏な反応の後遺症といえなくもない。国づくりに「民」の自由な参加を求めた自由民権運動は、お上（＝官）

の反発を招き、官が「公」をひとり独占して、「民」を「私」に無理やり押し込めたことが日本人の政府観、政策観をつくりあげた。ここでは、政府はあくまでも「お上」であると同時に、べったりとして「私」にまで入り込み、この緩衝帯としての「公」という精神領域があいまいとなってしまった。

戦後中小企業政策の日本的構図

先にみた、戦後の日本社会の方向性を形成したベクトルには二つあった。すなわち、一つめは戦前・戦中体制の論理というベクトルであった。二つめは占領政策という米国的論理というベクトルであった。これらが、どのように戦後の中小企業政策の形成に作用したのであろうか。これはつぎの三つの時期に分けて考察するのが妥当であろう。つまり、㈠戦後復興期、㈡高度成長期、㈢低成長期である。

まず、㈠の戦後復興期である。この時期は、既述のように戦前の統制色の強まった中小企業政策関連立法の廃止と独占禁止政策体系に連動した米国的中小企業政策論理の導入時期である。すなわち、経済民主化とは経済力の分散化であり、このためには大企業による市場支配を抑制しつつ、これに対抗して市場原理を有効に作用させるための反独占政策が強調された時期である。関連立法措置としては、昭和二二［一九四七］年の「すべての業種に競争の平等の機会を与えるような法律」として立法化される経緯をたどった独占禁止法や「民主的で健全な日本国民経済再建の基礎をつくるため、既存の経済力の集中を速やかに排除する」過度経済力集中排除法などがあった。

中小企業政策との関連でいえば、この時期には、すでに公布されていた独占禁止法の第二章第五条の「私的統制団体の禁止」規定に関連して事業者団体法が制定された。これは、ルーズベルト政権下で米国経済の集中問題を扱った臨時全国経済委員会がその報告書で事業者団体への規制を打ち出したものの、米国内では実施されず、結果として日本で実施されるようになった法律であった。独占禁止法でカルテルを禁止している手前、経済統制組織としての事業者団体を規制しないと、独占禁止法の精神が生かされなくなることに対しての立法化であった。要するに、中小企業団体などによるカルテル行為が禁止された。

さらに、この翌年には、この時期の中小企業政策の方向を象徴した法律が制定された。昭和二三［一九四八］年の中小企業庁設置法である。同法第三条は中小企業庁設置の目的をつぎのように述べる。

「この法律は、健全な独立の中小企業が、国民経済を健全にし、及び発達させ、経済力の集中を防止し、且つ、企業を営もうとする者に対し、公平な事業活動の機会を確保するものであるのに鑑み、中小企業を育成し、及び発展させ、且つ、その経営を向上させるに足る諸条件を確立することを目的とする。」

こうした反独占政策論理を反映させた文言は、日本の戦前・戦中体制の政策論理にはなかったものである。もちろん、戦前の重要産業統制をめぐる帝国議会などの論議では、市場原理と消費者主権との関係が問われたが、政策論理として立法化の明確な痕跡をとどめてはいない。

こうした米国的論理と日本側の戦前・戦中的論理は、「日本経済の実態に即してはいない」という理由から、やがてぶつかり合うことになる。この象徴的な対立は、日本の戦前・戦中論理を継承した通商産業省（旧商工省）と、米国側論理を体現するために戦後新たに設置された公正取引委員会との間に繰り広げられた紡績業の操短カルテルをめぐるものであった。

そして、米国による占領が終焉して、米国的論理を盛り込んだ諸政策立法が本格的に見直され始めるのは、

第19図　戦後体制のモデルと政策の方向

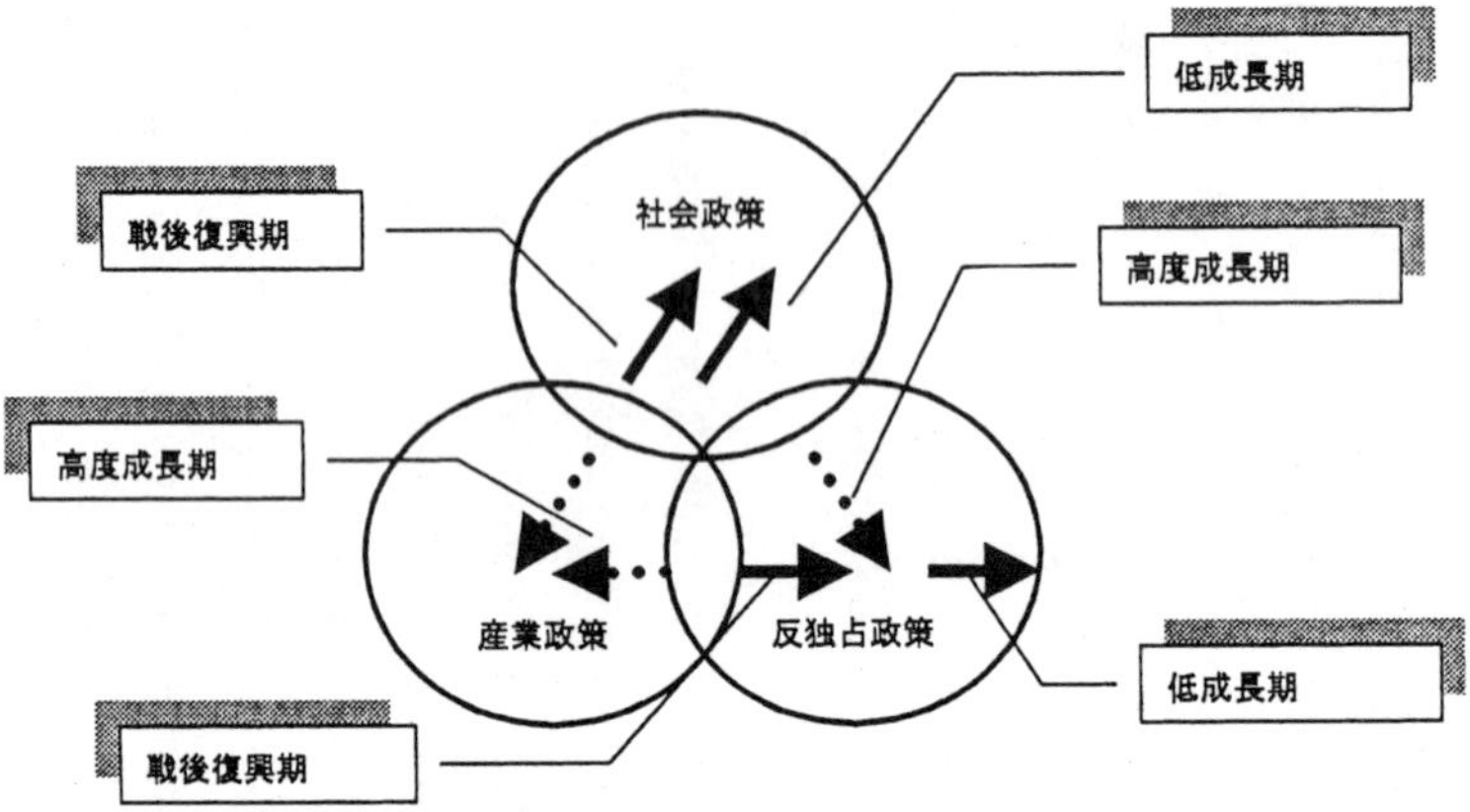

やがて日本の戦前・戦中論理が前面に出てくる高度成長期の入り口あたりであった。この時期は、米国型の反独占政策論理が検討され、戦後復興から高度成長を促進する産業政策の論理が前面に出てくる頃でもあった。第19図は、反独占政策論理が形式としては残存したものの、その運用は緩和され、反独占政策論理が後退し、政府主導の産業政策論理が拡張した構図である。戦前以来の近代化エネルギーが再び高まった。

と同時に、戦前と戦中においてわが国の産業政策や中小企業（中小商工業）政策に携わった人材たちが公職追放を解かれ、復活していったのがこの頃であった。こうした人材は自民党の商工部会、通産省や中小企業庁、政府系中小企業金融機関、外部の中小企業関連圧力団体などでいわゆる人脈（インナーサークル）を形成し、中小企業政策の立案・法制化に見えざる大きな力を発揮していった。

中小企業政策との関連でこうしたベクトルを象徴したのは、つぎのような立法措置であった。重要なものにふれておこう。

(一)　特定中小企業の安定に関する臨時措置法（昭和二七［一九五二］年）――戦前において問題視されたのは「中小企

業の過小過多性による過当競争」体質であった。これが個別中小企業における近代化（＝機械化）のための資本蓄積を遅らせ、「安かろう悪かろう」という中小企業製品のイメージを輸出市場において形成してきた。こうした中小企業問題は戦後にも継承され、品質向上のためには、中小企業相互の過当競争を抑制する必要があるとみられた。中小企業安定法は、「自主的な生産数量、生産設備の制限などの調整事業」を行う中小企業組合の調整事業を認める法律であり、翌年に恒久法となった。昭和三二［一九五七］年には中小企業団体組織法に継承された。

(二)　中小企業業種別振興臨時措置法（昭和三五［一九六〇］年）——戦後復興からある程度の立ち直りをみせた日本経済にとって重要であったのは、復興期に与えられた保護的措置の撤廃後の方向性であり、直近の問題として意識されたのは貿易・資本の自由化への対応措置であった。重要産業に属する中小企業の競争力をどのように高めるかが大きな課題であり、これに対応した立法措置であった。

(三)　中小企業近代化促進法（昭和三八［一九六三］年）——(二)の政策を恒久化した立法措置であり、産業政策的側面が前面に出た中小企業政策であった。日本経済の「高度化」（＝国際競争力強化）に大きな貢献が期待できる業種における中小企業の近代化（＝機械化などによる国際競争力強化）への金融支援などを盛り込んだ。

(四)　中小企業基本法（昭和三八［一九六三］年）——昭和二七［一九五二］年の中小企業安定法は米国占領下の中小企業政策の見直しとその後の方向性を決定づけ、わが国の中小企業政策の戦前型政策論理——産業政策と近代化政策——への復帰というベクトルが大きく作用し始めた。これを政策理念として明確に位置づけ、束ねたのが中小企業基本法であったといってよい。この政策理念は同法の前文に明示された。

同法の前文には、米国的な反独占政策理念を「自由かつ公正な競争の原理を基調とする経済社会」にあって国民経済の発展成長を促すことが中小企業の「経済的社会的使命」であるという文言で残しつつも、中小企業のかかえる問題は、復興し成長をしつづける大企業との間でますます広がりつつある格差——生産性、企業所得、労働賃金など——であり、この是正なくしては貿易と資本の自由化に日本産業は総体として適応できない危機感が率直に示された。すなわち、

「近時、企業間に存在する生産性、企業所得、労働賃金等の著しい格差は、中小企業の経営の安定とその従事者の生活水準の向上にとって大きな制約となりつつある。他方、貿易の自由化、技術革新の進展、生活様式の変化等による需給構造の変化と経済の著しい成長に伴う労働力の供給の不足は、中小企業の経済的社会的存立基盤を大きく変化させようとしている。このような事態に対処して、……中小企業の経済的社会的制約による不利を是正するとともに、中小企業者の創意工夫を尊重し、その自主的な努力を助長して、中小企業の成長発展を図ることは、中小企業の使命にこたえるゆえんのものであるとともに、産業構造を高度化し、産業の国際競争力を強化して国民経済の均衡ある成長発展を達成しようとするわれら国民に課された責務である。」

ここでは、戦前来の悲願であった先発国への追いつきが「産業構造の高度化」という政策論理に収束させられ、より具体的な政策目標として掲げられたのは国際競争力の強化であった。では、なぜ、こうした政策目標の達成が国民経済の成長ある発展の達成につながるのか。国際競争力の強化と中小企業政策との政策論理における連関性を考えた場合、当時、つぎの二つの問題領域が設定されていた。

① 産業間跛行性——異なる産業間、とりわけ大企業業種と中小企業業種の競争力格差の拡大という実態。

② 産業内跛行性——同一産業内における企業間の競争力格差の拡大という実態。

最初の産業間跛行性についてみれば、資本集約的産業分野である大企業の復興と成長がみられた反面、繊維や雑貨など労働集約的な地場産業分野の中小零細企業は、高度成長による労働市場の逼迫で労働コストが上昇して競争力の低下が始まっていた。二番目の産業内跛行性は、当時、勃興しつつあった加工組立て型産業であった機械金属系業種での下請型中小企業の競争力の低下が危惧されていた。すなわち、労働コストの上昇から機械化による生産性向上が求められていた。この意味では、中小企業基本法の制定に三か月ほど先立って公布された中小企業近代化促進法は、まさにこの二つの問題に対処した政策立法でもあった。

この時期は、第19図でいえば、産業政策のベクトルが大きく張り出した時期であり、産業別対策を機軸とした中小企業政策が整備されていった。と同時に、高度成長は国家財政の規模の拡大を促し、大きな政府を成立させ、産業構造の高度化という国際競争力の向上に寄与しえない産業分野——たとえば、地場産業、伝統産業、小売商業、サービス業など——への所得再配分的な社会政策の拡大をもたらしていった。つまり、この時期は、産業政策論理の拡大が、同時にこの政策目標に合致しえない産業分野への社会政策を内包させ始めたころである。

昭和四〇年代後半の石油ショック以降の日本経済の低成長期は、この傾向を一層推し進めたが、その一方で中小企業政策にとって社会政策的論理は過重となってくる。この背景には、財政的制約という問題のほかに、中小企業政策と社会政策に内在する、政策対象に関わるより本質的な政策論理の違いがあった。

中小企業政策というのは「中小企業」という企業単位を対象とするものであり、社会政策は「個人」を対象とするものである。中小企業政策は中小企業を政策対象として、その政策対象である中小企業の存続と成長を通じて政策効果を関連企業に及ぼすことが想定されている。このことは、中小企業が倒産あるいは事業縮小して、その従業者が解雇された場合には、期待された政策効果は埋没費用（サンクコスト）となり、中小企業の従事者という個人に還元されないことになる。他方、社会政策、とりわけ、職業訓練や再教育を支援する制度などは個人を対象として、その政策効果が個人に還元され、中長期的にみて雇用企業などに訓練・教育費用の節約というかたちで移転される可能性をもつ。

したがって、この時期、中小企業政策と社会政策との明確な線引きと、高度成長期で形成された中小企業政策の政策論理の検討が必要であった。だが、現実には、国家財政の悪化とこれを反映した小さな政府論――この他の側面は市場原理論である――の登場のなかで、むしろ財政的な側面から中小企業政策の見直しが進められ、ベンチャー企業に象徴されるようなより高次な競争力をもつ産業の育成という産業政策論理が再び登場することになる。こうしてみると、わが国の中小企業政策における産業政策的論理の内在的強さを確認することができよう。

中小企業政策の公共圏誘発性をめぐって

第二次大戦後のわが国の中小企業政策の構図を、個人、企業、政府という要素から描いてみると、第20図に示すようになる。中小企業政策からみた個人の位置づけは、中小企業の提供する商品やサービスの消費者としての側面と、中小企業の原初形態である自営業層を創始する起業家としての側面をもつ。企業については、大企業、中堅企業や中小零細企業を含むさまざまな規模をもつ企業があり、こうした企業の類型につい

第20図　戦後中小企業政策の日本的構図

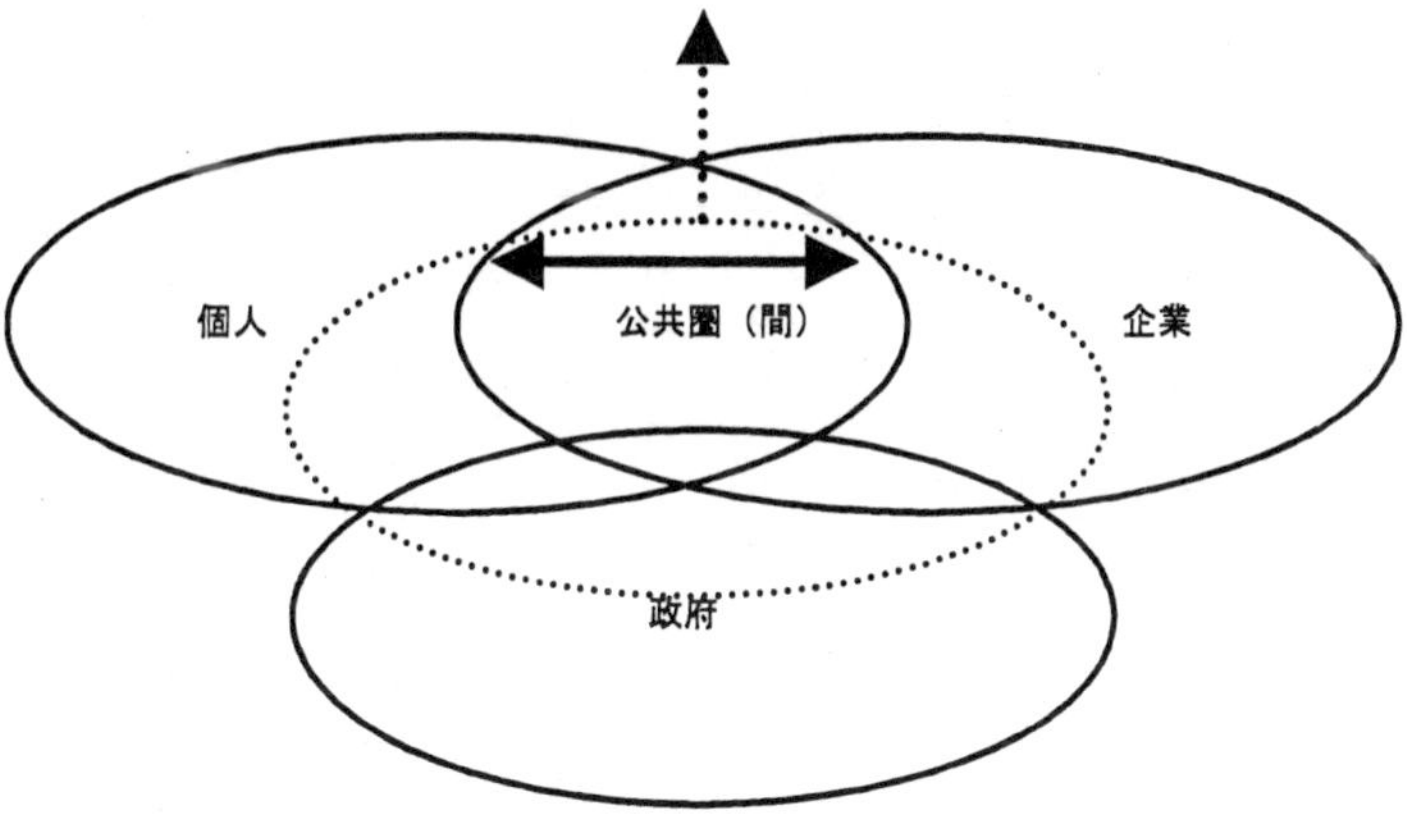

てはすでに第一章で取り上げた。政府はいうまでもなく、この場合は中小企業政策の政策主体としての政府である。

被政策主体からみた企業は、とりわけ中小企業においてその数は圧倒的であり、個人にいたってはさらに膨大である。このことは、政策の形式論理上でも、現実的にも、すべての個人や中小企業が中小企業政策の対象となることなど不可能であることを意味する。

中小企業政策の限界性と有効性を明確に指し示した政策理念の明示と、中小企業の一般的定義よりもさらに限定的に政策の対象を絞り込んだ中小企業像の提示なしには、その政策は中小企業に「打出の小槌」的な印象を拡大させてしまう。

したがって、「中小企業＝性善説、大企業＝性悪説」論や政策における「中小企業丸抱え」論という構図が野放途に描かれる可能性が高まる。しかも、これらの政策的構図は現実性を持たないがゆえに、また、政権与党に対する野党側の政権奪取の可能性が低いがゆえに政策構想として掲げられることになる。第20図でいえば、個人と企業の重なる領域に、政府がすっぽりと入り込むような構図である。だが、現実には、こうしたことが不可能なため、企業規模に拘わらず、守られるべき個別倫理性があいまいとなり、中小企業者における政策上の「日陰者」意識がしばしば脱税行為や公害防止立法への順法精神の欠如につながった面を無視することはできない。

元来、政府は中小企業政策においてすべての中小企業のかかえる問題に無制限に入り込むことはできない。したがって、個人と企業の交差する領域——ここでは公共圏と呼びたい——に生じた諸問題は、政策主体としての政府がこの問題解決を側面から支援する透明性の高い制度の設計と実施を通じて寄与することが重要であろう。この領域には単に個人や個別企業の問題だけでなく、その集合体の一つである地域といった自らの外部経済性などを保証している公共圏にかかわる問題が集約している。この種の問題解決そのものが、個人や民間企業において自らの事業領域を拡張させる可能性を生む。

個人の自営業的創業に必要なサービスなど、中小企業のもつ金融問題への解決支援と投融資サービス、中小企業への適切な人材資源の提供といった支援サービス、中小企業や個人が必要とするビジネス上の時宜にあった個別情報の提供サービス、互いに得意あるいは不得意な事業分野の補完関係を促進するような事業連携を支援するパートナーの紹介サービスなどは、いずれもそれ自体が個人や中小企業の現在あるいは将来の有力な事業分野を形成しうる。

中小企業を振興助成すること自体が新たなサービスなどの産業分野を拡大させ、こうした支援サービスそのものが市場原理のなかで選別され、一層の向上がもたらされ、このことが中小企業をさらに発展させるという好循環は、社会的誘発性を引き起こし、新たな公共圏の拡大をもたらす。

政府はビジネス感覚を欠く。これは当然である。政府は民間企業ではない。政府は市場機構の監視役であり、より適切かつ公平な市場規則の設計にその存立の重点がある。

中小企業政策において、現実にその窓口にあたる地方自治体のなかで、ビジネスなどを理解し、ビジネスを支援しうる人材など極端に少ない。にもかかわらず、前述のようなさまざまなサービスを実施している。今後の中小企業政策の鍵は、先にみた公共圏の拡大と関連したビジネスの誘発をいかに制度的に保証していくかにある。

中小企業政策と政策概念の寿命

政策は政策概念の提示を必要とする一方で、この政策概念の提示によって政策そのものが明示的になる。先に第二次大戦後の日本社会と中小企業政策の方向性を、第16図の戦前・戦中体制のベクトルと占領体制のベクトルとのぶつかりのなかで示した。この構図は単純化されすぎてはいるが、多くのことを示唆している。ただし、この構図をより有効的なものにするには、戦前・戦中体制を象徴化し、その内実を指し示す政策概念が何であり、占領体制のそれが何であるかを明らかにしておく必要がある。

まず、後者の占領体制との関連で中小企業政策の方向性を指し示す概念は、占領軍の強い影響の下に制定された中小企業庁設置法にある。そこでの「あるべき」中小企業像とその役割を列記すれば、つぎのようになる。

㈠「健全な独立」存立形態である中小企業という存在＝健全な国民経済。

㈡ こうした中小企業の役割＝経済力の集中防止、公平な事業活動の機会の確保。

しかし、その後の、わが国の中小企業政策の方向を確定していった諸立法の制定過程をみると、たとえば、審議会や衆参両院の商工委員会などでの議論において、こうした「占領期的」（＝米国的）政策概念が大きな勢力を占めたとはいえない。極論すれば、敗戦から十数年あまり経過した昭和三〇年代前半において、もうすでに、中小企業政策におけるこれらの政策概念は寿命を終えていた。

これは戦前においてすでにある程度の歳を重ね、ある程度の仕事を残しつつ、戦後もそれなりの仕事をした「第一次戦後派」に共通した寿命であったかもしれない。中小企業基本法や中小企業近代化法の制定をめぐる人びとは、こうした第一次戦後派といってよい。こうした人たちの考え方には、米国的政策概念は不思議なほどに入り込んではいない。このことは文芸評論家の樋屋秀昭がこの世代の文学者の特徴を論じた「〈第三の新人〉の出発点」という評論で、椎名麟三や武田泰淳等の第一次戦後派の特徴をつぎのように分析してみせたこととも共通する。

「軍国主義と天皇制の抑圧の記憶をもち、マルクス主義体験という思想の劇を戦後の廃墟に投影する第一次戦後派の作家たちが、いまからすれば不思議な気がするくらい書かなかったのは、アメリカ軍による占領というもう一つの抑圧の現実であった。敗戦による開放という実感は、アメリカ軍の占領という現実によっても帳消しにされないほど、第一次戦後派作家をとらえていたと思われる。彼らの描く戦後は、戦前の思想体験のフィルターを通して眺められたものであった。」（「戦後文学史の検討――八〇年代を迎えて――」『国文学』第二五巻第五号所収）。

この指摘は、わたしのように中小企業政策立法過程を関連官庁の公式文書といった文語体の世界でなく、国会の商工委員会などの口語体による議論から検討する作業をある時期、延々とやっていった者からしても直感的に首肯できるものだ（こうした視角からのわが国の中小企業政策史については、拙著『日本の中小企業政策』、『中小企業政策の日本的構図——日本の戦前・戦中・戦後——』（有斐閣）を参照）。

経済力の集中防止は、野党議員からは「独占資本の復活」という含意を含む戦前来の概念で語られ、与党議員や政府委員からは「健全な独立」存立形態をもつ中小企業が「近代化された中小企業」である、という概念に取り込まれ、やがて健全な国民経済とは国際競争力の高まった（＝「高度化」）日本経済という概念に横滑りしていったが、原義としての占領期概念との連続性はどこかで立ち消えている。そこでは桶屋のいうように、「いまからすれば不思議な気がするくらい」、米国的政策論理について多くは語られていない。

そして、昭和三〇年代に明確化していったわが国の中小企業政策は、政策概念として「近代化」「高度化」「組織化」などで示されていった。これらは一見、ことばとしては戦前とは連続していないようにもみえるが、内実は連続性をもっていた。そして、こうした中小企業政策に密着していたはずの政策用語は、高度成長期に事実上その寿命を終えていったのではあるまいか。

その背景には、こうした政策用語が拠って立っていた日本社会のなかの「近代化日本」の内部構成要素が大きく変化し、近代化されるべきものが溶解し始め、あるいはすでに溶解していたことがあった。松本健一は桶屋が寄稿していた同じ雑誌に、「文学におけるナショナリズム」という論稿で、この時期の日本文学の特徴として同種の傾向を見て取っている。やや長くなるが引用しておく。松本はいう。

「近代日本という枠組みが崩れはじめたのは、戦後二十年ちかくたってからだ。一九六〇年代の高度成長が、わがくにを西欧と横一線の近代へと押しあげ、……内部的にはムラ共同体を解体したのである。そしてそれとともに、『近代日本』という枠組において成立したさまざまな対立構図が溶解したのである。これは、文学的にいうと、それまで文学者たちが当然のこととして使っていた言葉が、その実態を失い、そうしてその実体のうえに成立していた抽象的な観念が空虚なものになった、ということである。たとえば、農村、右翼、戦争、革命、平和といった言葉が実態を失い、そうして正義、絶望、孤独、愛、美などといった言葉があまりにも抽象的に空に浮いてしまったのである。とすれば、これらの実態や抽象によって支えられていた伝統とか、民族文化とか、日本語とかが、揚げ底化され、解体の危機に瀕するのは、当然の事態といってよいだろう。一九六〇年代後半から現在まで継続的におこっている伝統文化の再認識とか、日本語ブームとか、日本論の流行とかは、こういった危機意識の反映にほかならない。」（前掲『国文学』第二五巻第五号）。

松本の指摘をこの時期の中小企業政策と重ね合わせるならば、日本経済は、戦前において経済力としての実質性を伴わないままに世界一等国となった大正期とは異なり、敗戦後から二十数年を経たばかりで「西欧」と横一線の「近代化」を為し遂げていった。だが、これは「近代化」を希求させていた日本社会の貧困を代表していた農村などで大きな変容を促し、「近代化」という概念を空疎化させていく過程でもあったことを見逃してはならない。

中小企業政策でいえば、一九七〇年代に入ってから、この空疎化した「近代化」という政策概念に「知識集約化」あるいは「国際化」という概念を押し込まざるをえなかったことはこの証左でもあろう。同時に、昭和四九［一九七四］年には「伝統的工芸品の産業の振興に関する法律」（伝統産業法）が制定され、日本的経営ブームがやがて沸き起こってくることを考え合わせると、「近代化」というナショナリズムの日本的な発現の仕方がすでに国内的には曲がり角にきていたことが思い起こされる。

松本はこの点について「ナショナリズムという言葉が、国内的に、意味をもたなくなった時点というのは、実態としての日本人や日本語や日本が、国外的に、実体としての他民族や他言語や他国家とふれあい、摩擦をおこしはじめるときなのである」と指摘する。日本と欧米諸国の貿易不均衡というかたちでの摩擦が、この時期から生じていったことを考えると、松本のこの視点は慧眼であった。

「近代化」はこの時期までの日本の中小企業政策の中心を占めていたが、その帰結は産業構造の「高度化」という国際競争力の強化をもたらしていった。「近代化」が特定産業に偏せず、すべての産業――後にフルセット型産業構造ということばで象徴されるが――において展開する精神運動をもったことにおいて、日本における「近代化」概念は「ナショナル」（全国）なものであり、これが容易にナショナリズムにも結びついていった。「近代化」とは、高度経済成長における物質的な豊かさの達成という国内的合意を達成した時点で、外部において摩擦を起こしていった。

そして、この時期において、わが国の経済問題の深刻化に伴い、桶屋のいう「アメリカ軍による占領というもう一つの抑圧」という現実とは異なる、米国側の通商政策の変更などによってもたらされた現実によって、また第一次戦後派とは違い、さまざまな対立構図が溶解したあとに生まれ育った純粋な戦後派によって、ある意味、楽観的に米国政策の断片的な模倣が繰り返されることになる。

必然、第一次戦後派的立法措置であった中小企業基本法の政策体系は、こうした断片的政策の導入とはかみ合わず、新中小企業基本法の制定となっていく。そこには、かつての中小企業基本法の前文や総則で近代化されるべき課題が示され、その解決を「国民に課された責務」とまで昇華させた緊迫感と重苦しさは吹き飛んでいる。新中小企業基本法からは「近代化」理念の痕跡はない。新法で強調されるのは、「経営革新」や「創造的な事業活動」で代表される政策概念である。そして、基本理念として掲げられた中小企業政策に関する恒等式において、「中小企業」の役割を左辺におくと、右辺にくるのはつぎのようなものだ。

① 中小企業＝「個人能力の発揮」「創意工夫」の場の提供。

② ①のような中小企業＝「新たな産業の創出」「就業機会の創出」「市場における競争の促進」「地域経済の活性化」。

③ このような中小企業＝「独立した中小企業者の自主的な努力の助長」。

④ このような中小企業＝「経営基盤の強化」「経済社会的環境の変化への適応の円滑化」。

前出の第20図で示した構図では、個人の役割が強調され、中小企業によるさまざまな波及効果が期待され、その結果として地域経済の活性化と市場競争の促進が同時に成立するような恒等式が想定されている。

この方程式を解いた場合、こうした政策論理の現実的な可能性を強く示唆する実数解が得られるのか、あるいは、非現実的な結果を強く示唆する虚数解が得られるのか。もし、後者の虚数解が実際に生じるとすれば、それは個人、企業（中小企業のみならず、大企業も含め）、そして政府を定義づけるそれぞれの論理（パラメータ）が非現実的に設定されていることに他ならない。このことは、中小企業をめぐるわが国の政策土壌について再検討を迫ることになる。

第六章　中小企業をめぐる政策学の日本的土壌

誰が研究してきたのか

中小企業政策に限らず、いろいろな政策については、その政策主体のみならず、その政策のあり方をモニター——研究や調査など——する社会層のあり方を不問にはできない。これは、中小企業をめぐる政策学の日本的土壌を問うことでもある。これには、いくつかの接近方法があろう。その一つが、中小企業政策の調査研究主体を明らかにすることである。二つめは何が研究されてきたのか。三つめは何が明らかにされてきたのか。最後は何が問題視されてきたのかである。まず、一つめの課題であるが、つぎのように大別整理することができよう。

(一)　大学や大学付属の研究機関など（アカデミア）。
(二)　中小企業庁などの調査部門、中小企業関連の事業機構やその他受託調査関連先機関（民間シンクタンクを含む）。
(三)　政府系中小企業専門金融機関の調査部門あるいは付属研究機関（準行政組織）。
(四)　地方などの公立研究機関や地方調査機関（自治体などの行政組織など）。
(五)　経済団体、中小企業関連団体、労働組合、個人（民間組織などを含む）。

(六)　新聞やテレビなどのマスメディア（ジャーナリズム）。

最初の大学についてみれば、中小企業政策に関わりをもつのは「中小企業論」「ベンチャー論」などを担当する教員たちである。実態的には、「中小企業論」という講義が多く、こうした講義のなかで中小企業が取り上げられ、「中小企業政策論」に絞った講義は少ない。「中小企業論」の講義数ということでは、私立大学が圧倒的に多い。大学に帰属する教員（研究者）の中小企業あるいは中小企業政策への関わりについては、消費者と生産者の両面がある。消費者ということでは、(二)以下の機関などにおいて調査・研究された成果を講義というかたちで提供する役割を果たす。生産者ということでは、中小企業などの調査・研究などに自律的に、あるいは(二)以下の機関での調査・研究に他律的に携わることによって、研究成果を学会や学術誌に還元する役割である。

二つめに挙げた中小企業庁などは、中小企業の実態調査や、中小企業政策の立案のために不可欠な各種統計や指標の整備・発表に独占的な地位を占めている。とはいえ、中小企業庁が『中小企業白書』などに盛り込む調査結果については、内部の独自調査の比重は比較的低く、直接的に、あるいは翼下機関の中小企業基盤整備機構などを通じて間接的に民間シンクタンクへ調査委託される場合も多い。こうして取りまとめられた『中小企業白書』は、中小企業の現状や実態の把握と政策的意図の普及という両面においてオピニオンリーダー的地位を占め続けてきた。

三つめの政府系中小企業金融機関は、具体的には商工組合中央金庫、中小企業金融金庫と国民生活金融金庫を指す。調査・研究は貸出先である中小企業の実状把握など融資業務調査の一環として創始され、やがて中長期的なテーマを掲げるようになっていった。調査組織はやがて調査部から付属研究機関として分離独立し、現在は、内部調査よりも外部研究者への委託調査が目立つ。

四つめの公立研究機関やこれに準ずる地方調査機関——財団法人や社団法人という形式で調査協会や調査センターという名称が多い——については、とりわけ、地方自治体の調査研究機関が中小企業の実態調査に大きな役割を果たしてきた。こうした機関の多くは、第二次大戦後の地域経済の復興計画に必要な実態調査機関として設立され、やがて地域経済に密接な関係をもつ中小企業の実態調査を重視するようになっていった。これらの機関は地方自治体に属するものの、実際には独立機関的な性格も強く、また、中央官庁からも離れていることで、ある時期まで、政府の政策的示唆を強く含んだ調査とは独立的に問題提起型の調査で大きな足跡を残していった。

たとえば、大阪府の場合、敗戦の翌年には大阪府産業再建審議会が組織され、その事務局が大阪府経済部に設けられ、この組織は昭和二七［一九五二］年の大阪府立商工経済研究所の設立へとつながっていった。こうした動きは大阪府だけにとどまらず、ほぼ同じ時期に愛知県では愛知県商工経済研究所（昭和三九［一九六四］年に愛知県経済研究所に改組）が、兵庫では兵庫県産業研究所などの設立の動きがあった。

また、設置母体が地方自治体以外ということでは、昭和二二［一九四七］年に九州経済調査協会が、翌年に北海道科学技術連盟（のちに北海道産業調査協会）、東北経済調査会、中国地方総合調査会などが設立されていった。これらの調査協会はいずれも政府や地方自治体から実態調査などを委託され、それぞれの地域の経済復興計画に深く関わり、中小企業を対象とする調査を行っていった。とはいえ、残念ながら、現在は地方の時代といわれながらも、財政難などから廃止・転換改組を余儀なくされ、その数は大きく減っている。

五つめのうち、経済団体については、第二次大戦後の復興期に中央あるいは地方の経済団体に中小企業に関する特別委員会などが設けられ、中小企業の実態を知り、その経済復興への役割を探ろうとするような活動がみられたが、その後は、大企業や産業全体に関心を移していった。中小企業という観点ではもっぱら中小企業団体などが大きな役割を果たしていった。現実には、中小企業の調査研究で大学教員などの参加を求め、資金を提供して中小企業の実態調査を実施するという形態が大勢を占めるようになった。その他、労働組合や個人の役割は必ずしも大きいものではなかった。

六つめに挙げたマスメディアで大きな役割を果たしているのは、テレビや新聞での取材というかたちをとる中小企業の実態紹介である。こうしたマスメディアが提供する映像や記事などは、中小企業研究の深化というよりも、研究者などが組織する学会などの外にある一般人の中小企業のイメージ形成に決定的な役割を果たしてきた。ちなみに、本書の冒頭に紹介した大学生の中小企業イメージの原像については、ほとんどがテレビ番組——直接的には報道番組やドキュメンタリー番組などから、より間接的には企業ドラマなどまで——から得たものであるとしている。

何を研究してきたのか

中小企業「研究」といった場合、その領域に何をどこまで含めるかを明示しないと、その範囲はどこまでも広がってしまう。一般に研究は、「理論」「歴史」「現状」の三分野から成る。先にみた中小企業の研究主体の分類からすれば、「理論」と「歴史」はもっぱら㈠の大学人によって担われ、「現状」分析については㈡～㈣に挙げた調査機関で取り組まれてきた。むろん、大学人も政府機関の調査に「参加」というかたちで関与するが、中小企業調査においては必ずしも主流ではなかった。

さて、中小企業研究の「理論」といった場合、日本ではマルクス経済学からの接近方法としての独占理論、あるいはその影響を受けた理論が適用される時期が続いた。要するに、大企業体制の成立とともに滅び行く運命にある中小企業の存立条件や存立基盤が、そこでの分析対象とされる傾向にあった。これには時代的背景もあった。

戦後、第二次大戦前の思想・学問統制から解放され、マルクス経済学の研究がすすむことになった。この傾向はマルクスの『資本論』などをめぐる訓詁学的研究を生み出す一方で、その独占理論の応用分野としての中小企業論を成立させていった。これは戦前的な研究成果と非連続的なものでは決してなく、いや、むしろ敗戦という過程で、戦前なるものへの再考と戦後日本社会の再編成へのエネルギーとして、マルクス経済学の歴史的解釈とその背後にある実践的示唆性が大きな影響力をもちえた。

これは戦後の比較的早い時期に刊行された山中篤太郎の『中小工業の本質と展開——国民経済構造矛盾の一研究——』(昭和二三[一九四八]年)にも見出せよう。山中は同書の「序」で上田貞次郎(一八七九〜一九四〇、元東京商科大学長)への学恩にふれ、その学問形成に上田の影響を受けたことを示唆した。上田は大正六[一九一七]年に専修大学で開催された社会政策学会全国大会で日本の小工業問題を取り上げ、その存続の可能性を強く主張する報告を行った学者であった。

上田は英国とドイツで留学生活を送り、その学問的な影響において英国のマーシャルの影響を強く受けたと思われる。山中もこの流れのなかにあり、当時の時代柄、著作では直接マルクスに言及することはないが、それでもドイツ歴史学派を意識していることにおいてその影響が行間に感じられる。

既述の著作を発表した前後に、山中が委員長となった日本学術振興会議第一一八委員会——戦前、中小企業問題の調査研究は第二三小委員会（昭和一三［一九三八］～昭和一六［一九四一］年）で取り上げられ、敗戦後は第九〇小委員会（中小産業復興）が組織され、昭和二四［一九四九］年に第一一八委員会となった――が活発な動きをみせ、昭和二〇年代だけで七冊の報告書を次々と刊行した。列記しておく。

『集中生産と中小企業』（昭和二四［一九四九］年）、『中小産業と経済変動』（昭和二五［一九五〇］年）、『中小産業と労働問題』（同）、『中小企業金融と経理』（昭和二八［一九五三］年）、『中小企業の組織化』（同）、『海外の中小企業』（同）、『中小工業問題の本質』（昭和二九［一九五四］年）。こうした題名から当時の大学人の中小企業への関心領域のあり処を窺うことができよう。このうち、一連の研究書の総括的な役割を果たした最後の『中小工業問題の本質』をみておこう。この刊行については、同書の「はしがき」でつぎのようにふれられた。

「『中小工業の本質』というこのような基本的な問題については、昭和一三年一〇月、日本学術振興会に中小工業問題研究のための第二三小委員会が設けられて以来、現在の一一八委員会にいたるまで、歴代の委員会がたえず課題としてきた問題であった。各委員が、それぞれの立場と問題意識にしたがい、各独自の見解を抱いていたことはいうまでもなく、過去に発表せられた諸研究においても、正面からこの問題を扱わずとも、その底に流れる考え方として、それぞれ特定の見解がうかがわれるし、さらに、この問題に正面から対決せんとした個別的著者論文も少なくない。しかし本書にいたるまでは、この委員の全員が正面からこの問題をとりあげ、その共同研究の成果を世に問う機会はなかったのである。」

山中は、冒頭論文の「中小企業本質論の展開」を担当し、中小企業の存立理由について日本の現状と歴史的経緯を強く意識して、戦前来の「過剰人口論」からの接近方法に加え、「適正規模論」「総資本の構造論」

（独占資本＝支配、大資本＝自主、中小資本＝従属という階層的な競争関係が想定されている）を紹介した。

ここで、山中自身は積極的に自らの学問的立場や方法論を明示しなかったが、第三番めの接近方法を「マルクス主義の資本の再生産論から構成」するものとして、「この場合は、マルクス理論によるから、競争構造というよりは、資本の搾取というヒエラルキーとして構造的にとらえられる。すなわち、日本資本主義を軍事的・半農奴的特性の下にあると規定し、そこに存在する支配的な機構は、㈠独占資本（軍需産業）、㈡巨大軽工業、㈢中小資本とし、独占資本は寄生的であり、生産過程から遊離し、流通過程で利潤を吸上げて生きて行くのに対し、巨大資本はこの独占資本に反発しつつ、実はこれに密着して存在する。……中小企業は、資本の独占により搾取の一形態として成立するものとして、その存在が位置づけられる」見方を代表する論者として、伊東岱吉と牛尾真造の論考を紹介した。

伊東岱吉は同書にも寄稿し、『資本論』でのマニュファクチュア論やドップの独占論によって中小企業の一般的存立理由を明らかにした上で、日本の中小企業問題については山中の指摘のように日本資本主義の「構造」からその中小企業のあり方を論じていた。他方、日本資本主義の構造を代表するかたちとしての下請制の本質については、藤田敬三が取り上げた。これらの見解の背景には、かつてのいわゆる日本資本主義論争の影響が当時の時代的潮流――「日本特殊論」――としてあった。

なお、伊東は、高度成長期の入り口であった昭和三二〔一九五七〕年に発表した『中小企業論』でも同種の問題を論じた。ここでの問題視角は「中小企業問題」であった。伊東は同書の第一章「中小企業問題の本質」でつぎのように論じた。

「中小企業問題の本質を論ずるにあたって、私は資本主義一般、とくに今日の独占資本主義段階に多かれ少なかれ各国共通の問題として登場する中小企業問題の本質をまず明らかにして、日本資本主義の特殊構造にもとづくわが国中小企業問題のきわめて重大な著しい特質についてはあとで改めて論ずることとする。」

伊東はここでも独占論と中小企業問題認識における日本特殊論を継承した。伊東は、中小企業問題は日本でこそ「質的差異」をもち「より鋭角的」で「もっとも早く問題（となった）」ととらえた。こうした中小企業問題への視角からの日本特殊論はその後も継承された。ここですこしわたしの個人史にふれる。

わたしが大学で「中小企業論」を学んだ昭和四〇年代半ばでも、講義の前提にあったのは中小企業問題が日本でこそもっとも先鋭的であり、とりわけそれは下請問題に集中的に現れているという見方であった。そして、こうした事象は日本の経済発展の特殊性――ここにも日本資本主義論争の流れを見出すことができよう――に起因するものであるという文脈で講義が展開されていた。

問題は、では、中小企業問題の何が一般的であって、何が特殊であるのかという基準が必ずしも明示されなかったことであった。わたしたちには、とにかく、日本＝特殊という図式だけが残され、特殊ではない外国事例が詳細に紹介されたことはなかった。むろん、これは日本の中小企業研究だけに限ったことではなく、この背景には日本における社会科学全般の問題があることはいうまでもない。

要するに、日本特殊論が突出したものの、この見方を客観化するために必要な中小企業問題の国際比較視点の形成について研究が広範囲に行われたわけでもなかった。にもかかわらず、特殊論がいつもそこにあった。この時代的背景にはいろいろあろうが、当時の大学人の国際比較に関する情報収集がきわめて文献的であり、情報過多といえる現在とは異なった状況がそこにあった。とはいえ、伊東自身は同書の執筆後に一年間ほど欧米諸国の中小企業問題視察へと旅立った。伊東は帰国後、第二版の「あとがき」にこの経験を記し、日本特殊論についてつぎのように述べた。

「欧米一〇余か国の現実にふれてみて、本書で書いたことの細部において不備な点は少なくないが、基本的な考え方において改める必要を感じていない。むしろ本書で述べた基本的な点は海外視察で実証された思いである。……今回の欧米旅行で、欧米との共通点のみならず、日本の構造的特質が相当明らかにつかめたと思う。たとえば、下請制をはじめ資本の階層性、これに対応する労働市場の階層性、規模別賃金格差などの問題、さらにかかる構造を貫く独占資本の縦の支配・収奪機構が、日本ほどひどいところはない。現代独占資本主義の共通問題としての中小企業問題には、多かれ少なかれ『資本の階層化』と『利潤率の階層化』がみられるわけであるが、さらに右のような日本の特質が改めて評価し直さなければならないことを痛感している。つぎの本書において、中小資本の『二重的性格』のうち、独占資本の収奪面――中小資本の『反独占性』の方がとくに強調されたきらいがあり、中小資本も資本であって独自的に労働者を搾取しているという他の一面の評価が軽すぎた傾向があったことも反省している。」

伊東の海外視察の時期というのは一九五〇年代の終わりであった。それは国内では敗戦によって解体された戦前の旧財閥系が合同を果たす一方、貿易・資本の自由化によって大企業が規模の経済性を達成しようとした時期でもあった。国外では、伊東が訪れた欧州ではローマ条約によって西ドイツ、フランス、ベルギーやオランダなど六か国がのちの欧州連合の原型となる欧州経済共同体（ＥＥＣ）を発足させ、戦後の欧州社会と経済の発展に一つの道筋が付き始めたころであった。

他方、米国ではアイゼンハワー大統領が再選されたころであり、米ソの冷戦構造が単に軍事競争のみならず、ソ連が最初に人工衛星スプートニク一号を打ち上げたことから科学競争にまでエスカレートし始めた。経済的には米国の失業者数が戦後最大の五〇〇万人台となり、経済集中と貧富の格差が政治課題となっていた。伊東の滞米中には、ガルブレイスが『豊かな社会』を発表して、豊かな社会での貧困問題を取り上げている。米国もまた問題を抱えていた。

いずれにせよ、伊東は企業間に強い階層性が存在することを日本の「構造的特質」(=特殊性)として取り上げ、これが中小企業問題というかたちで強く現れることに日本の「構造的」問題点を見出したが、反面、欧米との共通点は不問に付された。むろん、これは伊東だけでなく、当時の論者の多くに共通していた。

こうしたなかで、前述の『中小工業問題の本質』で異彩を放っていたのは寄稿者の一人であった末松玄六による「中小企業の経営的本質」であった。

他の寄稿者のほとんどが中小企業問題の本質を明らかにするために、「資本の運動法則」から接近することに固執したのに対し、末松は「中小企業ないし中小工業の本質を考える場合に、中小企業問題から出発するという考え方は、たしかにすぐれた見解であった。中小企業が社会問題であれ、経済問題であれ、いやしくも問題として意識されるところにこそ、学問的討究が要請されるからである。しかしながら、もし人が問題としての中小企業のみを分析し、問題解決の方向を探ろうとするならば、それは研究方法上の大きい欠陥をはらむものといわねばならぬ。問題としての中小企業は、いわば、原因が内的であれ外的であれ、つねに欠陥を抱くところの中小企業である。従って、この欠陥を除去し、あるいは少なくとも『軽減』するには、『問題でない』中小企業、あるいは大企業に比較して経済的合理性を有する中小企業の本質を分析し、それが何に基づくかを明らかにする必要が生じる」と指摘した。

さらに、末松は「中小企業問題」重視型の理論的接近方法について、自らの「経営経済的」接近方法論(＝適正規模論)を対置させて、つぎのようにその問題点を分析した。

「中小企業の問題性を追及するあまり、中小企業をもって『惨苦の茅屋』であると規定し、あるいは中小企業の本質はつねに『奴隷性』にあり、あるいは『非生産性』にありとして、その結果は、すべての中小企業の本質を一面的に把握する結果となり、問題解決の方向も、単純に大規模経営の論理をかざしたり、あるいは産業構造ないし経済体制の改変を強調するに止まって、問題解決への具体的前進があまり行われていないような感じを、抱かせることがなかったであろうか。ここにおいて、わたくしは、中小企業の本質を規定する場合、主として費用的ないし収益的にみて、中小企業が大企業に対して劣っていると考えられる場合、それはいかなる要素に基づいているかを分析すると同時に、他面において、中小企業が大企業に比して逆に経済的であると判断される根拠は、何であるか……。」

末松は当時の支配的な「中小企業問題」的接近方法――より平たくいえば、なんでも大企業が悪い――に異議を唱え、中小企業の「経営特質」に目配りをする経営的接近方法の重要性を主張したといってよい。この接近方法は、のちに市場経済そのものの分析とともに、その下にある産業別の企業特性――特に産業組織論的接近方法――、企業家精神に関わる論議を生み出していく嚆矢であったと評価できよう。

とはいえ、現実には、前述の中小企業問題的接近方法がその後も長く継承されていった。たとえば、昭和四四［一九六九］年に刊行された加藤誠一編『中小企業問題入門』は、この書名のとおり、こうした視点を前面に出している。同書では大学人だけでなく、前述の㈡から㈤までの中小企業政策研究の関係者を執筆者として集め、中小企業の実態論を通じて中小企業問題を明らかにすることが意図された。つまり、同書の骨子は、書名が示唆するように、中小企業問題は高度経済成長期においても解決されていないという実態を踏まえ、「経営管理、労務管理、生産管理、販売管理の側面からみた中小企業の欠陥とこれらの方向」を探っている。

加藤編『中小企業問題入門』の執筆陣は関東圏在住の人たちであるが、この前年には藤田敬三など関西圏在住の大学人や研究者たちによる『中小企業論』が刊行され、四年後には中小企業をとりまく内外の経済環境の激しさを理由に改訂されている。同書も、大筋において「中小企業問題」重視の視角と「日本特殊論」を継承した。前者の視角については、「資本主義の発展段階に照応する典型的な『矛盾』『問題』の系譜として、産業資本主義段階における『小工業問題』、独占資本主義段階での『中小企業問題』……『中小企業』問題は、まさに資本主義の独占段階での産物ということができる」とされ、当時の「中小企業問題の展開」はつぎのように説明された。

「独占資本主義段階における競争が独占資本の追求する独占利潤を具体的に獲得させるメカニズムとして作用するところでは、非独占企業、とりわけ中小企業には破壊的な作用をもたらすこととなるが、さらに、今日の国家独占資本主義段階機構のもとでは、それはますます厳しく、かつ深刻化したものとしてあらわれ、独占体が中小企業を圧殺する手段は、いっそうきびしく、かつ破壊的なものとなる。……しかも現段階的な集中法則が基本的に貫徹していること、つまり、中小企業が次第に破壊され没落していく側面（下請化、系列化等）を、中小企業全体の問題として統一的に、かつ法則的に把握していくことである。」

同書が発行された翌年には、石油ショックが起こり、日本経済の高度経済成長パターンに大きな変化が起きるが、この文章が書かれたのはいまだ高度成長期であり、大企業（＝独占資本）が下請関係を通じて中小企業をどの程度「圧殺」していたかは別として、中小企業の数からすると、高度成長期を通じてきわめて活発な新規参入がみられた。また、専門型の中堅企業へと育っていった中小企業も多いのが実態であった。いずれにせよ、ここでも中小企業の停滞的側面は日本特殊論の範疇で強調され、また、中小企業問題の重要性が日本経済の歴史的展開のなかでとらえられることが随所で指摘されたが、その具体的な分析結果については必ずしも明示されたわけではなかった。

では、こうしたマルクス経済学の影響を受けた中小企業理論とは異なる理論的接近方法はあったのであろうか。その方向性の一つは産業組織論からの接近方法であった。市場の競争条件などを中心に完全競争市場あるいは寡占市場などの分析を通じて、企業間競争のあり方を明らかにした上で中小企業の存立基盤を探ろうとするところにこの理論の特徴があった。必然、ここでは規模の経済性、参入障壁などの概念が応用され、市場競争における大企業と中小企業との関係、中小企業相互の競争関係などを明確にすることによって、中小企業の衰退的局面と発展的局面を統一的にとらえようとした。この点では、従来のマルクス経済学は中小企業の発展的側面に注目することは少なく、ややもすれば市場における大企業との競争結果としての中小企業の停滞的側面あるいは衰退的側面に分析の中心があった。

産業組織論的接近方法からの中小企業分析で嚆矢となったのは、佐藤芳雄の『寡占体制と中小企業——寡占と中小企業競争の理論構造——』であった。佐藤もまた中小企業研究における「中小企業問題」視角を重視した上で、企業間の競争関係を分析することの重要性を「はしがき」でつぎのように示した。

「中小企業問題に関し、第一義的に解明されるべきは、変化の原動力であり、産業の支配的セクターである大企業の行動と、それによって規定される中小企業の問題状況とそのビヘイビァの現段階的理論化であると思われる。すなわち、『寡占体制と中小企業』という問題視点への転換がいま必要であると思われる。本書の研究は、基本的に、現代寡占経済体制の一局面として中小企業の問題性を位置づけ、寡占体（寡占的大企業とその複合体）が支配と競争を通じて、非寡占的セクターとしての中小企業を分解させ、再編成し、しかも寡占体の成長・蓄積の有力な源泉として、非寡占＝中小企業を直接・間接に利用するという諸関係を解明するための、理論的フレーム・ワーク構築を志向した。」

この研究が発表されたのは昭和五一［一九七六］年であったが、その後、この分析視点が産業組織論的接近方法の精緻化とともに中小企業研究理論の中心的支柱として継承され、またこれに関連して多くの業績が生み出されたとも言いがたい。

このことは、ある意味で、日本における中小企業研究の学問文化、さらには日本での学問文化そのものの底流にあるかたちを示唆している。先にみた「中小企業問題」重視の傾向は、戦後の米国を中心とした新古典派的経済学理論がもっぱら日本経済のマクロ的側面に応用されつつも、そのミクロ理論は大企業の市場行動の分析に向けられたことにも起因した。他方、マルクス経済学に内包されたイデオロギー的硬直性や学内政治性のために、中小企業研究そのものがこうした範疇でのみとらえられたことも不幸であった。

当時のアカデミズム的風潮において、米国流の経済理論の紹介とその演繹的応用を求めることに性急であった分、中小企業は在来的あるいは土着的な縁辺性をもつ存在としてその応用の最後のリストに置かれたともいえるのではないか。また、中小企業の下請的存立形態が濃厚であった電子や自動車など加工組立て分野では、その主動因は大企業にあり、中小企業の分析は大企業の市場での行動分析を優先させることでカバーされるとみられてもいただろう。

先にみたマルクス経済学からの接近方法だけでなく、末松の中小企業像が示唆したような、中小企業が存立する産業の特性に着目した適正規模論や、中小企業経営者の企業家精神的側面を問うような中小企業経営特質論、さらには佐藤芳雄の市場での競争構造を重視した産業組織論からの接近方法などが、重層的に中小企業研究に生かされていたとすれば、中小企業のもつ衰退性や停滞性についてだけでなく、中小企業の下請的存立形態、独立形態としてのベンチャー企業、イノベーションを促進する中小企業経営者のもつ企業家精神的側面とその国民経済に果たす役割などについても、日本の中小企業研究が理論的に大きな貢献を果たす可能性もあった。

とはいえ、研究者もその時代、より狭くは自国経済の現実のなかに生きているわけであり、その意識はこうした環境的側面から自由ではない。何度かの盛り上がりを繰り返してきたベンチャー企業研究ブームやイノベーション研究の背景も、その例外ではない。こうした研究動向は米国経済の変化に連動したものであり、その研究成果もまた「海を渡って」やってきた。このことは、わたしたちに日本での中小企業研究における理論的成果の再考を迫ると当時に、中小企業の研究文化と研究体制についての日本的あり方の再検討をも促してはいないか。

何を明らかにしてきたのか

学問分野での「理論」「歴史」「現状」という伝統的な三分類方法を先に示した。中小企業研究の「理論」

についてはすでにみた。つぎに「歴史」である。日本での中小企業、とりわけ、中小工業に関するわが国の歴史的研究の学問的蓄積は圧巻である。戦前の地方経済の発展に大きな役割を果たした繊維や雑貨については、中小工業という視点が前面に出なくとも、産業という視点から多くの論稿が発表されてきた。戦後では、中小工業に焦点を絞った研究としては、尾城太郎丸の『日本中小工業史論』(昭和四五〔一九七〇〕年)などがその代表的なものである。

しかしながら、わが国の産業発展における中小企業――実際には家内的小工業――の歴史的存立変化についての研究は、昭和五五〔一九八〇〕年一〇月に設立された日本中小企業学会に属する研究者の業績をみても、極端に少ない。中小企業への歴史的接近はもっぱら産業史や社会経済史の分野の研究者によって担われてきた。そして、残念ながら、中小企業研究者と産業史や社会経済史の研究者との交流は活発なものではない。

中小企業研究者の関心は主として中小企業の「現状」に向けられてきた。こうした現状分析を牽引していったのは、すでに紹介した範疇では㈢の政府系中小企業金融機関の調査部や㈣の地方自治体の調査機関などであった。政府系中小企業金融機関などは、融資先の中小零細企業の経営実態をより正確に把握する必要から調査部が設けられ、多くの実態調査が実施されたが、その目的はあくまでも業務上のものであり、すべてが公開されてきたわけでもなかった。実態調査結果の公表という面で、大きな役割を果たしたのは後者の地方自治体の調査機関であった。

昭和二〇年代前半に中小企業庁が設置されたものの、その調査能力はいまだ低位であり、また、地方調査を実施する機関とのネットワークなどが昭和三〇年代後半まで未形成であったため、こうした地方調査機関は、わが国の中小企業の実態調査にきわめて大きな役割を果たした。このうち、調査報告書の数で他を圧倒した大阪府立商工経済研究所を中心に中小企業調査研究の成果をみておこう。

同所もまた、当時の多くの地方自治体の調査機関と同様に戦争で疲弊した地域経済の早期建直しのための調査を担当する機関として設置され、当初は産業実態調査を主としていたが、復興が一段落し始める昭和二七［一九五二］年からは中小企業調査を重視するようになっていった。ここでの調査研究方法は、数の上で膨大な中小企業全般を対象とすることは困難であるので、産業別に中小企業を取り上げ、広範なアンケート調査を中心に、個別中小企業への徹底したインタビュー調査を実施することにその特徴があった。

当時、調査にあたった職員数は二〇名前後であった。所長の押川一郎（元満鉄調査部次長）は中小企業に焦点を絞る調査方法について、「（商工行政のための――引用者注）動態調査をより強化し、科学的な視角から研究するには、一業種の実態を深く掘下げ分析することによって抽象的且つ形式的な調査は避け、具体的且つ体系的な調査方法を確立せねばならない」と述べている。同所の調査対象は、昭和二〇年代には経済復興に直接的かつ現実的に貢献していた繊維や雑貨が中心であったが、昭和三〇年代からは下請・系列取引とその下での中小企業の存立状況の解明に力点がおかれていった。

また、こうした調査では、地域経済振興という政策課題が強く意識され、政策的方向性を求めた調査も多く実施されていた。こうした調査結果は、当時のマルクス経済学的接近方法と「中小企業問題」視点が強く打ち出されていた中小企業研究方法が全盛の時代に、中小企業のより具体的な存立状況を解明する実態調査という手法を通じて、中小企業の当面する内外の問題を示していった。マルクス経済学的方法論と実態調査的方法論との対比で見逃してはならない点は、前者が歴史的視点を重視したものの、実際には状況固定的

(公式的に)に現状を見たために、そこからは具体的な政策方向性が提示されなかったのに対し、後者は中小企業問題の具体的な解決手段を意識した中小企業政策の方向性を強く示唆したことであった。これは地方自治体の調査機関としての性格を差し引くとしても、重要な点であろう。

中小企業問題の解決あるいは改善を強く意識したこうした調査は、現実の政策実施という観点から、外国での中小企業問題と中小企業政策の実態を探るという国際比較視点を内包させていった。地方自治体にあって、中央政府より早く、海外文献資料の収集と紹介を進めていった商工経済研究所の先見性には驚かされる。これは当時の所長であった押川一郎の若いときの海外経験という個人的要素もさることながら、前述の調査視点がもたらした必然的結果でもあった。昭和二〇年代後半から、欧州ではスイス、オランダ、西ドイツの中小企業団体などの報告書が、米国では中小企業庁の年次教書(当時は半年次教書)などがすでに紹介されていた。

こうした商工経済研究所の調査研究活動が本格化するのは昭和三〇年代であった。わずか一〇年余りの間に調査報告書だけでも約一七〇冊、政策などに関わる内部資料が一〇冊、海外文献資料の翻訳が四〇冊刊行された。これらの調査に共通する視点は、当時問題視されつつあった「二重構造問題」の実態把握であった。押川の後に所長になった竹内正巳は『中小企業の地位と安定的発展の条件』という報告書(昭和三二[一九五七]年)の「はしがき」でつぎのようにこの問題の背景を述べた。

「日本経済の内部にあるおくれた部門の水準引き上げは、その経済の二重構造解消の一つとして中小企業問題が大きくとりあげられなければならなくなったからである。戦前から存在していた経済発展の不均衡や二重構造が、最近特に問題となってきた根本の理由は、戦後における海外市場条件の変化と技術革新の急速な進展にあるといえる。それは自主的な技術体系の整備と国民経済の内部により深く根を下した経済循環のあり方を要求するものであるからである。たとえていうならば経済循環のメカニズムの歯車のうちに存在していた回転の悪い中小企業の歯車は、従前では間接的なかみ合いで回転していたし、前提の回転速度もにぶかったからそれ程問題とはならなかった。しかし、前提の回転速度が増し、かみ合わせが直接的となるにつれて、にわかに、それが問題となってきたわけである。いわば単に量の問題としてではなく、質の問題として国民経済循環構造の上から中小企業の問題が再検討されねばならなかったといえる。」

竹内正巳のレトリックには実態感覚に裏づけられた巧みさがある。竹内は日本の中小企業問題把握と政策的課題の明確化のための調査研究方法について、つぎのような二段階方法論を提示した。

① 第一段階――「日本経済の近代化過程において中小企業が演じてきた役割とその変化並びに現段階における役割を分析し国民経済構造との関係で中小企業の位置づけを行う」。

② 第二段階――「中小企業自体の内部構造とそこに横たわっている諸問題を明らかにし、最後に、国民経済の将来の発展方向からみて中小企業対策をどう考えその安定的発展の諸条件をどうすべきかを検討」する。

つまり、竹内は、日本経済の発展過程における中小企業の役割を過去と現在について分析し、それを日本経済との関係でとらえ直した上で、中小企業のもつ内部構造(=経営問題)を明確にし、そして、日本経済とこうした中小企業の同時・並行的な発展をどのように政策的に支援するかという視点を提示した。竹内がこうした視点から具体的に取り組んだのは、「産業構造の現状」「大企業と中小企業との間、そして中小企業相互の合理的な社会的分業」「個別中小企業における生産性向上意識」などの問題であった。

その後、国で「中小企業基本法」の制定をめぐって、通産省(中小企業庁)、国会、与野党で大企業と中小企業との間の二重構造問題が重要視されていくが、大阪府の調査研究機関がきわめて先見的にこの種の問題をすでに取り上げていた。このことは、商工経済研究所の内部資料として作成された『中小企業対策の基線』(昭和三二[一九五七]年)や『中小企業生産性向上に関する調査』(昭和三三[一九五八]年)でも詳細に鋭く意識されていた。

実際のところ、こうした調査結果は、中小企業庁などへの情報提供を通じて政府の中小企業政策形成にも影響を与えていたし、また、竹内正巳自身が政府の経済審議会の臨時委員や「中小企業基本法案」をめぐる地方公聴会などの意見参考人として、積極的に中小企業問題の実態とその解決のための政策提言を行っていた。

しかしながら、昭和三〇年代後半から商工経済研究所の役割と調査報告の水準は大きく低下し始めた。この背景には、昭和三八[一九六三]年に中小企業近代化促進法や中小企業基本法が制定され、国主導による中小企業政策の方向性が確立していったことがあった。中小企業政策は国を中心として整備され、地方自治体はこの執行機関としての色彩を強めていった。つまり、これ以前の時期には、商工経済研究所のような地方調査機関による独自調査の領域が多かったが、中小企業基本法の制定以降は、国(=中小企業庁)が発表する『中小企業白書』や『報告書』などを念頭に置いた委託調査の比重が高まっていった。

また、中小企業基本法のあとに、次々と個別法が制定され、これに関連した調査も増えた。こうした調査は中小企業庁単独では困難であり、必然、地方の調査機関などを巻き込んで実施されていった。昭和四〇年代には、この傾向がさらにすすみ、地方調査機関独自の調査能力が低下していった。

この時期以降、中小企業研究者が中小企業庁の調査結果や関連データ（＝中小企業庁の実態認識、より正確には政策誘導的実態認識）に大きく依存し、調査データの多様性が失われ始めていった。地方経済の振興に果たす中小企業の役割が政策的に叫ばれた一方で、中小企業調査における中央集権化が顕著となったのは皮肉であった。

ただし、これは地方調査機関による調査を減少させたわけではなく、むしろ実態的には逆に国からの委託調査は拡大していった。しかし、現在では地方自治体の調査機関の多くが廃止されたこともあり、中小企業の調査主体は金融証券関係のシンクタンクなどにも拡大してきた。だが、その問題設定や方法論はあまりにも均一的、政策誘導的であり、地方調査機関による独自性が十分に留保されたわけではなかった。

こうした調査結果の一部は中小企業庁などの『中小企業白書』などにも反映されてきた。地方調査機関における調査そのものを自由にデザインする能力の衰微と、ほぼ同時平行的にすすんだ中央集権的調査の傾向は、大学人や研究者の調査の（生産者でなく）消費者としての側面を大きく押し広げた。その結果、『中小企業白書』で代表される中小企業「問題」への意識と日本中小企業学会の全国大会などでの統一論題は、ますます共鳴効果をもつようになってきている。

たとえば、日本中小企業学会の第一回全国大会は昭和五六［一九八一］年に大阪市で開催された。このときの統一論題は「国際化時代における地域経済の発展と中小企業」であった。この時期は、日本経済が貿易・資本の自由化という試練を乗り越えたものの、昭和四〇年代のニクソンショックや石油ショックによって、輸出型地場産業や下請型中小企業の存立基盤が大きく変化しはじめたころであった。このテーマはこうした時代的背景に沿ったものであったことがわかる。

統一論題は第二回、第三回とわが国の中小企業研究の中心テーマを形成してきた「中小企業問題」であり、第四回（昭和五九［一九八四］年）以降もこうした傾向が続いた。第四回の「下請・流通系列化」、第五回の「先進国中小企業の国際比較」、第六回の「高度情報化の進展と中小企業問題」、第七回と第八回の「産業構造調整問題」などのテーマは、いずれも中小企業をとりまく経済環境が急速に変化するなかでの「中小企業問題とは何か」という課題の検討・再検討であった。

こうしたテーマは、多少時期のずれはあるものの、『中小企業白書』が提起した諸問題と呼応していた。白書が提示した中小企業における技術開発や情報化への対応の遅れ、円高定着下の産業構造調整の進展と中小企業の存立基盤との摩擦などの問題がそこには反映された。また、学会でのテーマと白書との連動性ということでは、ここ一〇年間の統一論題ではその傾向が一層顕著である。イノベーションに果たす中小企業の役割、中小企業経営者と企業家精神との関係、ベンチャー企業などはその典型的かつ具体的な事例である。

ここで、「中小企業の何を明らかにするのか」という点に戻れば、演繹的方法論としての理論研究に加え、帰納的方法論において不可欠な実態調査と、両者の接近方法の双方通行性の重要性をいくら強調してもしすぎることはない。そして、こうした理論と現状の関係を正しく位置づけるには、そこに歴史的な視点がなければならない。このうち、帰納的方法論を支える調査については、多様・多彩な機関を必要とするが、一部の金融・証券・保険系のシンクタンクは別として、いまはその数が大きく減った。現在は、官から発注される調査も含め、官の組織化された調査が大きな割合を占める。

課題は独立的調査主体の多様化である。だが、これ以上に気になるのは、先にみた学会などでのテーマ設定と中小企業の分析に使われる用語の官製化である。分析対象となる中小企業実態調査などのデータも官製ならば、分析用語も官製であることには、問題はないのであろうか。中小企業に対する分析用語そのものが個別の研究主体である中小企業研究者によって提示されていないとすれば、この点の官民の同調性の高まりは、何でも独占資本で済ませてしまった時期と同じように、わたしたちの中小企業研究のあり方に再考を迫っている。

何を問題視してきたのか

中小企業研究において「何を明らかにしたのか」という素朴な疑問をもう一度問いかければ、日本において、それは「中小企業とは何か」をつねに自問してきた歴史でもあった。こうした問題設定は「中小企業問題とは何か」という研究テーマのことでもあった。とはいえ、すでに述べたように、こうした中小企業研究の中心軸は「中小企業問題」の理論的解明であり、現状分析においても、こうした軸に沿ったかたちで実態調査が行われてきた。反面、中小企業問題への強い傾斜は「中小企業とは何か」という「中小企業」概念そのものの検討を片隅に追いやりがちであった。

ここでの問題は、中小企業を「衰退」や「停滞」とする問題性概念の「代理変数」のように位置づけたことであった。だが、末松が主張したように、中小企業は「停滞性」と「発展性」を併せもつ「時間的概念」であることが再認識される必要があった。それはそうではないか。いまは大企業や中堅企業であっても、大人が赤ん坊から成長したように、その初期は零細企業であり、小企業であり、そして中小企業であった。では、この成長を促したのは何であったのか。

中小企業経営者の企業家精神なるものに実態以上に期待が寄せられているいま、「中小企業の何を明らかにするのか」という点への問いかけは、中小企業研究の理論的枠組みの明確化とあいまって、中小企業の歴史的研究の再検討をわたしたちに促している。この問いかけは、そのうちに国際比較視点を内包させなければならない。

ところで、日本の中小企業研究の創始点をいつの時代にするかといった場合、これを同定することはそう容易ではない。このときに、なによりも、「中小企業とは何か」という点に視点を回帰させ、なぜ、それを問題視せざるを得なかったのかという点を不問に付すわけにはいかない。個人として田島錦治などの大学人が明治三〇年代にその著作で企業の規模概念を明示したからといって、この時点をわが国の中小企業研究の出発点とするには異論があるだろう。

また、政策的な検討対象が中小企業であるといっても、中小企業という概念そのものが国民経済の発展段階での相対的規模概念であるかぎり、すでに紹介した前田正名の『興業意見』に至るまでの一連の政策立案作業をわが国中小企業研究の始発点とするにも無理がある。当時はすべて中小企業というよりも、零細家内工業の時代であり、企業規模の零細中小性を際立たせるほどに大規模企業が成立していたわけではなかった。

創始という含意では、「中小」規模という実態が際立った概念として成立するには、やはり「大」規模企業のある程度の堆積が目に見える段階にまで国民経済が発展しており、こうした状況の把握に官が乗り出さざるを得ない事情がなくてはならない。状況の把握ということでは、統計に規模別範疇が入ってくる時期がある程度のヒントを与えてくれる。これは日本のみならず、国際的にみても十分に首肯しうることだ。

日本でいえば、明治末に『工場統計』が発表されるが、そこには明らかに規模別範疇の概念が持ち込まれている。大正期の企業ブームと経済拡張期に、多くの新規参入、既存企業の拡張、機械化と動力化が同時平行的にすすみ、大企業に対する中・小企業の概念が実質的に形成されていった。大正期半ばの社会政策学会全国大会で「小工業」問題が統一論題として取り上げられたことは、大学人などの研究者の間においてある程度の共通認識が形成されていたことの傍証ではある。

当時は、大工業に対する小工業——この場合には、多分に在来的手工業という意味合いが強かったが——という概念が濃厚であり、「中」小工業という用語が学会のみならず、大正期の日本経済の拡張による読者層の拡大に呼応して生まれ始めた経済雑誌あたりにあふれ出てくるのは、大正末から昭和期の金融恐慌、そして昭和大恐慌以後の時期であった。それは積極的な「正」のイメージをもったものではなく、経済不況と信用恐慌の下に呻吟し「危機に立つ」という、たっぷり「負」のイメージをもった「中小」概念そのものであった。

そして、既述の学術振興会に第二三小委員会というかたちで、「中小工業」委員会が設けられ、中小工(企)業研究に「官」のお墨付きをもらったのは昭和一三〔一九三八〕年のことであった。以来、多くの研究書や著作が現れ、半世紀以上の時が過ぎた。

こうした従来の研究蓄積を、今後、どのようなかたちで継承し、「有効な」中小企業政策の形成に結びつけていくのか。中小企業問題重視派のなかには、必然、日本「資本主義」の発展段階で、とりわけ、独占資本や国家独占資本——いまでは、流行を過ぎて死語となったことばであるが、人畜無害の「大経営」という概念よりはその政治的運動性を象徴化している——という大企業体制の成立と変化の方向で、中小企業の存立をとらえる伝統的思考回路にこだわりをみせる人たちもいるだろう。

また、「中小企業とは何か」重視派のなかには、このような伝統的思考に対して、あるいは従来のわが国の中小企業研究の蓄積にさほどの関心とこだわりをみせずに、むしろ個別産業での産業特性を中心に個別事例のみを重視し、産業組織と市場条件とを統合させた上で個別事例を一般化することに無頓着な人たちもいる。この場合、個別事例的な経営論と企業家精神論があまりにも安易に結合されている場合も見受けられる。

時代が異なるといってしまえば、それまでである。だが、末松玄六等がマルキシズムのもった公式主義へのアンチテーゼとして、中小企業の分析に経営的視点を入れたものの、そこにはつねに経営経済的視点が健全に留保されていたことを思い起こす必要があろう。経済的視点が抜け落ち、経営的視点だけが残された中小企業研究は、だれにでも好きなようにあるいは嫌いなように利用しうるご都合主義的な万華鏡のような公式主義となる。そして、こういった事例的研究は、やがて跡形もなく忘却されていくだろう。

考えてみれば、中小企業に関する用語も時代――これは単に時間の経過というものでなく、その時代のもつ政治、経済、社会など全要素的なベクトルとしての概念――とともに変化してきた。たとえば、大企業と中小企業との下請関係や下請的取引にみられた諸構造が、「ネットワーク」や「クラスター」という用語でもって、その関係の一部だけが剝ぎ取られて分析されたり、あるいは、中小企業のうち、零細企業や自営業が「マイクロビジネス」――中小企業概念とは別に切り離して、零細層を取り上げ、それをどのように表現すべきであるかはその社会の個別歴史性に深く関わった歴史的・社会的概念であり、その上に経済的概念が覆いかぶさっている――という用語に置き換えられ論じられたりする。

また、中小企業の経営特質が経営革新や技術革新、さらにはイノベーションという政策的志向性あるいは政策的誘導性の強い用語で取り上げられたりしている。中小企業の分析用語のこのような変化そのものが、過去の日本での中小企業研究蓄積との決別を示唆するものなのか、あるいは、単に過去においても繰り返されてきた輸入概念の雑居性という底流の一つなのか、さらには、単に便宜的に官による調査などの「白書的用語」を十分に検討せずに使っただけの結果なのか。

わが国の中小企業研究の成果を問うことは、中小企業の「何を問題視するのか」という歴史的変遷を概観することでもある。それは「何を問題視するのか」という扉をあけるための「鍵」を問うことでもある。そして、この鍵用語(キーワード)である分析用語の先にみた変遷は、分析概念そのものがその時々の中小企業の現状を的確にとらえるほどの精度をもっていたのかどうかをも問われているといってよい。

丸山真男の『日本の思想』をめぐって

先に問題提起した中小企業研究のあり方に、わたし自身の考えを付け加える必要がある。その前に、すこしばかり脱線して、丸山真男の思索過程を政策論という観点から振り返っておきたい。ここでは『日本の思想』を取り上げる。

丸山真男の『日本の思想』は、いまも読みつがれている。わたし自身も、中小企業政策の現場にいて、その背後にある何かを考える上で、何度となく読み返し、共鳴し、反発し、そして同調して、つぎなる疑問に突き当たらされた、いわば触媒のような存在が丸山のこの著作である。

丸山はこの小著の中で制度について何箇所かでふれている。政策とは、単純化していえば、制度設計であり、制度の選択行動が政治である。したがって、制度とは政策そのものである。丸山の「政策(制度)論」をわたしなりに整理すれば、つぎの八項目のようになる。

(一) 政策思想と制度との間の社会的文脈――「もろもろのイデオロギーを日本の場で検証する手続を経ないで、社会的文脈ぬきに思想の歴史的進化や発展を図式化することで、そこからして、『超進歩的』思想が政治的超反動と結びつくというアイロニイが生まれるのである。」

(二) 制度における精神性――「問題はどこまでも制度における精神、制度をつくる精神が、制度の具体的な作用のし方とどのように内面的に結びつき、それが制度自体と制度にたいする人びとの考え方をどのように規定しているか、という、いわば日本国家の認識論的構造にある。」

(三) 制度のフィクション性への無自覚――「憲法その他の法的＝政治的制度を、制度をつくる主体の問題から切り離して、完結したものとして取扱う考え方とふかく連なっている。……フィクションとしての制度の自覚は、同時にフィクションと生の現実との間の鋭い分離と緊張と自覚でもあったのである。この自覚はむしろヨーロッパ近代が完成し、もろもろの制度がオートマティックな運転を開始するに当っては、しだいにうすれ、そこに制度の物神化が胚胎するのである。」

(四) 近代化のための制度――「(息つく暇もない近代化、ほとんど無人の野を行くように進展した近代化の――引用者注) 社会的秘密の一つは、自主的特権に依拠する封建的＝身分的中間勢力の抵抗の脆さであった。……社会的栄誉を担う強靱な貴族的伝統や、自治都市、特権ギルド、不入権をもつ寺院など、国家権力にたいする社会的なバリケードがいかに本来脆弱であったかがわかる。……民主化を伴わぬ『大衆化』現象もテクノロジーの普及とともに比較的早くから顕著になった。……制度的近代化は社会的バリケードの抵抗が少なかっただけに、……スピーディな『近代化』は制度的にもイデオロギー的にもこの頂点と底辺の両極における『前近代的』の温存と利用によって可能となった。」

(五) 制度と共同体――「(制度の――引用者注) 社会的媒体となったのがこの共同体を基礎とする地主＝名望家支配であり、意識的にその結合をイデオロギー化したのが、いわゆる『家族国家』観にほかならない。この同族的(むろん擬制を含んだ) 紐帯と祭祀の共同と、『隣保共助の旧慣』とによって成立つ部落共同体は、その内部で個人の析出を許さず、決断主体の明確化や利害の露わな対決を回避する情緒的直接的＝結合態である点、また、『固有信仰』の伝統の発源地である点、……超モダンな『全体主義』も、話合いの『民主主義』も和気あいあいの『平和主義』も一切のイデオロギーが本来そこに包摂され、それゆえに一切の『抽象的理論』の呪縛から解放されて『一如』の世界に抱かれる場所である。」

(六) 制度と実情の狭間――「『実情』が共同体的習俗に根をおろしている限り、それは本来合理化＝抽象化一般と相容れないものであり、したがって近代的制度も本来『実情』に適合することは不可能なのである。……『制度』は既製品として、しかも各部門でバラバラに輸入され、制度化のプロセス(全体的計画性と個別的実態調査との結合) ぬきに実施されることが少なくないので、いよいよ現実との間に悪循環を引き起こす。(したがって、この改善は役人の制度いじりというデスクの上での自己運動と、現実の多様性とは合わないルールの画一性をもたらし、ますます混乱するはずであるが――引用者注) ……近代日本ではメカニズムが権力と恩情との即時的な統一によって運転される傾向を帯びるばかりでなく、逆に尺度が『情実』に規制されて伸縮する(他の箇所で、丸山は他事にやたらと世話を焼くという含意で福沢諭吉のことばをつかって、『多情の老婆』的傾向とも表現している――引用者注)。」

(七) 機能集団とタコツボ的組織化――「明治以後、近代化が進むにつれて、封建時代の伝統的なギルド、講、寄合といったものに代って、近代的な機能集団が発達しますが、……それぞれが一個の閉鎖的なタコツボになってしまう傾向がある。……各組織体がタコツボ化しますと、その組織体は、それに属するメンバーというものを、丸ごと飲み込んでしまうわけであります。メンバーをまるがかえにしてしまうから、従ってその相互の間に共通の言葉、共通の判断基準というものが自主的に、つまり下から形成されるチャンスはおのずから甚だ乏しくなる。」

(八) 制度の可逆性——「日本では国民が自分の生活と実践のなかから制度づくりをしていった経験に乏しい。歴史的にいっても、たいていの近代的な制度はあらかじめでき上がったものとして持ち込まれ、そのワクにしたがって私たちの生活が規制されてきたわけです。……その逆に、私たちの生活と経験を通じて一定の法や制度の設立を要求しまたはそれを改めていくという発想は容易に広がらない。そしてさらに、本来の官僚的思考様式がそういう傾向に拍車をかけます。」

丸山が『日本の思想』にとりかかるきっかけとなったのは、その「まえがき」にもあるように、外国人の日本研究者から日本人あるいは日本社会の「知性構造や世界観の発展」を探ったような書物の所在を聞かれるたびに困惑した経験が直接的であったとはいえ、本書の随所でふれられる明治以降の近代化への疑義が指し示すように、日本の敗戦経験が丸山自身に投影したかたちが同書の底流となっている。

同書のベースとなったのは、丸山が講演会で語ったものや岩波講座に寄稿したものである。時期でいえば、昭和三二〔一九五七〕年から昭和三四〔一九五九〕年にかけてであった。日本が敗戦から経済的には復興したものの、精神的にはいまだ敗戦が痕跡をとどめていた時期であったといえる。丸山は敗戦について直接言及することはなかったが、かといって明治維新から七八年目の近代化の帰結であった日本の敗戦経験に全く無感覚であったことなどありえない。丸山はいくつかの場面で、戦前との対比できわめて禁欲的に戦後社会のあるべき構図を指し示している。

丸山がとらえた日本の戦前社会の構図を、わたしなりに咀嚼して示せば、この構成要素は個人を包摂している「家」、その共同体的拡大空間である「世間」、そして「社会」である。日本の場合は、この三つの構成要素は大正期に分離し始めるが、それまでは社会とは世間のことであり、明治・大正の経済発展を経て階級的分裂が世間から社会という概念を分離させ、そこにマルクス思想が結びつき、社会と社会主義の、いまからみれば、滑稽なほどの撞着性を見出すことができる。

こうした剝離を防ぎ、その再結合を促す「自然的」原理として持ち込まれるのが家とその撞着的拡大空間である世間であり、「義理と人情」を最大限に擬制化した「家族国家観（家父長的な天皇制国家観）」によるつなぎ止めであったとするのが丸山の視角といってよい。ここでは「国家と個人」の対立が微妙に回避され、「個人がなまなましく国家の権力性を肌で」感じることは少なく、現実に個人の範囲で感じるのは、先にみた伊丹万作が指摘したように、軍隊や警察だけでなく、戦時体制下であちこちに出没した天皇国家の小役人のような人たちの「個人と国家」が撞着したような態度であったろう。

こうした構図のなかに、丸山は日本の「近代化政策」のあり様を位置づけようとした、とわたしには思える。すなわち、「近代」化とは、ある意味で「反近代」化という抵抗によって、その社会的文脈である「実情」との緊張関係を通じてはじめてその自然な落ち着き場所を見出していく過程にほかならない。だが、戦前日本の場合には、この反近代を形成する社会層の脆弱さが、かえってあらゆる矛盾を抱え込んだまま「まるかかえ」的に「一如」化となり、このまるかかえこそが、天皇を首座とする家父長的国家体制（＝国体）であったとする。

丸山はこうした戦前日本の鍵的分析概念として、さらに「である」論理（＝帰属集団、タコツボ文化）と「する」論理（＝機能集団、ササラ文化）を持ち込む。タコツボとは、文字通りに蛸が入る壺のことであり、ササラとは扇のように根がひとつであるが、先に枝分かれしているようなかたちを指す。戦前のタコツボ化した組織体での国民的意識統一で大きな役割を果たしたのは「天皇制」であった。そして、丸山は戦後において、タコツボ化した組織体を貫くものとしては、「階級的な同一性に立った組織化と同時に、それと違った次元に立ったいろいろな組織化の方法をできるだけ多く組み合せて積み上げていかざるをえない」とする。

この方向性は、与えられる制度という「である」論理でなく、日本人の生活と実践のなかから「制度づくり」をする論理においてかたち作られることを、丸山は強く示唆する。そして、近代化が急激であった戦前体制の緩やかな冷却を戦後社会においてどのように図るかが提起されていた。

そして、丸山は日本人の第二次大戦での敗戦経験を「第二の開国」として、敗戦から一〇年余りたったこの時期に「タコ壺文化」と「ササラ文化」を対比させつつ、つぎのようにその構図を示している。

「戦後の変革はこのエセ『精神的機軸』を一挙に顚楽させた。ここに日本人の精神状況に本来内在していた雑居的無秩序性は、第二の開国によってほとんど極限にあらわになったように見える。……『タコ壺文化』と『ササラ文化』という比喩でもって、……戦前ではともかく『機軸』としての天皇制が一種の公用語となって、『タコ壺』間をつないでいたが、戦後はそれも通用しなくなり、……」。

『日本の思想』の最後は、丸山の「今日お話しましたような角度から現代を診断する場合に私のいだく正直な感想であります」と結ばれている。丸山が「現代を診断」した時期から、日本の戦後社会は半世紀以上を経た。ここでいう「角度」とは、対で示された「する」論理と「である」論理、タコツボ型とササラ型、近代化と伝統性などであった。丸山は、「である」と「する」が分離されたかたちで近代化がすすめられた日本社会において、「『臣民の道』という行動様式への『帰一』によってかろうじてびほうされていた『国体』という支柱がとりはらわれた」戦後こそ、「いわゆる『大衆社会』的様相が急激にまん延」していることを感じていた。

たしかに、戦後、この天皇制家父長的国家観のうち、「天皇制」の位置づけは大きく変化した。だが、家父長的国家観そのものは容易には変化しなかったのではないか、というのがわたしの見方である。他方、戦後復興が完了し、高度成長期になるに従い、中小企業政策においてもそうであるのだが、中小企業政策立法には、「近代化」が、新たな共通語として登場した「高度化」とともに飛び跳ね始めた。

それは丸山のいう、「日本の近代の『宿命的な』混乱は、一方で『する』価値が猛烈な勢いで浸透しながら、他方では強じんに『である』価値が根をはり、そのうえ、『する』原理をたてまえとする組織が、しばしば『である』社会のモラルによってモーメント化されてきたところに発しているわけなのです。伝統的な『身分』が急激に崩壊しながら、他方で自発的な集団形成と自主的なコミュニケーションの発達が妨げられ、会議と討論の社会的基礎が成熟しないときにどういうことになるか」という状況である。

では、戦後「社会」は「会社」(とりわけ大企業)社会に置き換えられたが、会社のもつ社外的な経済機能集団としての「する」論理と、内部労働市場での長期雇用を通じた社内的な帰属集団としての「である」論理は、戦後真空化した家父長的国家観における「家父長」をどの程度支えたのか。すくなくとも、経済成果を前面に押し出し、新たな経済国家という役割を象徴づけた戦後国家観に、この「会社」社会の論理はかなりの寄与をしたことは間違いない。その中心には大企業と大銀行が位置したのだが、それでは中小企業は戦後日本社会のなかで、どのような位置づけをもち、この戦後国家観との間にどのような折り合いをつけていったのか。

つぎに、この戦後国家観、すなわち、政策主体としての政府のあり方を中小企業政策という制度との関連性において、とらえる必要がでてきた。

ここで大事であるのは、戦後、政府が国家というかたちでわたしたちに戦前・戦中のように重くのしかかることがなくなったものの、会社というものが個人の帰属集団として大きく膨れ上がったことである。これは地域が都市化、とりわけ、郊外のベッドタウン化というかたちでさらに進展し、個人が生活する場としての現実性が少なくなり、文字通り「寝るためだけの」空間と化したことと平行した。通勤の長時間化、会社での勤務の長時間化は、個人の帰属集団としての会社を大きくかさ上げし、ときには家族的擬制化をもたらした反面、個人と地域社会との関係は希薄化していった。そこには、かつての世間としての地域社会はなくなった。

会社を離れた個人は、地域という世間にも居場所を見つけづらいことは、都市郊外に住む退職したサラリーマンのあり方にも如実に反映されているといってよい。このことと人びとの企業家精神の衰えとは無関係ではありえない。自ら創業して事業展開をすることと独立精神とは内的に連関し、自らの帰属集団から一定の距離を保ちつつ、地域や会社を離れた諸個人との多面的な関係を取り結ぶことがその大きな底流となっている。

なお、ここで世間を地域というかたちで等値したが、これはあまりにも狭義の定義である。丸山自身は「世間」についてはは多くを語ってはいない。世間をより広義に解釈すれば、それはわたしたちの社会の構成原理そのものである。それはいまでも、「それは世間が許さない」とか、「世間では通じない」あるいは「世間体が悪い」という表現に残っているように、世間は法律など見えるかたちの社会的規範でなく、見えないかたちの社会的規範であり、わたしたちの行動の外面性を内部から強く規定するものでもある。これはわたしたちが幼児のときから内面化されてきた価値観でもある。

そして、法律で崩すことのできない、あるいは国の介入によってなかなか是正されない現象の多くは、こうした世間の「掟」がわたしたちの内面性に深く入り込み、見えない外部的規制として働いているからでもある。したがって、「近代化」では、日本の場合も含め、こうした世間であるさまざまな機能集団——家族、地域、職業団体など——の自律性や独立性が否定され、国家が策定した法体系の想定する社会にただちにわたしたちが取り込まれるわけではない。

これは封建的(=前近代的)労使関係を否定した近代的な労働法の存在にもかかわらず、そこでの「関係」は、現実には、たとえば、かつての親分=子分の関係がそのまま横滑りすることにも見事にあらわれている。国家の規定したあるべきかたちをもった社会と「実際」の世間のずれこそ、日本のいわゆる大衆文学の今に至るまでのテーマでもある。

そして、見える社会的構成原理に支えられた領域と見えない社会的構成原理に支えられた領域との距離が大きければ大きいほど、それは個人の範囲において処理されてしまう悲劇がある。日本社会の過労死や企業ぐるみ不正への内部告発者のその後を思い浮かべれば、そのイメージが浮かぶであろう。丸山は、政策を考える上においても「見える」「見えない」という視点の重要性を思い起こさせてくれる。

中小企業政策学の方向性をめぐって

中小企業は多数を占めるという点において、中小企業政策という「政治」の場では優位に立てるはずであり、政治の方向で大きな力を発揮する可能性をもつ。選挙という政治の場で、どのような政治的信条を持っていようがいまいが、すべての政党が中小企業への政治的公約をいつも何らかのかたちでずっと語ってきたことはこのことの潜在的表現でもある。

また、日本以外の国でも、そして日本でも中小企業者は農業者以上に政治的に大きな影響力を数の上の形式論理ではもっているようにみえる。だが、現実には、その経済的恩恵は農業者ほどには得ていない。こうした政治的強者という潜在性と、経済的弱者という配置性はどこから来るのであろうか。この構図がもっとも明らかになったのは、最近では、貸し渋り問題のときではなかったろうか。

ただし、銀行からの信用供与における「大企業」対「中小企業」というこの構図を、かつての「保守」対「革新」、「強者」対「弱者」などという中間項を含まない白黒式の二項対立図式でとらえると、見えない部分も見えると錯覚しがちとなる。たとえば、大企業と中小企業のそれぞれの構成要素である従業員は、この中間項の典型的な例である。彼等の利害や精神性が、大企業経営者や中小企業経営者と一致する場合もあるし、離反する場合もある。さらに、同じ働く人たちでありながら、その帰属する組織体の規模の違いにより、その共通の利益と関心が分断・分離されるのは、この中間項のもつある種のメカニズムのためである。

さて、政策決定の過程である政治という場からみれば、たとえば、数の上で「弱者」である農業者が、政治の帰結である経済上の「強者」という有利性をどのように確保しているのか。これは農協やその関連団体、各種圧力団体を通じた組織力が経済政策決定の政治的磁力を強力に働かせるからに他ならない。他方、中小企業にはこの逆のメカニズムが働いている。もっとも、中小企業の数よりも、サラリーマンの数が圧倒的に多く、その政治的磁力は形式論理上、農民や中小企業よりも一層強力であるはずである。

だが、どんなに数の上で優位でも、選挙に出かけ投票という行為を実行しなければ、それは政治力とはならない。安定して確実に期待できる組織票の投票率の高さと、都市での選挙にすら行かない棄票率の高さは、この事実の裏表に過ぎない。

ここで中小企業の「強者」対「弱者」という図式の背後にある政治的結集力という問題設定に戻れば、中小企業の政治力を分断させる要因は、中小企業そのものの多数性のなかにある。それはさまざまな地域のさまざまな産業の、さまざまな経営実態の交差する場の多数性である。それは「さまざま」という多様性をともなったものである。

この「さまざま」を横串にして、そこに共通利害を貫く統合原理としては、「中小企業」ということばはそれほどの磁力をもったエネルギーに転化しえない。ここでは丸山真男の展開した制度論の説明がいくつかのヒントを生み出す。たとえば、「問題はどこまでも制度における精神、制度をつくる精神が、制度の具体的な作用のし方とどのように内面的に結びつき、それが制度自体と制度にたいする人びと(=中小企業経営者や従業者)の考え方をどのように規定しているか」という点。とはいえ、戦前から戦後へと継承された中小企業への組織化政策は、多くの中小企業組合を生み出した。にもかかわらず、なぜ、それが中小企業政策において中小企業者の大きな結集力となりえなかったのか、あるいは、抵抗勢力とはならなかったのか。

この答えは、先にみた丸山の指摘の㈤がこれをとく鍵を提供している、とわたしには思える。一つめの鍵は、組織化の原理はあくまでも上から作用するものであって、決して下からの自発性ではないこと。すなわち、組織は政府が補助金などを交付するための上意下達のトンネル機関であって、そこにはそれらが圧力団体化して逆流するのを防ぐための逆流防止弁が組み込まれている。

もっとも、こうした逆流防止弁にスイッチが入ったことはそう多くはなかった。つまり、金（＝補助金）の切れ目が縁（＝組合）の切れ目で、補助金が停止すれば、組合の機能が大幅に低下するのが常であり、そこでの結束力はそれほど強いものではなかった。むろん、ニクソンショックやいくつかの円高局面で、「円高反対」というスローガンが掲げられ盛り上がった時期もあった。ただし、こうした声は中小企業組合の内外でも声高に叫ばれ、それはあまりにも一般的かつあいまいな政治的要求であった。これは、特定の政治的要求をピンボケさせた点において、むしろ組織内部の結束力の弱さの証でもあった。

二つめの鍵は、こうした組合の運営原理に関連する。中小企業組合は、理事長＝名望家支配が強く、同業者の「紐帯と祭祀（懇親会も含め）の共同と、『隣保共助の旧慣』とによって成立つ部落共同体」の原理が強く働き、その内部では「個人の析出を許さず、決断主体の明確化や利害の露わな対決を回避する情緒的直接的＝結合態で……一切のイデオロギーが本来そこに包摂され、それゆえに一切の『抽象的理論』の呪縛から解放される『一如』の世界」という丸山の原理が働く典型的な場でもあった。

丸山はこれを「こんなバラバラということで統一が取れず、結局は理事長など組合幹部一任となれば、個別組合員の抵抗が「体制側」（丸山のこんな物言いはいまでは流行らないが、要するに政府——引用者注）での操作に吸収される結果になるか、大は待合・銀座のバーから小は村の寄合に至る『富士の白雪ャのーえ』の放吟にそのエネルギーを発散してふたたび日常的な『実感』の世界に閉じこもる」と表現する。いまなら、カラオケでの「わ〜れは、行く♪」の「昴」の大合唱ということになろうか。

このことは、中小企業政策が対象とする中小企業の「多数性」と「多様性」をつなぐ中間項を同定することの困難性を指し示している。有効な中小企業政策を考える上での、第一関門がこの問題である。だが、これについては政府――中央のみならず、地方においても――がしばしば実施した中小企業への『アンケート調査』あたりで、「貴社がもっとも経営上お困りの問題は何でしょうか。つぎのいずれのうちから選択してください（複数回答可）」という設問で、中小企業問題の内実がよく探られはした。そして、この模範解答は時と場所を超え、「十分な資金がない」「税金が高い」「優秀な人が集まらない」という応援「三点セット」のような感じが常であった。

しかし、回答をまとめる側も、こんなに多数の中小企業のために用意する「十分な資金がない」し、「税金が高い」といわれても、「いろんな事情をもつ多様な中小企業に一律税金を下げることもできない」し、また、「優秀な人」といっても、「就職は人の自由だし」と独り言をつぶやきながら、こうした不安定な中小企業に就職せず、終身雇用の公務員職にある自らの小市民的な行幸を感じて、ため息をついているのが実際のところではないか、とわたしは思う。

必然、制度設計では、フィクションとしての制度において中小企業と政府の何らかの中間項を考え出し、それを中心とした制度を組むことになる。わたしはこれを揶揄しているのでなく、これが政策であり、政治であるといっているに過ぎない。このことを丸山は鋭く感じ、表現している。「法的＝政治的制度を、制度をつくる主体の問題から切り離して、完結したものとして取扱う考え方とふかく連なっている。……フィクションとしての制度の自覚は、同時にフィクションと生の現実との間の鋭い分離と緊張と自覚でもあったのである」。

だからこそ、政策という制度（＝フィクション）に対しては、「私たちの生活と経験を通じて一定の法や制度の設立を要求しまたはそれを改めていくという発想」をつねに保持し、政策そのものを制度と現実の間隙を埋める行為に変えていく何かが必要である。

中小企業政策学と政策過程論

先に述べた「フィクション」としての中間項こそが、各政党における公約であり、現実の政治における政治的決着の結果となる。したがって、政策においてその決定過程をみておくことは重要である。

そして、中小企業政策もまたほかの多くの政策と同様にその政策決定過程をもっている。第21図にはそれの一つの単純モデルを示している。これは三つの主役――中小企業、政治家・政党、官僚組織としての政府――と三つの軸――圧力政治、政策実施、政権――から構成されている。この三つの主役がそれぞれの行動類型をもち、三つの軸の上で展開するそれぞれが影響を及ぼす動きがその国の中小企業政策のあり方を形作っている。三つの主役の行動類型を示しておくとつぎのようになる。

㈠　中小企業――中小企業は個別バラバラでは政治的影響力を行使し得ないし、また、それを保持し得ないことから、政治団体を形成する。

㈡　政治家および政党――中小企業が企業数において圧倒的多数を占めるがゆえに、各政治家は自らの選挙区に立地する中小企業者への政治的メッセージというかたちで中小企業政策を打ち出さざるを得ないし、また、政治家の帰属する政党もまた政治公約として種々の中小企業政策を提示する。

㈢　官僚組織としての政府――政府は中小企業政策の実施主体である。

第21図　中小企業をめぐる政策決定

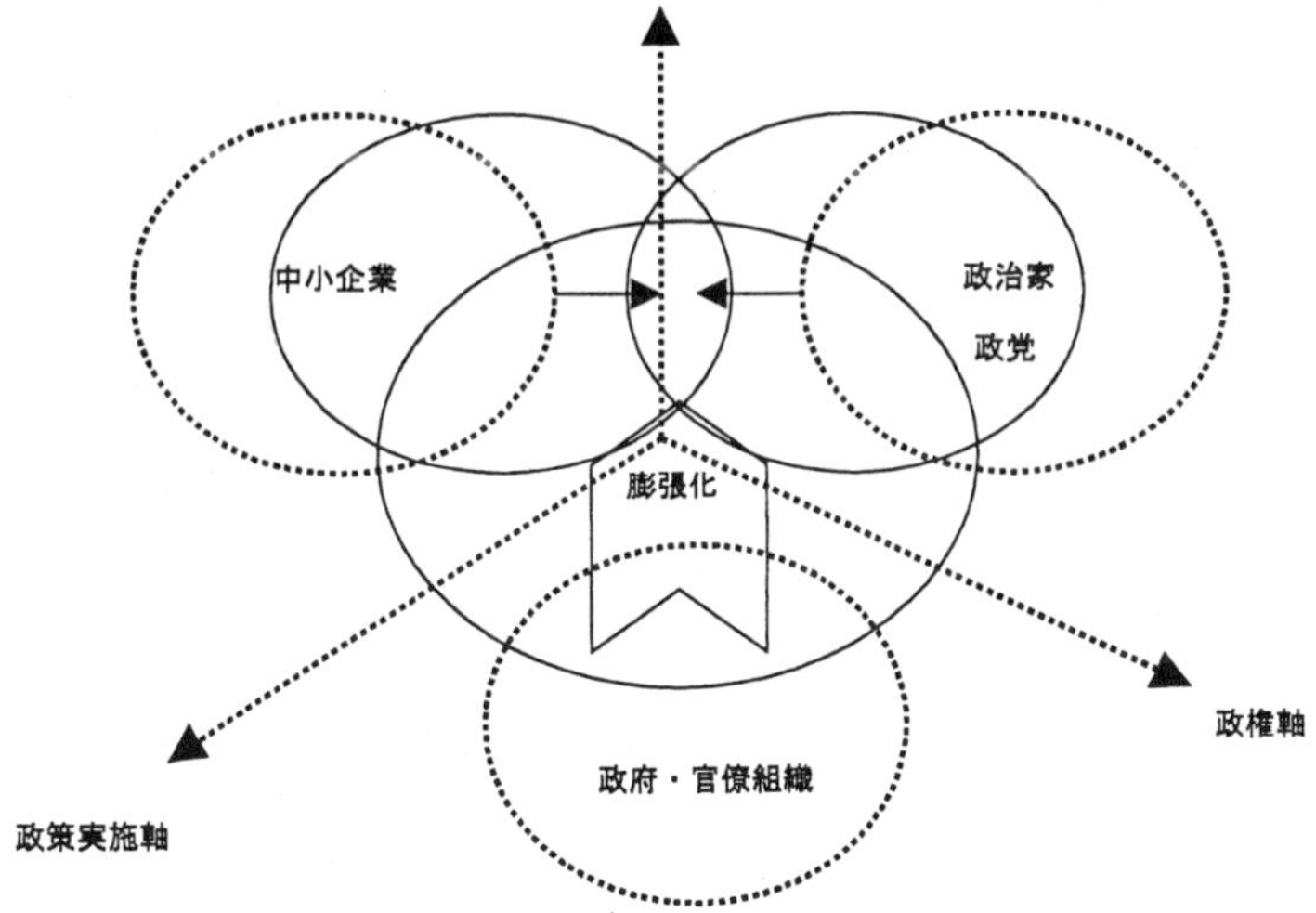

中小企業の政治団体については、昭和二〇年代や三〇年代に全日本中小企業協議会や日本中小企業政治連盟（中政連）が結成された。とりわけ、中政連は自ら提案した中小企業政策立法案の制定を掲げると共に、参議院選挙に独自の立候補者を擁立するなど政治圧力団体として役割を果たした。昭和三四［一九五九］年の参議院選挙では、中政連は総裁の鮎川義介（当時、七四歳）が約四四万票を獲得して当選したものの、松崎建吉（五四歳）は九・七万票、小川市吉（三七歳）は約六万票で落選した。

しかしながら、皮肉なことに、鮎川が法案成立に尽力した中小企業の組織化法の制定によって、中小企業の自主独立的な政治運動は停滞し始め、中小企業は政府の補助金の交付団体化あるいは公認カルテル団体化していき、中小企業が統一的な政治要求をすることはあいまいとなっていく。中政連も鮎川の資金と指導力に大きく依拠していたことで、鮎川の死後、その活動は低下した。いずれにせよ、産業、企業規模、地域などの差異を超えて中小企業が自主独立的な大きな政治圧力団体を形成したとはいえなかった。

政治家および政党が、その選挙公約あるいは政策において中小企業を意識せざるを得ない理由についてはすでに述べたとおりである。中小企業が大きな圧力団体を実質上形成しておらず、独自の政党も形成していない日本の現状では、それぞれの政党にとって、選挙での票の草刈場として中小企業がとらえられている。これを政策面からみれば、いずれの政党も実現の可能性とは離れたきわめて抽象的な政策公約が目立つ。

ゆえに、現実には中小企業政策形成において、政府が大きな役割を果たしてきた。そして、中小企業者や政治家が、経済的恩恵や選挙当選という面でそれぞれの精神の運動性を持つように、官僚組織としての政府において、政策立案をする上級職員たちもまた彼ら独自の精神の運動性をもっている。組織の「内」においては、その精神の中心をなすのは序列意識と上昇志向であり、組織の「外」においてはその重心は「痛みの無さ」として発露する。

したがって、ここでは中小企業「問題」への痛みを感じるよりは、前任者との比較、組織における上昇志向、あるいは序列優位の確保という精神の運動が、前任者とは異なる政策を追い求める姿勢をしばしば生み出す。これに拍車をかけるのは二〜三年ごとに繰り返されるポスト間の移動であり、その結果、政策対象となる事象や問題に対してじっくり時間をかけるような取組みがないがしろになる。

「前任者と異なる何か」という政策は、しばしば海外事例や政策の安易な導入につながり、いわば思いつき的に政策が立案され、与党などの政策公約などに登場する。しばしば、「米国では成功したから、日本でも」「北欧ではうまく行っているようだから、日本でもうまく行くに違いない」という式に、政策の輸入がしばしば輸入国の表示がないままに、つぎつぎと提案されたりする。

ここで中小企業政策に戻ってみると、日本では第21図で示した圧力政治軸が必ずしも強くなく、また、中小企業が政府の中小企業政策の受け皿機関として組み入れられてきたことで政策実施軸が強く、政権軸では途中で短期間の連立政権時期があったものの、与党と政府の長期間にわたる一体化のために、官僚組織からの政策立案が強いという特徴が、政策過程の底流をなしていることがわかる。

必要なのは、中小企業の政治圧力団体化といった以前に、国民全体に納得がいくような政治要求が、先にみた官治政治の弊害に対抗し、三つの軸の上で中小企業政策の立案過程がより透明度を増しながら、展開されることであろう。

終章　どうすれば、中小企業政策はうまく行くのか

前田正名『興業意見』の再考・再評価

小工業あるいは中小工業をどのように育成していくのか。こうした構想は過去にもあった。たとえば、前田正名の政策構想も含め、一般にこうした過去の歴史的所産をどのように評価し、その貴重な成功経験あるいは失敗経験をどのように現在に生かしうるのか。ここでは、白黒というような単純な結論はさほど意味をなさない。

評価方法には、おおよそ「今から昔をみるやり方」と「昔から今をみるようなやり方」の二種類がある。最初のやり方は、その後の経緯を知るわたしたちにとっては、もっとも白黒をつけたくなるような誘惑がある。だれにも、将来のことはわからないが、昔の人たちからみて将来のことは、わたしたちにとって昔のことであり、何があたり、何があたらなかったのかが手にとるようにして分かる。ゆえに、白黒の世界になる。だが、昔から今をみると、当時の環境にあってその限界を超えて、経済の変化の方向や世界情勢の背景にあった動きを知り、すばらしい処方箋を書いていたことがわかることが多い。ただし、今も昔も、政策構想を実現する上で政治的要素は曲者であり、これは現在のわたしたちも見通すことがなかなかできない要素である。ここでも、白黒という議論はさほどの意味をもたない。

過去の政策構想を評価する上で見落としてはならないのは、何が重要視され、何が重要視されなかったのかという事実であり、また時間的経過の下で、そのうちの何が今につながっているのかを探ることだ、とわたしは思う。

ここで前田正名の明治一七［一八八四］年の『興業意見』に戻っておく。概要については、すでに第四章で紹介したので、以下では、この政策構想の現代的意義を中心に探っておきたい。

一つめの評価すべき点は、政策を立てる上での演繹的方法論と帰納的方法論との峻別である。これは国際比較視点の大事な点でもある。

フランスなど欧州諸国の産業発展とこれに沿ったかたちでの当時の政策論の形成は、その背後に帰納的な方向性を内包させているにもかかわらず、性急な近代化を図る日本などではこの点が忘れられ、手っ取り早く定着させられるような点に焦点が絞られがちであった。つまり、苗木を輸入しても土壌が異なれば、同じような花や実をつけるとは限らない。性急のあまり、苗木を異なる木々に接木しても、同じ系統の樹木同士でなければ実がならず、かえって素の木々を枯らしてしまうことにもなりかねない。

わたしたちは、輸入学問という演繹的思考によっていろいろな事柄の応用性への手がかりがわかるが、ここに至るまでの経過という帰納的方法論による分析なくしては、導入される政策そのものが新たな政策問題を生み出すという悪循環ともなりうる。

前田が「モノに聞く」という調査視点を重要視して、地方産業調査を実施し、フランスなど欧州社会での産業発展のあり方を学びつつも、日本の土壌あるいは接木される樹木の性格という当時の日本の現実に拘ったことは、いまもわたしたちが忘れてはならない点ではないだろうか。

二つめは、こうした「モノに聞く」調査から「発見」できたさまざまな事実から、何を学ぶかという視点をもつことである。前田は個別産業における成長の潜在性に着目したといってよい。とりわけ、欧米型の近代工業の移植に目が行きがちな当時の現状――前田もこうした誤謬から自由であったわけではなかったが――にあって、国力の源泉としての小工業の潜在的成長性に気づき、どのようにしてこれを支援するのかについて政策論を展開したといってよい。

三つめは、市場重視の視点である。貿易を英国人など外国人に支配され、十分な市場調査能力、市場開拓能力と販売能力をもちえない事業展開がやがて行き詰ることを前田は熟知していた。前田の政策論の底流に市場重視の根本姿勢があった。

四つめは経営環境とともに、個別経営における企業家精神、そして個別経営の弱点を克服あるいは補うための組織化の重要性への視点があった。

こうした四つの視点は、いまも時代を超えた人の営みとしての事業展開、そしてこれを支援する意味での政策のあり様を考える上で生き生きとした材料を提供している。中小企業政策がうまく行く条件として、この四つの視点はいまも生きる。

中小企業と技術革新、市場、産業構造

米経済から商品経済（=貨幣経済）への対応において限界があった江戸期封建制の下で、各藩は悪化する財政難に対処するために、さまざまな殖産興業政策を試行した。こうしたなかで、公認カルテル制度といってよい株仲間の結成が行われ、藩の特産品の育成と保護が政策的に図られ、流通制度なども整備されていっ

た。

前田はこうした江戸期の藩による殖産興業政策についても『興業意見』で取り上げ、これを決して守旧的で時代遅れの制度と否定せず、その現代的意義を積極的に探っている。しかし、江戸幕藩体制の否定の上に成立した明治政府は、こうした制度を認めず、新たな産業振興のメインシステムとして欧米諸国の政策を導入していった。とはいえ、導入された近代工業などは、その基盤としてさまざまな制度の形成と定着を前提としており、近代技術や近代工場の性急な移植は明治政府にとって大きな財政負担となっていった。

現代的なことばでいえば、ターンキーオペレーション——工場などを外国人技術者の手を借りてつくりあげ、鍵を渡され、機械を動かし、工場を操業させること——で近代工業を移植させても、機械などの修理を含めた保守点検を受け持つ技能者、製造を受け持つ工場労働者、新たな機械を開発する技術者などを育て上げる学校などが未発達な状況では、やがて行き詰っていく。

技術移転が行われるには、これを受け入れる人たちの一定の堆積を必要とする。このためには、技術修得などの高等教育だけでなく、初等・中等教育機関の充実が大事であり、また、さまざまな加工や部品の製造を受け持つ、いわゆる裾野産業の育成も図られる必要がある。そして、こうして生み出される製品の消費市場のある程度の発達もまた、産業振興にとっての前提条件である。

つまり、イメージ的にはアルプスのように孤高の突出した山があっても、それが山脈をなさなければ、だれも登ることができない。産業は多くの関連産業という山脈があって、はじめて成長の可能性をもつ。

この意味では、江戸期以来の伝統的産業を育て上げた政策、あるいは、問屋制度などを含めた従来型システムへの着目は重要であり、これと、近代化の象徴たるべき近代産業及びその担い手としての近代工業という新たなシステムとの間にどのような連関性をもたせ、それぞれの利点が梃子となってそれぞれが発展できるかが問われて当然であった。

ただし、日本の政策の流れにおいて、「大企業」は近代化の積極的な担い手とされる一方で、「中小企業」はつねに近代化されるべき「遅れた」存在として位置づけられてきた。「中小企業」という語感は、つねに克服されるべきものとされた。しかし、明治から大正期において近代部門がようやく国家の保護の下ですこしばかり自立し始めるまで、中小工業は日本の輸出面において日本経済を支え続けた。中小工業は国家の保護を受けなかったものの、その存立の強靱さと競争力の強さを保持しえた。このことは留意しておいてよい。

また、日常生活における日本人の西欧化のスピードが加速し始める大正後期までは、こうした中小工業製品が輸出市場のみならず、国内市場でもその場所を確保しえたことも大きかった。とはいえ、やがて中小企業をとりまく経済環境が変わり始めた。

一つめは技術革新、二つめは市場の変化、そして三つめは産業構造の変化であった。最初の点は、日本製品の「安かろう悪かろう」の時代の終焉、つまり品質競争力への対応である。これは、欧米諸国から婦女・子供の低賃金と長時間労働に基づいた日本の価格競争力がソシアルダンピングの批判を受け、労働条件の改善が求められるなど、第一次大戦後において「一等国」となった日本に相応しい振る舞いが求められた。機械化の時代となっていた。

二つめの点は、日本の消費者の洋風化に応じた製品づくりが中小企業にもますます求められてきたことである。と同時に、第一次大戦後の欧州諸国が戦時経済から民需経済へと再転換して、アジア市場などで日本の製品との競合を強めるにつれ、日本の中小企業もまたより高次な対応が必要になった。

三つめの点は、国内において、第一次大戦中にとりわけ金属、機械、化学など重工業が、欧州諸国からの輸入が途絶されたことで発展を遂げ始め、やがて昭和に入ってからの準戦時体制、そして戦時体制下において加速し、中小企業もまたこうした産業構造の変化のなかで従来の軽工業製品中心から重工業製品の加工に関連した分野に新たな発展の可能性を見出していかざるを得なかった。

この三つの視点、すなわち、技術革新の進行、消費者市場の変化、産業構造の変化をうまく中小企業政策に取り込み、経済のダイナミックな変化に中小企業が適応できるようにいかに支援するかが、いままで以上に中小企業政策がうまく行くかどうかの条件となっている。

中小企業と倒産率をめぐって

以上、中小企業の存立基盤や存立分野の変化を、第二次大戦前の歴史的な経緯として描いた。とはいえ、これは第二次大戦後の中小企業のおおよその変化の方向でもあった。さらに、いくつかの「ショック」などで象徴化された経済環境変化――たとえば、一九七〇年代の円の切上げによるニクソンショックや石油価格などの高騰を招いた石油ショック、一九八〇年代のプラザ合意以降の急速な円高とその定着、一九九〇年代のバブル経済崩壊後の貸し渋り問題など――のたびに中小企業のもつ問題性が繰り返し指摘されてきた。

もちろん、「技術」「市場」「産業構造」の変化の内容は、それぞれに時期において異なっている。だが、大きな流れでは、この三つの鍵用語は中小企業のあり様をうまく説明している。一般に、各国の企業経営史のメッセージとして、その個別歴史性を超えて示唆しているのは、現存企業は地球上の生物と同じで環境の変化に適応しえた事業体であることだ。つまり、一定の製品分野で大きな市場支配力をもつ企業でも、技術革新によって新たな製品が生み出され、従来の製品の寿命が尽きれば、存立しえないことになる。生き残ってきた企業についてみても、その主要製品が次々と変化してきたことからも理解できるであろう。
このことと「中小企業」とを重ね合わせると、なぜ、中小企業の対応力のあり方が「中小企業問題」として指摘されるのかがわかる。この底流には、大企業との比較視点がある。つまり、大企業の対応力に比較して、中小企業のそれが劣るということが暗黙知としてある。両者を対比しておくとつぎのようになる。

㈠　大企業の経営危機はその部門の縮小や売却などを通して回避され、企業規模は縮小しても、企業として残る。だが、中小企業の場合には、事業縮小＝倒産というかたちで現れやすい。

㈡　大企業の経営危機は、「大きくて潰せない」という政治的な配慮などが働き、銀行支援や公的支援などを通じて、回避されることがある。他方、中小企業は「多すぎて助けられない」という現実性から、「できるだけ支援」というきわめてあいまいな政治的メッセージが出されるが、実際にはその倒産件数の高さからもわかるように、経済環境の激変期には倒産の著増が起こる。

現在、一般に危機的ラインといわれるのは年間倒産件数二万件であるが、中小企業との関連で倒産件数をみると、つぎのような特徴がある。

①　全体の倒産件数の九八～九九パーセントが資本金一億円未満の企業である。
②　業種別では、日本の特徴として商業と建設業で過半を占める。
③　要因別では過半が「販売不振」である。

倒産率は分母に母集団としての企業数、分子に倒産企業数を取って算出した数字である。①の数字からすると、分子のほとんどに中小企業の倒産件数がくることになる。分母には日本の企業総数（会社数＋個人事業所）であるおよそ四七〇万――この数字は、総務省の平成一三〔二〇〇一〕年発表の数字であるが、平成八〔一九九六〕年には約五一〇万であった――がくる。そして、倒産件数二万件とは、倒産率でいえば、〇・四パーセントである。中小企業一〇〇〇社のうち、一年間に四社が倒産すると、この率は危機的な状況とされる。これをどのようにみるかである。

景気には循環があり、企業は当然ながらこの景気循環への対応を迫られる。こうした循環には大小がある。好況から不況への変化が急であり、その回復に長期間を要した時期と、これが比較的軽微、短期間である場合の倒産率は当然異なる。企業はこうした景気循環のなかで拡張と縮小を繰り返して、現在の状況がある。これがある程度の規模をもつ企業であれば、先に述べた倒産や企業買収というかたちでの対応は少なく、事業縮小というかたちで対応し、中小企業の場合は倒産というかたちとなる。たとえば、五〇〇〇人の従業員をもつ企業が一〇〇〇人の解雇を行い、四〇〇〇人の企業規模となってその事業体を維持した場合、これは従業員五〇人の中小企業が二〇社倒産したことと同じような雇用喪失効果をもつ。

ここで小括しておけば、中小企業では大企業のように事業縮小というような体内温度調整は困難であり、中小企業の一定割合は倒産というかたちで事業停止となる。だが、圧倒的多数は生存する。

問題はこのあとである。すなわち、中小企業の倒産を悲観的にみるのでなく、中小企業の新陳代謝として積極的にみた場合、中小企業経営者などが再び事業に挑戦できるシステムが整備されているかどうかである。わたしは昭和二〇年代から三〇年代にかけて創業を行った町工場の人たちの個別データを分析したことがある。いくつかの興味ある創業のメカニズムがそこにあった。

(ア)　独立準備の学校としての町工場――ほとんどは義務教育を終えたあと、町工場に入り旋盤などの作業を覚え、やがて独立していく。

(イ)　町工場の資本蓄積――地縁・血縁の人たちが働くことで、擬似家族関係のような無理のいえる生産体制が組める。また、そこで働く若い人たちの給与は低賃金であるが、他方において独立のための技術習得という目的のために低賃金の不満は相殺される。

(ウ)　独立支援――独立のための資金援助として旋盤などが退職金代わりに支給されたり、また、親方が再下請工場として仕事を発注したりすることで当面の仕事を確保してくれる。

だが、やがて独立支援メカニズムを支えたこうした社会的体制は、大きく変化していった。たとえば、(ア)については進学率の上昇とともに、こうした低学歴・高熟練獲得型の社会階層移動類型が大きく変わった。(イ)では地縁・血縁型の町工場就職型の労働市場の特徴も進学率の上昇とともにやはり変化した。(ウ)は高度成長期の著しい市場の成長によって、親方が独立後の再下請仕事を確保することが可能であったが、いまは困難である。

こうしてみると、先にみた伝統的な社会構成原理に基づいたメカニズムは、新たな経済環境のなかで、現実的有効性を失い、その社会のメインシステムとしてはなかなか機能せず、サブシステム化――メインシステムの周辺の副次的なメカニズム――して命脈を保っているに過ぎない。

たとえば、地縁・血縁の就職システムはいまだ中小企業の労働市場や大企業などでの縁故採用枠として残存するものの、もはや独立支援メカニズムのメインシステムとしての役割は大きく縮小して、かつてのような機能は低下した。ここで、「サブシステム」という視点から中小企業政策のあり方にもどれば、いくつかの論点が浮上する。

(A)　倒産後の再挑戦システムとしては、銀行などからの支援が現実にはきわめて受けにくい現状では、先にみた地縁・血縁のメカニズムがどの程度働くのか。

(B)　進学率が上昇し切った「高学歴・低熟練」という日本の現状で、かつての「低学歴・高熟練」の独立支援システムがどの程度有効性をもつのか。

実際、現在は、こうしたサブシステム化してしまった従来型のシステムを再構築することが可能なのかどうか。政策とは、潜在的成長力をもつ個人、その集合体の事業体、さらにその集合体である産業に対して、それに内在するシステムに「ポン」と肩をたたくようにして、弾みをつけさせることであるとすれば、こうした「ポンと肩をたたく」といった政策はどうあるべきだろうか。すくなくとも、中小企業が本来もつ成長への潜在性を引き出すことができるのかどうかが、これからの中小企業政策がうまく行くかどうかの条件である。

中小企業とビジネスミニマム論

それぞれの社会には、それぞれの構成原理がある。ここでいう構成原理とは、人の個別行動原理を支える価値観であり、その集合体である社会のもつ価値観のことである。これには宗教的な背景をもったもの、教育によって得られたものなどさまざまなものがある。これらを社会的規範、あるいは人びとの思考と行動に一定の枠組みを与える見えない制度と言い換えてもよい。

こうした枠組みは見えないにもかかわらず、そこにいる人たちは暗黙裡に理解している。それは、特に人の移動が少ない農村型社会という共同体にあっては自然共有的なものであるからである。反面、都市型社会

第22図　社会の歴史的変化

	[原型]	[規制]	[倫理]	[価値]
農村型社会	農民	共同体・身分型	伝統・服従	呪術・宗教
↓				
〈近代化〉	労働者	官僚組織型	進歩・出世	禁欲・勤勉
↓				
都市型社会	市民	自治・共和型	自立・寛容	品性・成熟

出所：松下圭一『政策型思考と政治』東京大学出版会（1991年）

ではこうした共同体の構成原理が有効に働かない可能性がある。人の移動がより激しく、それが時には国境を越えた範囲ともなれば、さらにその有効性が減じる可能性が高まる。つまり、都市型社会や人の移動がより越境的になった場合ほど、社会の見えない構成原理はより明示的に示される必要が出てくる。

政治学者の松下圭一は『政策型思考と政治』でこの点について、「都市型社会では、共同体を原型とする一般意思の『実在』が前提となるのではなく、個人間の〈集合意志〉を統合する『手続』が問われるだけである」と指摘する。ここで興味あるのは、松下が個人間の集合意志が重要となる都市型社会とかつての農村型共同体との間に「近代化」を位置づけていることである。すなわち、第22図に示した構図である。

松下が描く都市型社会では、かつての農村型共同体やその連合体である地域が担ったさまざまな共同的サービスは、より明示的なかたちでの生活サービス供給の制度となっていかざるを得ない。松下はこれを「シビルミニマム（市民生活基準）」として提示することを主張する（第23図）。

個人（＝市民）にとってのシビルミニマムとは、生活するための

第23図　都市型社会とシビルミニマム

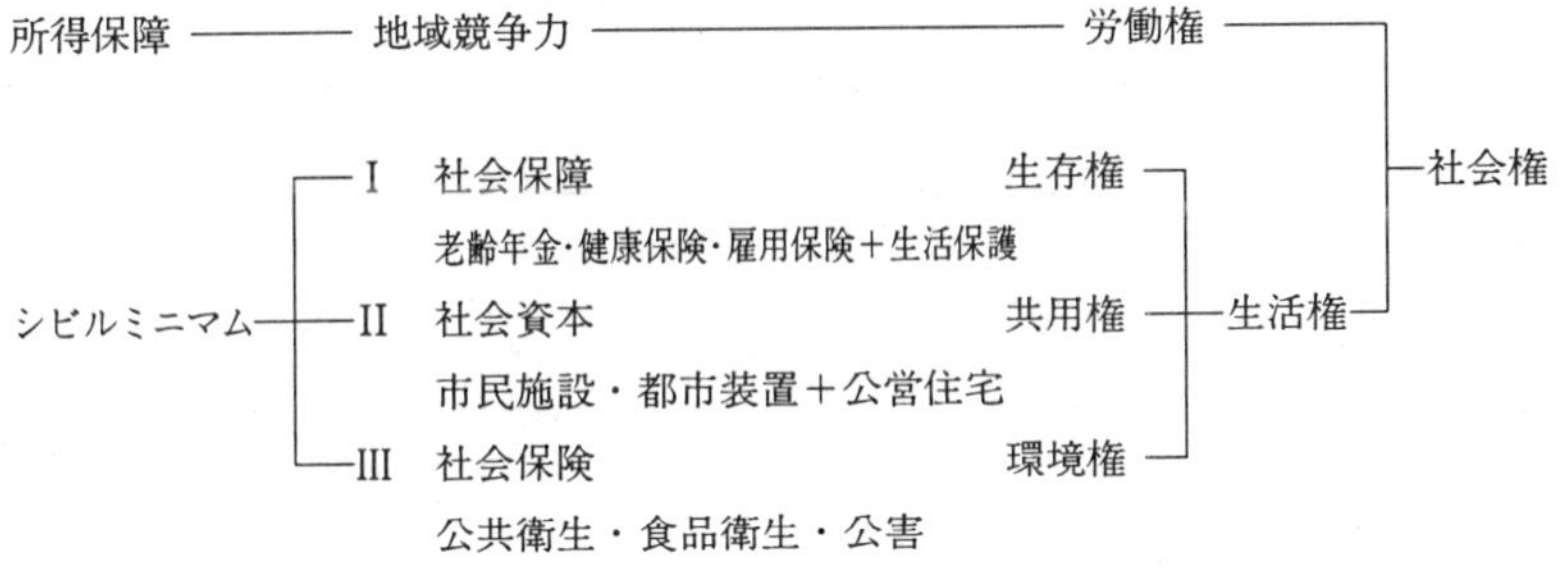

出所：松下圭一『政策型思考と政治』東京大学出版会（1991年）より作成。

権利基準（生活権）であり、これは「生存権（社会保障）」、「共用権（社会資本）」、「環境権（社会保険）」から構成される。他方、所得はその地域の企業、産業、およびその集合体である地域経済のもつ競争力（＝地域生産力）に依存する。また、これは雇用確保という面で「労働権」のことでもある。松下は「生活権」と「労働権」を併せて「社会権」という概念を提示する。

わたしは個人にシビルミニマムが保障されるべきであるように、企業についてもその規模や立地地域にかかわりなく、「ビジネスミニマム」が保障されるべきだと考える。ビジネスミニマムはつぎの権利から構成されるべきである。

(一)　市場経済権――市場で競争しうる権利であり、具体的には市場規則のことであり、独占禁止法などによる公正・公平な取引の保障・維持などである。

(二)　経済共用権――公共財や公共サービスなど各種インフラへの平等なアクセス権。

(三)　社会経済権――バブル経済崩壊後の銀行による貸し渋り問題に象徴されるように、企業規模にかかわりなく合理的かつ適切な経営内容をもつ企業に保障されるべき金融市場などでの資金

第24図　中小企業政策の公共圏誘発モデル

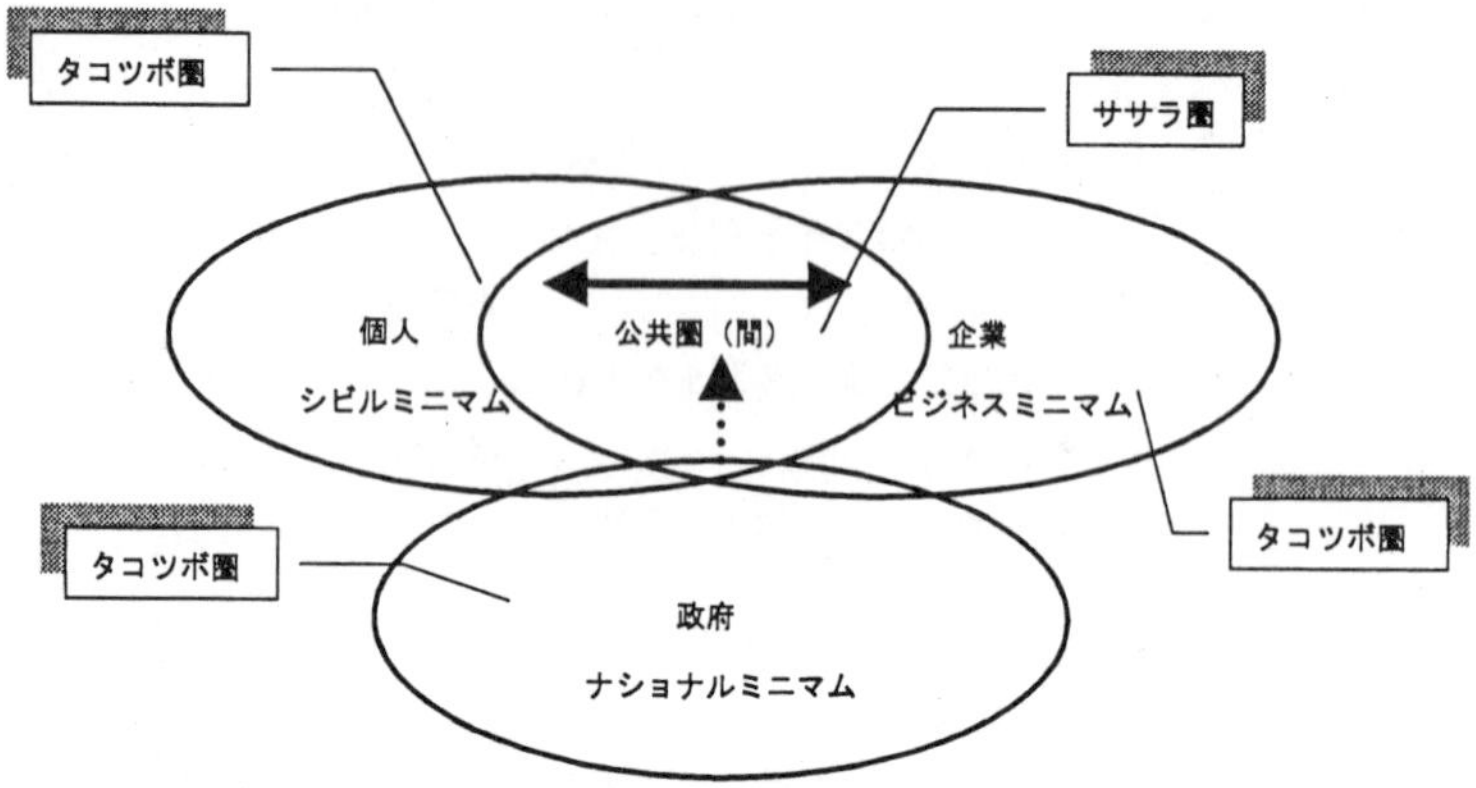

調達の平等な機会確保などのことである。

個人の場合は生活権であったが、企業の場合にはこの三つの権利は「経営権」と言い換えてもよい。ただし、企業は単独で存立しえず、その立地する地域での同一産業あるいは関連産業の企業群が形成する外部経済、すなわち、地域のもつ競争力に大きく依存している。これについては、個人の場合の労働権との対比で「存立権」といっておこう。こうした経営権と存立権を併せたものが「経済権」である。

では、ビジネスミニマムと政府の役割との関係はどうあるべきか。このシビルミニマムとビジネスミニマムの領域は、ある種の公共圏でもある。これが保障されているかどうかを監視し、そうでなければその是正を行うのが政府の役割といってよい。また、シビルミニマムとビジネスミニマムの双方を日本の「ナショナルミニマム」としてどの程度の水準において設定するのか。これは政治の領域である。そして、効率性と公平性を両立させたビジネスミニマムをどの程度提供できるのかが、これからの中小企業政策がうまく行くかどうかの試金石となる。

メインシステムのサブシステム化

メインシステムとサブシステムとの関係を、メインシステムのサブシステム化という側面を中心に、ある数学者の視点から考えてみたい。この視点は、わが国のベンチャー文化などを探る上で多くの示唆を与えてくれる。

数学者の小倉金之助（一八八五〜一九六二、山形県出身）は、日本が敗戦の混乱からようやく立ち直った昭和二八［一九五三］年に、「われ科学者たるを恥ず」という論稿を発表した。この論文の結論を先取りすれば、科学における独創性を欠く「わが日本の科学や科学教育における、大きな矛盾は、一体どこから生まれて来たのか」を問えば、この原因は明治以来の政府がとった「科学教育・政策」にあるということである。

科学とは元来、既存のさまざまな体系や体制にとって革命性をもつものであって、政府など既存の権威に対して屈服せず、強い独立心をもった人びとの育成を前提とする。したがって、これを日本の科学史からみると、もっとも日本の科学が輝いたのは自由民権運動のころであり、この日本の科学を論じた小倉の小論はそのまま自由民権史論にもなっている。

小倉は、ウェルズの『世界文化史概観』から「補助金を給された学問は、独立不羈の人々との接触による刺激がなければ、創意を欠き、革新に抗する、臆病で保守的な学問となりがちである」という一節を紹介した上で、日本の問題点をつぎのように指摘した。

㈠「近代市民社会をもつ先進諸国では、民主主義を戦いとることによって、科学も科学教育も進展してきた、といっても、言い過ぎではないだろう。……わが日本では、科学および科学教育は、既製品として、上から与えられた。しかも近代的市民社会を建設するための科学教育としてではなく、むしろ反対に、絶対主義専制による〝富国強兵〟の一環として、〝文明開化〟といった、きわめて表面的な、底の浅い形で――科学精神を抜き去った、ただ科学ばかりが、温室的に、官営の保護のもとに――与えられたのである。……後にはようやく、科学思想も多少は輸入され、自由民権運動の時代には、自由主義的な、独立心のある、官権と戦うことのできそうな科学者も、少しは現れて来たのである。こういう時機にこそ、科学の革命性が守られ、育てられるべきであったのだ。」

㈡「帝国大学をはじめ高等教育諸機関が整備されてきたとき、彼らはただ無条件に喜んだ。科学者はいまや官僚になった。官僚的科学者の全盛を誇る時代がやってきたのである。……こうして科学の研究も科学の教育も、いまやすべて、官僚的・軍事的・国家主義的教育制度の枠の内で、進まなければならないようになった。〝日本科学の基本的性格が、もうここではっきりと規定された〟といってよい。」

㈢「近代科学が市民社会とともに成長するとき、科学的精神は生き生きとして働き、科学には革命性があった。……ただ、科学の成果だけを、官僚たちが、いくら温室の中で保護育成しても、それでは科学はただ〝官僚たちの科学〟となるだけだ。そこには、ついに『創意を欠き、革新に抗する、臆病で保守的な学問』が、できあがってしまったのである。」

最後に小倉は、第二次大戦の敗戦まで二〇年以上にわたって、文部省にあって「算数」教科書の編纂に当たっていた図書監修官であった塩野直道のことばを引用して、科学振興における自由独立の精神を強調する。

「『国会で統制されたものは、それが国家の運営に深い関連をもつときだけ改変せられ、後は制度でものごとが動いて行き、国民は上からの命令によってでなくては動かず、かようにして自由な人間の働きによる進歩は期待し得られないのである。……新しい働きが一般人の間から……盛り上がる傾向の少ないのは、上からの統制によることはもちろんであろうが、長い間の封建制がほとんど国民性のようになっているためであろうか』とかつての文部官僚、塩野氏に批判されるような始末になったのである。……かようにして日本は、日露戦争後から産業資本主義を確立し、第一次世界大戦後にいたって、独占資本主義の時代に入った。そのときから、日本の、科学も、〝自由独立〟する時機に達した、と普通いわれているが、私は、それは〝牙〟のない、〝精神〟のない〝科学〟が、ただ形式的に自由独立するに至ったのだ、という意味に解釈したい。ちょうど現在の日本を〝独立〟国とよぶように。」

「それなら戦後はどうか」と小倉は問う。小倉は戦後、政府の統制から解き放たれ、民主主義の波に乗ったような日本の科学者集団に言及して、「今や一歩一歩退却しつつあるかのような現状ではないのか。思えば、明治十年代に、自由民権運動の指導者たちがその範を示して以来、日本の歴史は妥協と裏切りの歴史のように思われる。日本の科学史もまた、ついに裏切りの歴史となるのであろうか」と結んだ。小倉の指摘から約半世紀を経た時空にわたしたちはいる。これを時代遅れの指摘とするのか、いやそうではない、いまもこの傾向は変わらないとみるのか。

いま、産学官ネットワーク構築による技術革新政策の推進が説かれている。もし、この「産・学・官」の順序が問われなければ、日本は明治維新以来、こうした政策では世界の先端を走ってきたといってよい。ただし、この場合のネットワークのかたちは、「官・学・産」であった。また、正確には、「官・学・産」は「官・官学・大企業」でもあった。こうしたかたちがより自然なかたちで、私学という「学」や中小企業という「産」を含みつつ、豊穣なかたちになりうるのかどうかがいま問われている。

そして、「産」「学」「官」にみられる順序こそが非常に重要である。独創的な技術などは、上から与えられるものでなく、むしろ「上」というメインシステムへの自由民権運動的な反発という創造性によって生まれるものである可能性が高い。こうしたメインシステムが人びとの創造性や独創性を求めるより自然な価値観へとサブシステム化（副次化）されることによって、サブシステムのもつ潜在性が引き出される。こうした視点からみて、日本の大学をとりまく官学・官、産というメインシステムはどのような作動性をもっているのだろうか。

「産」「学」「官」のち、大学のもつ重要性はいうまでもない。本書の第二章で取り上げた競争力のうち、事業競争力や技術競争力が強調され、その鍵をにぎる存在として大学が、産業政策のみならず、中小企業政策においても注目されてきた。こうした流れのなかで、産学共同のための研究施設などが旧帝大系を中心に整備されてきた。こうした取組みを類型化するとつぎの三つのかたちがある。

㈠「求めよ、さらば与えられん」型――大学内部で応用技術や技術の事業化が成熟の段階に達し、産学という共同の研究の「場」が必要となり、この必要性のために産学共同施設の設置に乗り出した大学。

㈡「求めずとも、与えられた型」――㈠のケースがある程度の成功を収めたために、他の大学にも産学共同施設の予算配分が決定され、こうした施設を自らの意識と能力において「求めなかった」大学にまで「与えられた」ケースである。いまだに強く残存する横並びの特権意識がそこにある。

㈢「求めよ、だが、与えられなかった」型――産へのスピンオフ技術を有する人材がいて、このための共同施設などの必要性を感じ「求めた」が、特権的大学でなかったために「与えられなかった」大学である。とはいえ、あるいは、それゆえに工夫し、やりくりし、補助金や助成金の有無で一喜一憂しない志の高い人材を確保して、共同研究という場をこうした志ネットワークという次元において実質的に達成しているケースである。

再び、ここでメインシステムとサブシステムの対比に戻れば、最初のケースはたまたまその大学にこうした産学共同研究に大きく貢献できる能力と人格をもった人材が集中し、また、こうした集中がさらなる人材や研究成果の集積を生んでいたとしよう。まず、こうした初期条件があり、初期条件をさらに進化させる仕組みとして産学共同センターが設けられ、それが成功したとすれば、これをメインシステム化するには同様の前提条件が初期条件として設定されねばならない。

こうした成功事例をメインシステムとして初期条件が全く異なる大学に適用して㈠と同様の成果を生み出す保証など全くない。このシステムが作動するとすればそれは㈢のケースである。にもかかわらず、㈡のケースが現実に多いことは、そこにあるのは政策でなく、大学をめぐる政治であるといってよい。大学には多様な役割があり、長期的な研究に優れた大学、開発研究を得意とする大学、教育を得意とする大学などさまざまあってよい。こうした大学を一律に扱い、産学共同をステレオタイプ化（＝メインシステム化）することは、大学のもつ本来の可能性を圧殺していく可能性も同時に内包させている。

四〇歳そこそこでハーバード大学の学長に就任して二〇年間にわたり大学改革に取り組んだボック教授は、行き過ぎた産学共同に警鐘を鳴らしている。ボックは『市場における大学——高等教育の商業化——』（邦訳『商業化する大学』）で、産学共同を促した米国のバイ・ドール法の有効性と米国の大学における産学共同の成果を認めた上で、企業原理の大学への浸透についてつぎのように述べる。

「大学は大学運営の効率を上げるために企業のやり方を導入しようとすることにも注意深くならなくてはならない。ビジネスの手法は建物の管理や、本業である教育・研究を支援する業務での費用削減に有用なヒントを与えることができる。しかし、効率というのは大学の本業である教育や研究では必ずしも有用な指針ではない。……。ジェームズ・ワトソンは『本当の創造力をかきたてるには、たるみというものが必要である』と言っている。利潤極大化もやはり大学における意思決定の適切な指標としては問題がある。」

そして、ボックは「企業は大学の研究に一九八〇年以来、積極的に関わるようになった。バイ・ドール法のような議会からの働きかけとバイオテクノロジー産業の突然の誕生によって、企業から大学への研究資金提供や、生命科学の教授と関心のある企業との契約が急増した。……より問題なのは、企業からの資金は大学の研究活動を基礎科学からすぐに経済的利益のあがる応用目的の問題解決に大きくシフトさせてしまうだろうという予測であった」と指摘する。要するに、現在、応用性をもつ技術も過去において長期間にわたった基礎研究があったからこそ、技術の事業化が可能なのであって、短期の収益のみを重視するような研究への取組みは、自分たちの貯水池の底を抜いてしまうことにもなりかねない。そして、貯水池の水がすこしづつ抜けていくことに気づかないゆえに、わたしたちの視点はついつい近視眼的になりがちである。

企業という組織の原理は、それを構成する諸個人のあり方をしばしば捨象させ、それゆえに共通領域として利潤を設定して、これを軸にして組織を運営する。他方、大学という組織は、それを構成する諸個人のあり方を捨象せず、そのもつ潜在能力を引き出し、賢くて自由な個人を作り出すことにおいてその究極的機能が前面に出され、組織が運営される。この二つの異なるシステムを統合することにおいて、メインシステムとサブシステムの葛藤があって当然である。

サブシステムという賢くて自由な個人のもつ「たるみ」に着目し、それのもつ創造力や独創力を引き出すことができるのかどうかが、これからの中小企業がうまく行くのかどうかの鍵の一つである。

賢く自由な個人と中小企業経済

「賢く自由な個人」とは何であろうか。個人とは社会のなかにあって、それなりに自立性をもつ存在であるとすると、近世と中世を大きく分かつのは、個人の自立性の度合いにあるといってよい。

中世はしばしば封建制ということばに等値される。封建性の「封建」という意味は、英語の feudal のラテン語原義が指し示すように、それは「領土」のことである。これは日本においても同様であり、人びとは「領土」に囲い込まれ、さらにこの領土のなかで家族、村落、荘園、株仲間、檀家などのミニ領土に囲い込まれ、個人はこうした集団のなかで成立していた。わたしたちが、中世の頃の農民などの顔かたちがのっぺらぼうで、なかなか近世のように顔かたちをはっきり描けないのはこうしたことに起因しているといってよい。

こうした集団のなかで、人びとの精神は形成され、集団的個人は自らの集団を超えたより大きな集団を日常的に考えることはなかったといってよかった。だが、近世の到来はこうした個人の精神を大きく変えていくことになる。とりわけ、資本主義経済の勃興は、集団の中から個人を独立させ、自由な経済活動の保証を要求させるようになった。とはいえ、最初から個人が独立したのではない。まず、ミニ領土のさまざまな共同体とその上に位置した封建領主のもつ領土がより大きな組織単位に編成された。これを推し進めたのは専制君主を頂点とするいわゆる絶対主義的統一国家であった。こうしたかたちで、中間的な領土やミニ領土の共同体（中間集団）が徐々に解体され、国家と個人が直接向かい合うかたちで近世が準備されていった。社会学者の作田啓一は『個人主義の運命』でこの過程をつぎのようにうまく説明している。

「国家は、外側からの規制だけで強力な中間集団を解体させるのはむつかしい……中間集団の成員である個人の自立性の獲得を、すなわち集団からの自由の獲得を支援し、集団の内側からの解体に手を貸しました。そのために、国家の成長に伴って個人主義が発展していったのです。言いかえれば、ナショナリズムと個人主義が提携して、真ん中の共同体主義を挟み撃ちにしてゆく過程が、近代化の重要な一側面であったのです。中世的な中間集団が無力化すると、国家はもはや個人主義の力を借りる必要がなくなります。その時点以降は、かつての提携関係が崩れ、国家はしばしば個人の自由に対する敵対者としての役割を演じるようになります。」

近世にいたる途において、封建的な中間集団の縮小、個人の成立としての個人主義、国家、ナショナリズムの勃興がつながっていた。やがて、こうした底流は、欧州諸国では個人を中心においた啓蒙主義やロマン主義を生み出す一方で、個人の再集合としての民族主義というナショナリズムを成立させていった。

こうした近世の到来が、個人が独立して経済活動を行い、その自由な活動がアダム・スミスのいう「見えざる手」によって市場で均衡する経済的個人主義の考え方を生んだとしても、作田がいうように「国家がしばしば個人の自由に対する敵対者としての役割を演じ」たのは、「見えざる手」がきわめてあいまいな調整者であったからにほかならない。たしかに、この「見えざる手」は長期的には想像上の産物として調整の役割を果たしうるかもしれない。だが、この長期という時間概念ほどあいまいなものはない。それは一〇年後かもしれないし、また、三〇年後かもしれない。

だが、人はそんなに待てるものではない。各国における、より長期ということでは一九世紀以来の、あるいは近時ということでは一九三〇年代の不況期での、各国の対外膨張主義の興隆を思い浮かべればよい。現実には、この調整者は、国内の個人の自由な活動を保証するために、ナショナリズムをアジア諸国など近世以前の世界へと押し出した。日本などもまたそうであった。

この見えざる手という概念は「主体性を欠いた管理者」であり、それゆえに市場経済という概念に等値され、そして市場での競争がしばしば必要以上の遊戯性をもたらす傾向をもつ。この点について、作田はつぎのように述べる。

「長期の目標を欠いた競争が個人と個人とのあいだで激しくなります。この競争は、個人の生活の断片的な側面において他者と自己を比較する自尊心の競争です。この断片的な状況の中での勝敗が、個人の長期にわたる目標の達成と必ずしも有機的に結びついていないという意味で、この競争は無目標の競争と言ってよく、したがって遊戯性を帯びています。……一方、個性に関しても新しい側面があらわれてきます。長期にわたっての自己実現という個性の原理はしだいに活力を失い、他者との差異の表現に重点が移ってきます。しかしこの差異の表現は結局は類似の表現となるのです。」

見えざる手という主体性を欠いた管理者の下で、長期での調整が期待されつつも、短期的な競争が繰り返されることで、個人と個人、あるいはその組織体と組織体の長期の目標なき競争が激しくなる。このこと自体が競争に本来内在している遊戯性を高め、「自己実現」という個性の原理は後退し、他者との違い――したがって、同時に類似性が強く意識されつつ――が必要以上に強調されることで、むしろ個人の疎外感が高まる。作田は個人が解き放たれたようで放たれていない近代社会の問題点を鋭く描き出している。

こうした個人、個性、競争、そして見えざる手としての市場機構を「自由主義」と「民主主義」という

「形式的論理」に取り込んでいる代表的な国こそが米国である。そして、この形式的論理の担い手を代表する存在としての中小企業像がこの国ではきわめて濃厚である。

米国の中小企業観は、米国社会での民主主義観とも大きく重なる。米国社会の民主主義観とは、大雑把にいえば、"We, the people" に代表されるポピュリズムであり、人びとの個人としての主体性とその自決権を認めることであるといってよい。すなわち、それは経済体制としての自由競争である。そして、これを支える私企業の市場への自由な参入という理念は、見事なまでに米国の中小企業法にも貫徹している。その第二条は、つぎのように述べる。

「私企業を基礎とする米国経済体制の本質は自由競争である。十分にして自由な競争によってこそ、市場を自由にし、事業への進出を自由にすると共に、個々人の主体性と自決権を発揮させ、その成長機会を保証することができるのである。（以下略）」。

ここでは政治的な平等性を機軸とする個人の発揮が、経済的な意味において、個々人の主体性と自決権としてとらえられ、これを保証する自由競争の象徴としての中小企業像が描かれている。大企業による独占が高まり自由競争を阻害することへの防波堤としての中小企業像がそこにある。とはいえ、中小企業が現実に大企業による市場支配を突き崩すという「実質的論理」がここで貫徹されているわけではない。ゆえに、社会学者のミルズが言うように、独立自営農民が没落していくなかで、中小企業こそが競争を通じて「個人」「個性」が実現される、アメリカンドリームを象徴するイデオロギーの「活きた担い手」とならざるを得なかった。

こうした中小企業観が米国特有のイデオロギーを形成しているがゆえに、そのさらに特殊な部分がベンチャービジネス――米国中小企業がすべてがベンチャー的存立形態でなく、米国においても特殊であるにもかかわらず――というかたちで「先端的あり方」として一般化されて、日本や欧州諸国で紹介されてきた。

ところで、このベンチャーということばには、文脈の異なるところにはめ込まれたことばのような印象はないだろうか。こうした用語は、ことばとして成立しているが、文脈とは一致しないために、きわめて読みづらい、何かを論じているのだが、何も論じていない文章のあの感じだ。わたしたちは、すこしこうした「捩れ」から自らを解放することが必要ではないか。

先にみた米国的中小企業観から米国的な要素を抜き去り、そこからより普遍的な要素を日本社会が取り出すとすれば、それは自らの自己実現という長期目標に向かって、競争そのもののもつ遊戯性から自己を解放することではないだろうか。そこに、賢く自由な個人が生まれ、こうした人たちが生み出した中小企業こそが多様な豊饒性をもった日本経済を作り上げていくのではないだろうか。そして、こうした中小企業経済こそが日本経済の真の強靱性と豊饒性を代表していくだろう。政策主体側、あるいは政策被主体側におけるこのような意識の有無と深化が、これからの中小企業政策がうまくいくかどうかの観測点となる。

中小企業政策と新「国家論」

中小企業政策に限らず、政策を論じることは、わたしたちの政府の役割を論じることであり、やや古びた物言いでは、わたしたちの「国家」観を論じることでもある。

戦前と戦後の大きな相違の一つは、国家の軽重である。国家の絶対的な「重量」でいえば、明治期の近代化においてそれは非常に重く、大正期には大正デモクラシーで象徴されたようにすこし軽くなり、昭和期に入って国体明徴というかたちでわたしたちの精神の内側まで国家が入り込むほどにその総重量は重くなった。

敗戦後においては、こうした国家というかたちでの重量は、占領軍という別の意味での国家形態が入り込むことによって、相対的に軽くなった。米国を中心とする占領政策が短期間に「制度」改革という範囲において大きな成果を収めた背景には、日本側における生産力維持のための改革案への取組みがあったとはいえ、日本人の国家観がそのまま占領軍へと横滑りしたことにも拠った。

これは鹿野政直が『近代日本思想案内』の中で、「戦中から戦後へ」の日本社会の「変わり身の早さ」を「権威・権力への一貫した従順性、迎合性、便乗性、つまり変わらなさをしめしている面」に求めたように、この面を抜きにしては敗戦後の「制度」改革への変わり身の早さを解明しえない。

やがて、これは経済復興期から高度成長期への日本の産業政策へとつながっていったが、この底流には「官・民」という精神的な縦列意識——現実の経済において、官が民をそこまで主導できるかどうかという点は別として——が強く働いていた。こうした産業政策を中小企業という観点からみると、中小企業は、鉄鋼やエネルギー、あるいは加工組立て型産業における上位の少数大企業に比べて圧倒的多数であり、また、その存立分野も多岐に渡っており、このことは大多数の中小企業——より正確には、さらに中小企業のなかでも圧倒的多数を占める小零細層——は政策対象にはなりえないことになる。しかし、だからといって、これが問題視されるべきかどうかは別である。

中小企業政策は、通常、二つの側面から成り立つ。

㈠　出生率（＝創業）との関連——いかに人びとの開業を促進し、これを支援するかという政策である。

㈡　死亡率（＝倒産）との関連——中小企業の倒産率をいかに下げるかという政策である。

日本の中小企業政策史からみれば、最初の政策においては、高度成長時代には、町工場が町工場を生み、商店が商店を生み、戦後のベビーブームに呼応したように高出生率が普通であった。ここでは、中小企業の過小過多のうち、貧乏の子沢山のようにその「過多」が問題視された。二つめの政策では、不況の度、あるいは円高などの「ショック」で代表されたように経済環境が急変したときに、倒産の著増が問題視され、経営指導や緊急融資制度などが模索された。

出生率（創業）と死亡率（倒産）を比べた場合、死亡率は個人の意思——詐欺的な計画倒産を意図する経営者の意思は別として——にかかわりないが、出生率の方は積極的であろうと消極的——この場合は、勤め先の倒産によって他の就業機会がなく、仕方なしということもあろう——であろうと、自らの意思によって行われる行為である。

ここでは自立した個人が広範に存在していることが重要である。また、こうした個人の自己実現の場としての創業が、一つの自然な社会観として個人の間に定着することが重要である。したがって、政府が「国家」として重くのしかかって「国家の危機」だから「さあ、皆さん、創業しましょう」という精神的風土では創業は生まれにくいともいえる。

このような精神風土の下では、政府が支援するから、創業でもするかというような「倒置」した精神が大きな役割を果たすとは思えない。このことは、「産学官」という名の下に、政府が大学などに籍を置く研究者に一定の刺激を与えて、外部の民間企業に技術移転を促進しようという政策が、皮肉にも逆の効果を及ぼしていることにも近似している。

わたしの知る薬学者は、産学共同を進めるあまりに多額の予算がかえって研究者のイノベーションへの精神的強靱さを萎えさせる危険性について、つぎのような警鐘を鳴らしている。

「思わぬ発見は、自分で実験を絶えずやっている人にしか起こらないものである。若くして教授になった者はかえって多忙となり、絶対といっていいほど、めくるめく発見とは無縁になる。お役所は研究申請書とその報告書の作成に年単位の期限をつけて、申請者は余裕もなく学生任せの二番煎じのデータで論文を生産し、予算消化に追われ、思わぬ発見（セレンディピティー）とは縁がない。日本の研究は、海外から、基礎研究でなく中二階研究だと評されるのは、秀才志向の予算目的の応用学者が多いからであろう。……大学教授たちも官僚指導の研究費に群がって国民の税金を無駄遣いしている。……官僚たちは、税金を無駄遣いしても、自分の懐に入れないかぎり、全く恥じる気持は無い。大学の教授たちも同じで、作文した研究計画がほとんど達成されなくても、ただ厚いだけのゴミのような成果報告書を書いても、税金を無駄遣いしたという感覚さえもない。この報告書をアメリカの科学技術者がJapanese Trashと呼んでいることを、日本の納税者は知っているのであろうか。何か面白いアイデアを持ち込んでも、また、教授自身も面白いといいつも、カネがつかなければ、実験に取りかからない。特に五〇歳代の教授たちは、カネさえ出せば何でもするし、カネが来なければサッパリ研究をしない。思わぬ発見は、カネと縁の無い所から出るということを忘れた秀才志向性症候群の輩が多い。……思わぬ発見（セレンディピティー）はカネに恵まれた偏差値の高い秀才志向性症候群の中からは絶対に生まれない。」

すこし長い引用になった。むろん、カネはあったに越したことはない。問題は順序である。カネがあるから、個人は思わぬ発見（セレンディピティー、とはいえ、この偶然性に行き当たるまでには途方もない時間とエネルギーが費消される）に遭遇しうる自由な発想に行き着くわけではない。個人としての自立が、独創的な研究者としての独立精神を生み出す前提となっている。

同様に、人の自由な発想が事業展開に結びつき、さらにそれが社会的有用性をもつ事業となり、多くの人たちの支持を得ることで成長する。この過程こそが中小企業ではないだろうか。中小企業は、人びとの独立精神の象徴であり、わたしたちの社会における経済的多様性の象徴でもある。

ここに政府が国家としてすこし重い感じで入り込む必要などない。すこし入り込むとすれば、人びとの流動性を不利としないような年金制度、起業者が資金調達しやすいような金融証券市場、新しい企業が資本蓄積しやすいような税制、不幸にして事業展開がうまく行かなかった場合の迅速かつ周囲に悪影響を及ぼさないような事業清算処理制度の整備などという裏方の仕事ではないか。

創業や起業は人びとの経済生活の一つの独立自尊というライフスタイルであって、政府はこれを裏方として支援する制度整備をきちんとやっておけばよい。政府が国家的重さで、「創業、創業」と叫ぶ秀才志向性症候群から、より自由で、より柔軟な企業文化が出てこないことだけは確かであろう。

安定した職業身分と退職後も恵まれた年金支給という世界から飛び出し、「どうだ。自ら事業を起こすことは挑戦的でリスクも多いが、役所の序列的しがらみの人生よりも自由で素晴らしいことだ」という官僚たちが続々と出てくることが、日本人の「お上」という国家観を変えつつ、より豊かな個人の独立自尊を縦糸とし、多様性への容認という社会観を横糸とする企業文化を醸成し、多くの面白く創造的な中小企業を生み出し、そこに働く人たちにも真の豊かさを与えていくだろう。

ちなみに、一九九〇年代前半に経済危機——日本と同様にバブル崩壊と信用危機——に直面したフィンランドについてみれば、多くの小さなハイテク企業が生まれ、森林製品に依存した従来型経済から「ハイテクフィンランド」へ転換した。これを支えたフィンランド技術庁の職員が、みずから民間企業へと移り、また、民間企業から新たな技術知識をもって戻ってくる割合を見ると、わが国の産学官のあり方について再考させられる。

日本の産学官は、予算のみの「お上」主導という方向性をもっていることが特徴である。そうでなく、人の活発な移動がそこになければならない。「カネが来なければサッパリ研究をしない」ところからは必ずしも新しいものは生まれない。「思わぬ発見は、カネと無縁」かもしれないが、新しいものは、その発見への希求という、より自由で自立した個々人の本能的なもののぶつかり合いのなかから生まれることを、科学技術史は示している。

このぶつかり合いの結果としての成果に、そっと目立たなくカネを出すのが、官という公のスマートなやり方である。中小企業政策における政府の役割という新「国家観」のあり方はこのあたりにある。そして、これからの中小企業政策がうまく行くか否かの分岐点もこのあたりにある。

どうすれば中小企業政策はうまく行くのか

「どうすれば、中小企業政策はうまく行くのか」という問いは、わたしたち日本人が、中小企業をどのようにとらえるかに拠っているのではあるまいか。

本書の冒頭に紹介したように、中小企業を「遅れた」「脆弱な」「やがて潰れる」存在と思っているなら、中小企業政策はきわめて後向きのものとなるだろう。そうではなく、中小企業は大組織にはない「自己実現」の場であり、自分の才能を「自分の裁量」で生かしうる場であると思えば、中小企業政策はより前向きなものとなるのではあるまいか。

わたしは、中央官庁の中小企業政策の担当者や地方自治体の中小企業助成制度の窓口担当者に会う機会にいつも感じることがある。彼等がいうように日本の中小企業政策が充実しているなら、なぜ、彼等自身がこうした制度を利用して起業したり、あるいは中小企業の経営陣に加わって事業展開をしないのかと。政策担当者が中小企業を論じるとき、それはしばしば「自分を含まない集団としての中小企業」を論じている。彼等はもっとも序列的な官尊民卑的世界に棲み、その根底に大尊小卑観を宿していることも多い。

日本の「中小企業」像は、中小企業政策を担当する人びとが中小企業の魅力に取り付かれ、安定した公務員世界を飛び出すほどに豊饒なものへと昇華はしていない。彼等もまたホンネでは冒頭で紹介した学生たちの中小企業イメージをもっているといってよい。

それゆえ、中小企業の果たす役割に、わたしたちはより積極的な意義を与える必要がある。一つめは、すべての事業は小さな事業から始まり、その企業形態は中小企業であり、それは既存の企業、とりわけ大企業が考えもしなかった新たな技術などを核に新たな産業を切り開く潜在的成長性をもった存在である。第25図と第26図に企業規模と企業数との関係、企業規模と時間との関係を示している。このそれぞれの企業形態にある壁が固定的であってはならない。それは挑戦して破れるものであり、破ろうと努力する者に報いる「社会的」意義がなければならない。人間は社会的な意義づけを必要とする生物体でもある。

ここにはいろいろな企業形態があってよいし、また、現実にある。小さくても光った企業、小さくても成長可能性が高い企業等々。ここには、既存技術と豊富な資本を備えすでに市場支配力をもった大企業が、事業の多角化として事業を展開することとは異なる、より創造的な世界があってよい。いまでこそ、わたした

第 25 図　企業規模と企業形態

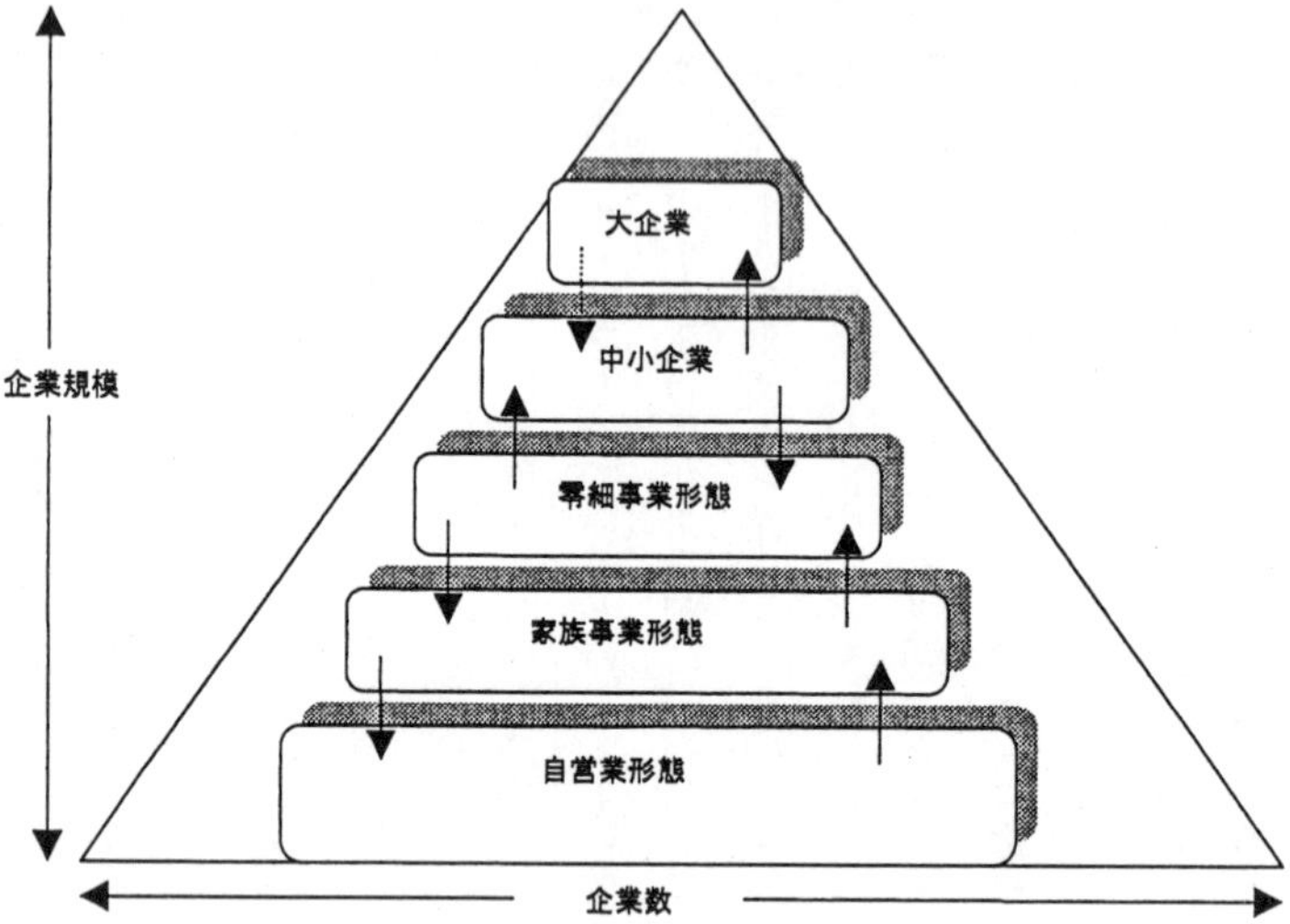

第 26 図　企業規模と発展類型

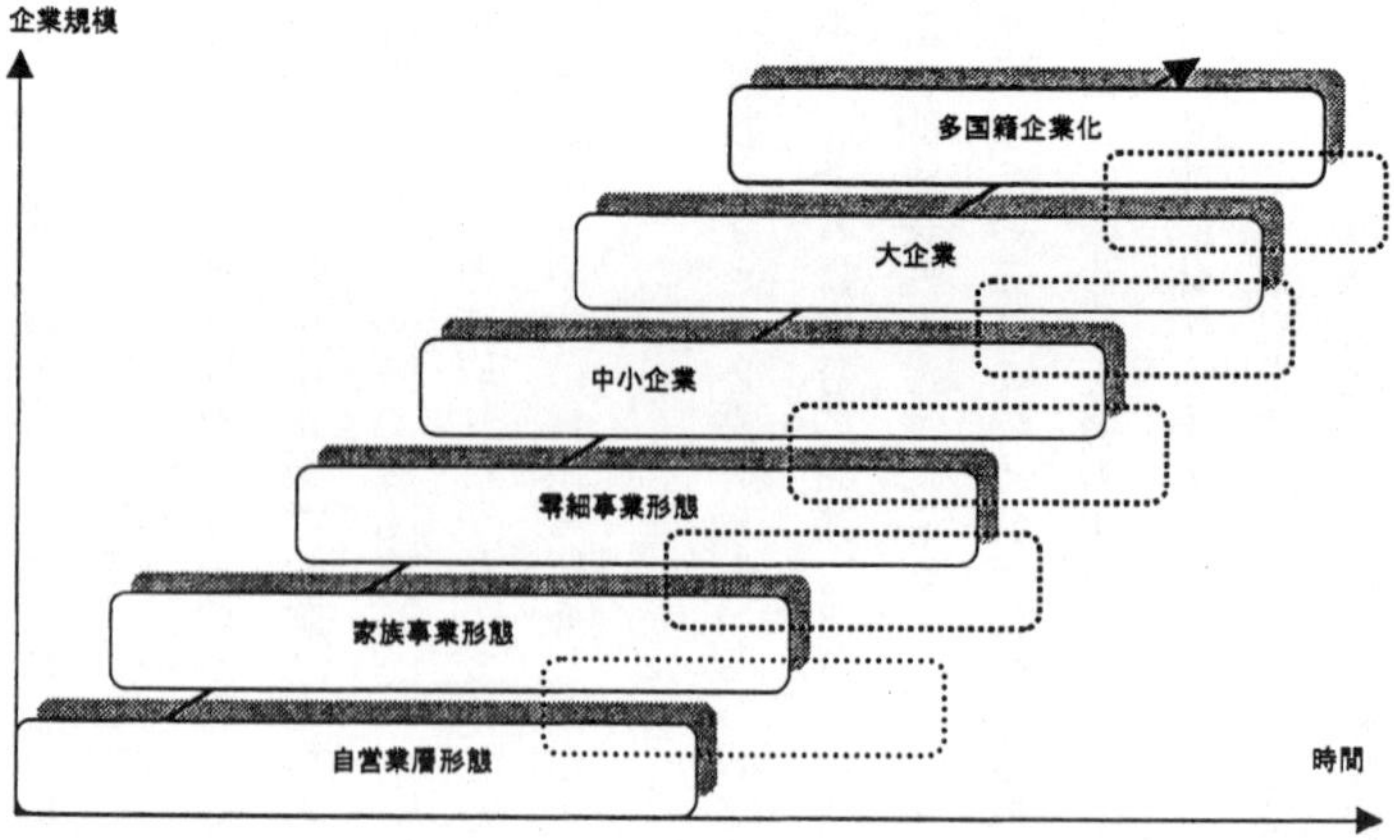

第27図　プロダクトサイクルからみた産業構造転換

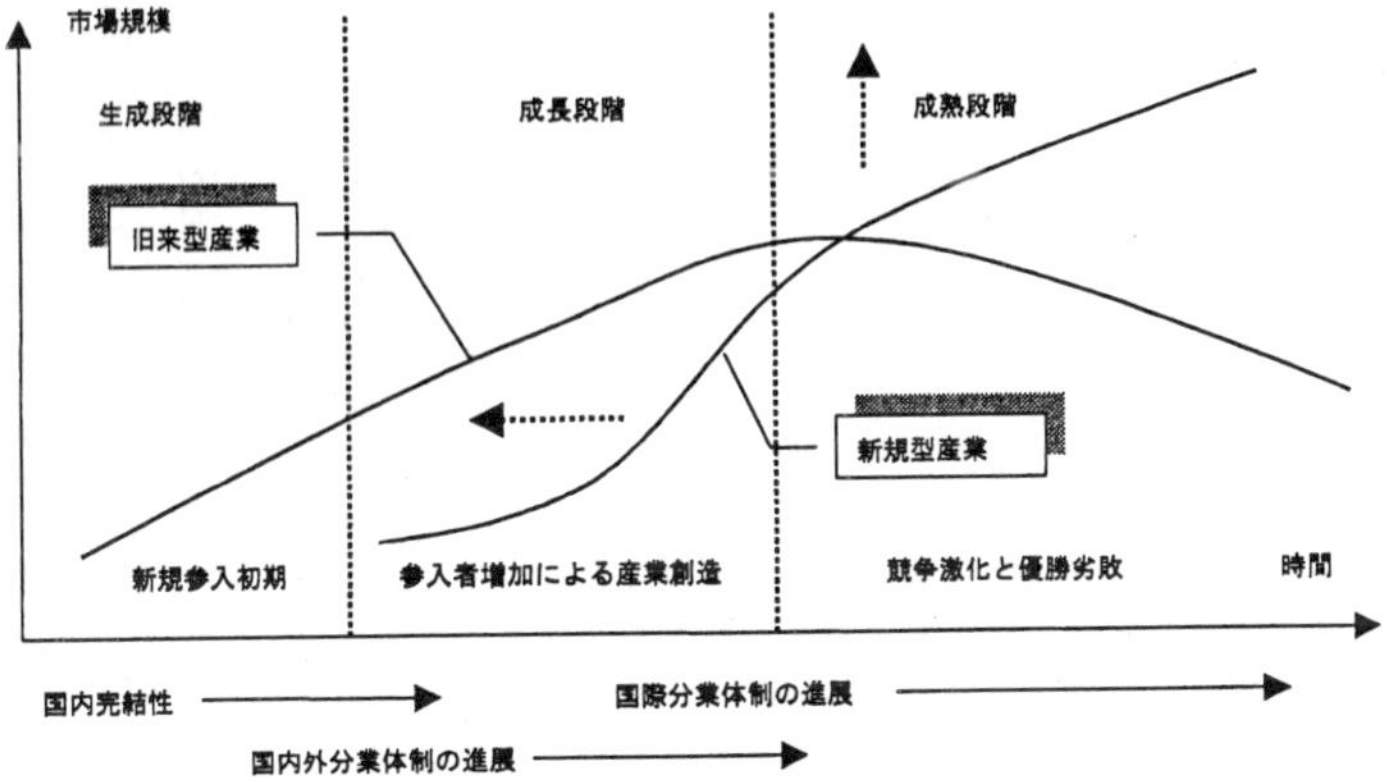

ちがその名前と製品をよく知るようになったデルコンピューターが生まれたのは一九八五年、シスコシステムはその前年に創業された。いずれも小企業から急成長した若い大企業だ。

中小企業とは、産業構造を多様化させることで国民経済を景気循環に対する強い体質とさせ、さらに産業構造を多様化するための重要な存在である。また、大企業は小回りの効く中小企業の部品や研究開発サービスのユーザーとして、中小企業を自らの競争力強化に利用することもできる。他方、中小企業は大企業と競争することで、資本力との多寡で競争することが少ない分野でのイノベーションが重視される存立基盤へと移行するような事業形態となる。

小企業は少人数ゆえに、研究と開発の中間にある失敗を共有し――大組織ではしばしば部門間の壁があり、失敗の共有がなかなか困難であるケースも多い――、短期間で研究開発の成果を上げることも可能である。ただし、その事業化に要する資本障壁のために、中小企業はしばしば行き詰まる。ここに大企業の役割もあるはずである。すなわち、その技術的萌芽を「種（シーズ）」として買い入れ、自分の農園で苗木として育て、そして大木として成長させるだけの資本力が大企業にはある。そこには技術開発における小企業あるいは中小企業と大企業との連携という可能性もある。

第27図はプロダクトサイクルからみた産業構造転換のあり方について描いている。経済のグローバル化と経済活動の国内自己完結性の崩れが同時平行して進み、産業構造もダイナミックに変化している。こうしたなかで、プロダクトサイクルのように、旧来型産業の再編と新規型産業の成長という新陳代謝がますます重要になっている。大企業も中小企業もこのサイクルの中にある。生きた経済のもつこうしたダイナミズムを取り入れることができるのかどうかが、これからの中小企業政策がうまく行くか否かの鍵を握る。

あとがき

過去にすでにあった事象が新しいことばで語られても、その本質は必ずしも変わったというわけではない。歴史の展開は直線的にすすんでいるとは限らない。わたしたちはこのことを知るために、わたしたちなりの歴史観が必要だ。歴史を学ばなければ、場面は異なるようにみえるが、同様の失敗をし続ける。この意味では、歴史は進歩と後退を繰り返しながらすすんでいるのかもしれない。つまり、歴史は直線的ではない。それは複雑曲線である。

このことは、わたしたちの社会を構成するさまざまな要素が普遍的であっても、この組み合わせが多少とも異なることによって、表層的にはそこには異なる方向性や場面性が現れるように見えるからだろう。人間の本質はそう変わることはなく、変わっているようにみえるのはその集合体のあり方や情勢という集合体の内外の方向性である、とわたしは思っている。わたしは、このことについて中小企業政策を通じて本書で考えてみたかった。

わたしは、若いころに化学を専攻したことを、ある時期悔いたことがあった。それは、後に経済学を専攻するようになって、化学という寄り道をしなければ、もうすこし経済学の文献などを頭が多少とも柔らかいうちに学習できたであろうと思ったからである。いまはこうした寄り道に感謝している。

工学あるいは理学の専攻者にとって、「理論値」と「実験値」という概念と区分ほど大切なものはない。工学系の学生は、頭を使い理論値を考え、手を使い実験値を得て、理論値は実験値に合致することなどそう多くないことを直感的に体得する機会に恵まれる。実験値を理論値に近づけるには、実験において反応などを促進する環境を完璧なまでに作り出さなければならない。いまでこそ、温度、湿度、気圧など環境をコンピュータなどで大幅に制御できるようになったが、わたしたちの学生時代は大変な苦労（職人技）を強いられたものだ。

理論値と実験値。経済学も含めて、社会科学にとって、この二つの概念は何を意味するのであろうか。わたしにとって実験値とは、地方自治体などで中小企業政策に関わる職業生活をして、見たり感じたりしたことであり、こうした中小企業や中小企業の集団のもつ問題性に対する中央政府の政策的対応が理論値であった。わたしの狭い職業経験でも、実験値と理論値がうまく一致すると感じたことはそう多くなかった。

では、何故なのか。この何故を大学人の著作などに求めたが、やはりこれもわたしにとっては理論値であって、わたしが観察した実験値とはやはり一致したことなど必ずしも多くなかった。この何故を比喩的に表現すれば、化学の反応メカニズムを明らかにする上で、物質の表面温度の時系列変化を追っても、反応の中心で起こっている物質変化の本質を知ることができないのと同様である。中小企業のもつ市場経済機構のなかでの運動性や変化性についての分析もまたそういうものであろう。

理論というのは、わたしたちが概念的に操作しうる要素を変数として組み上げる方程式みたいなもので、簡単な事象は説明変数が少なくても解ける。だが、事象が複雑化するにつれ、変数も増やさざるを得ない。だが、往々にして、その方程式の説明力はかえって落ちるものだ。理論を構成するには、複雑多様な現実をうまく取り込めない以上、どこかで「所与の条件がこうであれば」という前提で、割り切らなければならない。わたしがここで取り上げた中小企業政策においてすらそうである。

したがって、理論的な誘惑において、できるだけ変数の少ない方程式で、細部を明らかにできずとも、その輪郭や枠組みぐらいは大雑把にとらえたいと思うのは当然かもしれない。このことをもうすこしイメージ的に述べれば、地球の表面上のさまざまな動きを単に地上の現象の変化としてとらえるのではなく、その中心にあるマグマの動きとその運動法則からとらえようという試みである。

日本社会には日本社会の構成原理の何かというもの、韓国社会には韓国社会の何か、米国社会には米国社会の何か、欧州社会には欧州社会の何か、というマグマみたいな社会的価値観や社会の構成原理があり、これを反映させたかたちで政策思想が形成され、これが中小企業政策などにも貫徹しているのではないかという視点である。

マグマの動きの本質を知るには、できれば分子レベルまで立ち入って物質そのものの性質やその変化を明らかにする必要がある。同様に、中小企業や中小企業政策についても、この背後にある社会の構成原理の分析などを抜きにして、その本質は必ずしもわからないのではないか、と考えて二〇年ほど時が過ぎた。でも、まだよくわからない。わたしの場合、牛歩ならず亀歩といったほうがよい。

もちろん、いろいろな社会には歴史的個別性という異なる要素もあるものの、共通要素もある。共通要素の一つはいうまでもなく、その社会を支える生産力などの経済のメカニズムという仕組みであり、これは経済学の指し示す理論値が有益な手がかりを与えてくれる。しかしながら、いろいろな社会の現状という実験値は、経済学の想定する所与のさまざまな条件がそれぞれに微妙に異なっていることをも示唆している。

化学実験でいえば、理論値が基礎とする物質の純度が実際には異なっていたり、実験条件である湿度や温度がうまく作り出せなかったりするのと同様である。必然、実験値は異なる。経済政策といえども、純粋な経済原則だけで動くわけではなく、そこには政治、外交、社会運動、軍事などという現実的要素が絡み、その社会のもつ個別歴史性という文化的要素も複雑に絡んで、理論値と実験値は異なっていく。

わたし自身は、実務家から大学に移った経歴であり、研究者という意識がそう強いわけではないし、また、若い頃に研究上の訓練を全く受けてもいない。したがって、既存のタコツボ化された学問領域にはほとんどこだわりはないし、またこだわるほどの能力もない。だが、わたし自身は政策研究においてこの視点は非常に重要であると思っている。政策研究では、さまざまな学問分野の多重境界領域への接近を意図しなければ、政策のダイナミズムは見えてこない、とわたしの職業経験による実験値は示唆している。政策研究において、一つの学問分野に禁欲的であってはならない。

実験値を優先すれば、理論値へのこだわりは短期的には遠のく。だが、やがて、この実験値の積重ねは、多くの化学上の成果がそうであるように、偶然の化学合成物を偶然とせず、その理論的解明に直感的な勘を提供してくれる。わたし自身は本書で、実験値をいくらかの単純な構図で示したが、自分でもうまく概念化して展開できなかったところも非常に多い。今後、何らかのかたちでこうした実験値を多くの人が共有できる理論値に転換させていきたい。このためには、やはり国際比較研究が不可欠であろう。

この本は、「はしがき」でも述べたように、わたしが中小企業政策論の講座をもっている大学の学生たちとの教室の内外での対話と討論から生まれているが、同時に日本における経済学の系統発生の社会的構図を描こうとした『通史・日本経済学』を執筆しているときに、頭の片隅に堆積していった断片的な思考を中小企業政策を核にして「かき集めた」結果の産物である。

『通史・日本経済学』というような実務家出身者にはまるで相応しくない本を書くまでにわたしなりの経緯があったのだが、いまになって考えてみれば、通常は、この種の著作は経済学史の研究者などが取り組む領域であり、わたしのような「門外漢」にはサッカーなどのスポーツ競技で、「アウェイ」で連戦しているような感じであった。書きながら、できれば早く自分の「ホーム」である中小企業政策研究に戻って競技したいという思いとエネルギーが充満していって本書につながった。

さらによく考えてみれば、これは本書の編集者である信山社の渡辺左近氏の作戦であったかもしれぬ。最後に、「くせのある」本書のような出版にご理解を示していただいた渡辺左近氏にこころからお礼を申し上げたい。中京大学の同僚諸氏にも感謝したい。いろいろな専門領域をもつ同僚をつかまえては質問攻めにしたわたしに迷惑を蒙ったことだろう。また、大阪経済大学の小川都与子氏にもいろいろな資料のコピーでご面倒をおかけした。感謝申し上げる。さらに、わたしの実験値収集に協力いただいた中小企業を経営する多くの友人や知人たち、中小企業政策の関係者の方々にも感謝したい。

とはいえ、本書の最後に謝辞を記しても、わたし自身、これで本書が完結したとは考えていない。終章でこそ、中小企業政策がうまく行く条件についてわたしなりにまとめてみた。だが、こうしたことのほとんどは、考えてみれば、当たり前のことであるかもしれない。

過去の中小企業政策史を振り返れば、中小企業政策の表象的な、あるいは象徴的な場面において、いろいろな政策的試み――近代化あるいは高度化政策以降、たとえば、知識集約化あるいは国際化、そしてテクノポリスやベンチャー、そしていまはクラスターなど――がしばしばファッションサイクルのように導入されつつも、その成果は必ずしも明示的でないままに、つぎなる「新たなる」政策が模索されつづけてきたにもかかわらず、なぜ、当たり前のことが当たり前のように実施されてこなかったのか。この問題は依然として残ったままである。

本書はこれらの問題を積み残したままである。これは本書のような「中小企業の政策学」という狭い範囲を超えて、中小企業政策を取り巻く政治、行政、そして政治と行政が結びついた日本型の官治体制を分析の射程に入れることのできる「中小企業の政治学」を必要としている。

当たり前の条件を当たり前に満たすことができなかったという歴史的経緯の下では、中小企業政策のもつ本来の豊饒な可能性が十分な開花をみなかったともいえる。ところで、明治の思想家中江兆民は自らの死期を知りつつ、日本社会のあり方について論じた『一年有半』で、「藩閥元老と利己的政治家とに揉み潰された」自由民権論と明治政府の政治との関係についてつぎのように書き記した。

「(民権論が――引用者注) 理論のまま消滅せし故に、言辞としては極めて陳腐なるも、実行としては新鮮なり、夫れ其実行として新鮮なるものが、理論として陳腐なるは果して誰の罪なるか。」

この兆民の指摘について、柄谷行人は『日本近代文学の起源』の韓国語版への「序文」で「兆民の言葉が新鮮なのは、それが『批評』の言葉だからだ。批評はそれ自体理論とは違っている。それはむしろ理論と実行の懸隔、思惟と存在への批判的意識である」と、兆民の言葉の背後にあるその本質をうまく言い当てている。

対象を再度、中小企業や中小企業政策にもどせば、本書で探った成功の条件と現実の政治=実行との間にある「懸隔」こそが「中小企業の政策学」のつぎなるテーマとなるであろう。これは「中小企業の政治学」

のテーマでもある。他日を期したい。

二〇〇五年六月

寺岡　寛

参考文献

【あ行】

雨宮昭一『戦時戦後体制論』岩波書店、平成九［一九九七］年
安藤良雄・山本弘文編『生活古典叢書』第一巻（「興業意見他前田正名関係資料」）光生館、昭和四六［一九七一］年
五百旗頭真『戦争・占領・講和――一九四一～一九五二』中央公論新社、平成一三［二〇〇一］年
石川真澄『戦後政治史』岩波書店、平成七［一九九五］年
磯野誠一・磯野富士子『家族制度――淳風美俗を中心として――』岩波書店、昭和三三［一九五八］年
伊藤秀史編『日本の企業システム』東京大学出版会、平成八［一九九六］年
井上達夫・河合幹雄編『体制改革としての司法改革――日本型意思決定システムの構造転換と司法の役割――』信山社、平成一三［二〇〇一］年
植田浩史『戦時期日本の下請工業――中小企業と「下請＝協力工業政策」――』ミネルヴァ書房、平成一六［二〇〇四］年
同『現代日本の中小企業』岩波書店、平成一六［二〇〇四］年
大蔵省編纂（大内兵衛・土屋喬雄編）『明治前期財政経済史料集成』第一八巻等（『興業意見』）明治文献資料刊行会、昭和三九［一九六四］年
大山耕輔『行政指導の政治経済学――産業政策の形成と実施――』有斐閣、平成八［一九九六］年
桶谷秀昭『昭和精神史』文藝春秋、平成四［一九九二］年
同『昭和精神史――戦後篇――』文藝春秋、平成一二［二〇〇〇］年

オスターマン・コーキャン・ロック・ピオリ（伊藤健市・中川誠士・堀龍二訳）『ワーキング・イン・アメリカ――新しい労働市場と次世代型組合――』ミネルヴァ書房、平成一四［二〇〇二］年
小田実『「問題」としての人生』講談社、昭和五九［一九八四］年

【か行】

加藤周一・木下順二・丸山真男・武田清子『日本文化のかくれた形』岩波書店、平成一六［二〇〇四］年
鹿野政直『近代日本の民間学』岩波書店、昭和五八［一九八三］年
同『近代日本思想案内』岩波書店、平成一一［一九九九］年
柄谷行人『日本近代文学の起源』（『定本・柄谷行人集』第一巻）岩波書店、平成一六［二〇〇四］年
河上徹太郎他『近代の超克』冨山房、昭和五四［一九七九］年
川西政明『小説の終焉』岩波書店、平成一六［二〇〇四］年
菊池城司編『現代日本の階層構造(3)――教育と社会移動――』東京大学出版会、平成二［一九九〇］年
キャペリ、ピーター（若山由美訳）『雇用の未来』日本経済新聞社、平成一三［二〇〇一］年
熊沢誠『能力主義と企業社会』岩波書店、平成九［一九九七］年
黒瀬直宏『中小企業政策の総括と提言』同友館、平成九［一九九七］年
経済産業省『通商白書二〇〇四――「新たな価値創造経済」へ向けて――』ぎょうせい、平成一六［二〇〇四］年
小池洋次『政策形成の日米比較――官民の人材交流をどう進めるか――』中央公論新社、平成一一［一九九九］年
香西泰・寺西重郎編『戦後日本の経済改革――市場と政府――』東京大学出版会、平成五［一九九三］年
小宮隆太郎・奥野正寛・鈴村興太郎編『日本の産業政策』東京大学出版会、昭和五九［一九八四］年
子安宣邦『日本近代思想批判――一国知の成立――』岩波書店、平成一五［二〇〇三］年

【さ行】
斉藤貴男『安心のファシズム――支配されたがる人びと――』岩波書店、平成一六〔二〇〇四〕年
作田啓一『個人主義の運命――近代小説と社会学――』岩波書店、昭和五六〔一九八一〕年
桜井哲夫『「近代」の意味――制度としての学校・工場――』日本放送出版協会、昭和五九〔一九八四〕年
佐藤忠男『長谷川伸論』中央公論社、昭和五三〔一九七八〕年
進藤栄一編『公共政策への招待』日本経済評論社、平成一五〔二〇〇三〕年
神野直彦『システム改革の政治経済学』岩波書店、平成一〇〔一九九八〕年
祖田修『地方産業の思想と運動――前田正名を中心にして――』ミネルヴァ書房、昭和五五〔一九八〇〕年
同『前田正名（新装版）』吉川弘文館、昭和六二〔一九八七〕年
鄭賢淑『日本の自営業層――階層的独自性の形成と変容――』東京大学出版会、平成一四〔二〇〇二〕年

【た行】
高田亮爾『現代中小企業の経済分析――理論と構造――』ミネルヴァ書房、平成一五〔二〇〇三〕年
田中彰『小国主義――日本の近代を読みなおす――』岩波書店、平成一一〔一九九九〕年
中小企業庁編『中小企業施策三〇年の歩み』中小企業庁、昭和五三〔一九七八〕年
辻悟一『イギリスの地域政策』世界思想社、平成一三〔二〇〇一〕年
テンニエス、フェルディナンド（杉之原寿一訳）『ゲマインシャフトとゲゼルシャフト(上)(下)――純粋社会学の基本概念――』岩波書店、昭和三二〔一九五七〕年
土井教之・西田稔編著『ベンチャービジネスと起業家教育』御茶の水書房、平成一四〔二〇〇二〕年

土井隆義『〈非行少年〉の消滅――個性神話と少年犯罪――』信山社、平成一五［二〇〇三］年

【な行】
内閣府編『経済財政白書』国立印刷局、各年度版
中根千枝『タテ社会の人間関係――単一社会の理論――』講談社、昭和四二［一九六七］年
仲野組子『アメリカの非正規雇用――リストラ先進国の労働実態――』桜井書店、平成一二［二〇〇〇］年

【は行】
橋本介三・小林伸生・中川幾郎『日本産業の構造改革』大阪大学出版会、平成一二［二〇〇〇］年
パッペンハイム・フリッツ（粟田賢三訳）『近代人の疎外』岩波書店、昭和三五［一九六〇］年
林茂『近代日本の思想家たち――中江兆民・幸徳秋水・吉野作造――』岩波書店、昭和三三［一九五八］年
東谷暁『金融庁が中小企業をつぶす――なぜ中小企業に資金が回らなくなったのか――』草思社、平成一二［二〇〇〇］年
樋口陽一『自由と国家――いま「憲法」のもつ意味――』岩波書店、平成元［一九八九］年
藤富康子『サイタサイタサクラガサイタ』朝文社、平成二［一九九〇］年
藤原保信『自由主義の再検討』岩波書店、平成五［一九九三］年
ヘーゲル、ゲオルク（長谷川宏訳）『歴史哲学講義(上)(下)』岩波書店、平成一五［二〇〇三］年

【ま行】
牧田茂『柳田國男』中央公論社、昭和四七［一九七二］年

牧田義輝『機能する地方自治体』勁草書房、平成一三［二〇〇一］年
松下圭一『政策型思考と政治』東京大学出版会、平成三［一九九一］年
松田武・秋田茂編『ヘゲモニー国家と世界システム――二〇世紀をふりかえって――』山川出版社、平成一四［二〇〇二］年
松永宣明『経済開発と企業発展』勁草書房、平成八［一九九六］年
丸山真男『日本の思想』岩波書店、昭和三六［一九六一］年
三谷直紀・脇坂明編『マイクロビジネスの経済分析――中小企業経営者の実態と雇用創出――』東京大学出版会、平成一四［二〇〇二］年
三井逸友編著『現代中小企業の創業と革新――開業・開発・発展と支援政策――』同友館、平成一三［二〇〇一］年
御厨貴『政策の総合と権力――日本政治の戦前と戦後――』東京大学出版会、平成八［一九九六］年
水野朝夫『日本の失業行動』中央大学出版部、平成四［一九九二］年
宮村治雄『丸山真男「日本の思想」精読』岩波書店、平成一三［二〇〇一］年
三好信浩『明治のエンジニア教育――日本とイギリスとのちがい――』中央公論社、昭和五八［一九八三］年
三輪芳朗『政府の能力』有斐閣、平成一〇［一九九八］年
文部科学省編『科学技術白書』国立印刷局、各年度版
村中孝史・トーマンドル編『中小企業における法と法意識――日欧比較研究――』京都大学学術出版会、平成一二［二〇〇〇］年
村山裕三・地主敏樹編著『アメリカ経済論』ミネルヴァ書房、平成一六［二〇〇四］年

【ら行】
リエター、ベルナルド（小林一紀・福元初男訳、加藤敏春解説）『マネー崩壊――新しいコミュニティ通貨の誕生――』日本経済評論社、平成一二［二〇〇〇］年
ローレンス、D・H（酒本雅之訳、亀井俊介解説）『デモクラシー』（『アメリカ古典文庫』第一二巻）研究社、昭和四九［一九七四］年

【わ行】
渡辺俊三『戦後再建期の中小企業政策の形成と展開』同友館、平成一五［二〇〇三］年
渡辺利夫編『東アジア経済連携の時代』東洋経済新報社、平成一六［二〇〇四］年
渡辺広士・松本健一他「戦後文学史の検証――八〇年代を迎えて――」『国文学』第二五巻第五号、学燈社、昭和五五［一九八〇］年

【著者紹介】

寺岡　寛（てらおか・ひろし）

1951 年　神戸市生まれ

大学で化学と経済学を専攻。化学会社，地方自治体などを経て，

現在，中京大学経営学部教授，経済学博士

〈主著〉

『アメリカの中小企業政策』信山社，1990 年

『アメリカ中小企業論』信山社，1994 年，増補版，1997 年

『中小企業論』（共著）八千代出版，1996 年

『日本の中小企業政策』有斐閣，1997 年

『日本型中小企業――試練と再定義の時代――』信山社，1998 年

『日本経済の歩みとかたち――成熟と変革への構図――』信山社，1999 年

『中小企業政策の日本的構図――日本の戦前・戦中・戦後――』有斐閣，2000 年

『中小企業と政策構想――日本の政策論理をめぐって――』信山社，2001 年

『日本の政策構想――制度選択の政治経済論――』信山社，2002 年

『中小企業の社会学――もうひとつの日本社会論――』信山社，2002 年

『中小企業政策論――政策・対象・制度――』信山社，2003 年

『スモールビジネスの経営学――もうひとつのマネジメント論――』信山社，2003 年

『企業と政策――理論と実践のパラダイム転換――』（共著）ミネルヴァ書房，2003 年

『アメリカ経済論』（共著）ミネルヴァ書房，2004 年

『通史・日本経済学――経済民族学の試み――』信山社，2004 年

Economic Development and Innovation: An Introduction to the History of Small and Medium-sized Enterprises and Public Policy for SME Development in Japan, 1998, Japan International Cooperation Agency (JICA)

Small and Medium-sized Enterprise Policy in Japan; Vision and Strategy for Development of SMEs, 2004, JICA

中小企業の政策学――豊かな中小企業像を求めて――

2005 年(平成 17 年) 6 月 20 日　第 1 版第 1 刷発行

著　者　寺　岡　　寛

発行者　今　井　　貴

　　　　渡　辺　左　近

発行所　信山社出版株式会社

〒113-0033　東京都文京区本郷 6-2-9-102

電　話　03（3818）1019

ＦＡＸ　03（3818）0344

printed in Japan

印刷・製本／暁印刷・大三製本

ISBN4-7972-2432-0　C3312

事項・人名索引

【あ行】

【か行】

【さ行】

【た行】

【な行】

【は行】

【わ行】